Athanasius Schneider

DIE KATHOLISCHE MESSE

Schritte zur Wiederherstellung der Zentralität Gottes in der Liturgie

1. Auflage 2023

Hauptstr. 22, 88353 Kisslegg

Layout: Renate Geisler

Titelbild: Der St. Paulus Dom in Münster, Deutschland

Druck: TZ-Verlag, Roßdorf

ISBN 978-3-86357-382-9

Printed in the EU

Athanasius Schneider

DIE KATHOLISCHE MESSE

Schritte zur Wiederherstellung der Zentralität Gottes in der Liturgie

Mit einem Vorwort von Aurelio Porfiri

fe

Inhaltsverzeichnis

So wie das Lamm nach dem
heiligen Johannes Mittelpunkt
des Himmels ist, so dreht sich
auch die heilige Liturgie um
die Heilige Hostie, um Jesus
Christus selbst.

Seliger Ivan Merz

Vorwort

von Aurelio Porfiri

In meinem nicht gerade kurzen Leben als Katholik habe ich festgestellt, dass der Gegenstand der Liturgie, das heißt der Heiligen Messe, in den letzten Jahrzehnten zu einem überaus umstrittenen Thema geworden ist; diese Frage erhitzt fortwährend die Gemüter von Liturgiefachmännern und -wissenschaftlern, die je nach Position im liturgischen Streit entweder Kritiken oder Apologien verfassen. Sicherlich ist dieses gerechtfertigt, da wir die Messe als kostbarsten aller Schätze betrachten. Wenn wir gewahr werden, dass sie nicht mit der ihr gebührenden Würde behandelt wird, können wir gar nicht anders, als den Versuch zu unternehmen, dieses Unrecht zu beseitigen. Unglücklicherweise hat die postkonziliare Ära mit all ihren Problemen zu einer Verzerrung der Liturgie geführt, die weit über alles hinausgeht, was in den Dokumenten des II. Vaticanum (angefangen mit Sacrosanctum Concilium) impliziert oder gestattet wurde. Ob meines Alters fand ich mich also inmitten der Generation wieder, welche die nachkonziliare Realität in ihrer ganzen Tragweite durchlebt hat – und nach wie vor durchlebt. Genaugenommen bin ich nach dem Konzil geboren und habe daher nie unmittelbar erlebt, was vorher kam.

Und doch habe ich über die Jahre das erlebt, was Papst Benedikt XVI. „die zwei Formen" des Römischen Ritus (die „Ordentliche" und die „Außerordentliche Form") nannte, und einen ziemlich akkuraten Blick darauf geworfen, wie sich die Situation gerade entwickelt und welche Probleme sich, wenn sie nicht in Angriff genommen werden, nur verschlimmern werden. Wir durchleben mit Sicherheit eine Krise der Liturgie, die ihrerseits das Resultat einer über alle Maßen ernsten Krise des Glaubens darstellt. Sind die Gegenmittel für diese Krise angemessen? Vielen (und ich bin einer davon) dünkt, dass diese Gegenmittel in Wahrheit Teil des Problems sind, nicht Teil der Lösung. Wenn wir von dieser Liturgiekrise sprechen, dürfen wir sie nicht isoliert betrachten, sondern müssen sie als Teil eines Ganzen sehen, als ein Teil, der offenbart, wie zerbrechlich das Ganze wirklich ist.

Wir dürfen niemals vergessen: Die Messe ist unser kostbarster Schatz. Und wenn wir uns dessen bewusst sind, müssen wir auch entsprechend handeln. Doch ist diese Betrachtungsweise in vielen – zu vielen – Kirchen nicht vorhanden, in denen die Messe nicht mit dem Respekt und mit der Sorge zelebriert wird, welche die große Tradition der Kirche für sie verlangt. Mein eigenes Spezialgebiet z.B. ist die sakrale bzw. liturgische Musik. Wenn ich mir vor Augen halte, wie viel sie gelitten hat (und immer noch leidet), kann ich nicht anders als eine tiefe Betrübnis zu empfinden, indes ich bedenke, was sie sein könnte, aber nicht ist. Musik, die nur für andersgeartete Umstände passt, wird als sakrale Musik ausgegeben. Eine feminine Musik ist in unsere Pfarreien eingefallen – ein eindeutiges Zeichen dieser Zeit der Krise. Doch ist mir wohl bewusst, dass ich diese Krise der Musik nicht als etwas von der Liturgie- und Glaubenskrise Getrenntes betrachten kann, denn sie sind untrennbar miteinander verbunden.

Ich habe ein ganzes Stück sowohl an Büchern als auch an Artikeln über Sakralmusik und Liturgie verfasst und eine beachtliche Menge an Musik für die Liturgie komponiert. Meinen Beitrag zur Verbesserung dieser, wie ich finde, nur als dramatisch zu bezeichnenden Situation habe ich also geleistet.

Doch trotz der alles andere als rosigen Lage gibt es immer Menschen, die nach einer Antwort darauf suchen; Menschen, denen die Komplexität der Situation bewusst ist, und die sich nach einer Rückkehr zu der Würde sehnen, die der Anbetung Gottes als des Vaters und Schöpfers gebührt. In dieser meiner Bewertung der Lage habe ich zu jeder Zeit die Positionen von Seiner Exzellenz Bischof Athanasius Schneider wertgeschätzt. Dessen Überzeugung ist nämlich stark genug, gewisse Wahrheiten, die immer Teil der katholischen Tradition waren, die einige andere aber gern unter den Teppich kehren würden, von neuem ins Gedächtnis zu rufen. Es gibt nicht eben viele Prälaten, die den Mut haben, das dominierende Narrativ infrage zu stellen; Bischof Schneider aber ist einer von diesen, die einem jeden den Abgrund bewusst zu machen suchen, auf den wir zusteuern.

Aus diesem Grund habe ich ihm den Vorschlag unterbreitet, ein Buch über die katholische Messe zu schreiben: weil ich weiß, wie sehr er (im Einklang mit der gesamten Tradition der Kirche) an der zentralen Bedeutung der Liturgie für unser Glaubensleben festhält. Am Ende des fatalen Jahres 2020 stellte ich Seiner Exzellenz dann einen Aufriss für das Buch vor. Diesen besprachen und entwickelten wir zusammen weiter und im Großen und Ganzen finden Sie denselben in der nun vorliegenden Endfassung des Buches verwirklicht. Da ich mich in Italien, er sich aber in Kasachstan aufhielt, hatten wir eine wöchentliche Unterredung über Skype. Daraufhin transkribierte ich seine Ausführungen und erweiterte sie. Zuletzt nahm er jeweils abschließende Änderungen und Einfügungen vor. Was Sie hier lesen werden, ist demnach sein Text mit meiner Redaktion. Es handelt sich um einen Text, der meiner Ansicht nach gleichermaßen bedeutend wie mutig, mit reichen Belegen ausgestattet und darüber hinaus ehrlich in seiner Bewertung des Ist- und Soll-Zustandes ist.

Ich betrachte das vorliegende Werk als eine Inspirationsquelle für alle, denen das Wohl der Liturgie am Herzen liegt und die die Tradition der katholischen Kirche lieben. Einige der im Buch enthaltenen Äußerungen wird man als strittig bezeichnen, doch hoffe ich, dass es zum Nachdenken darüber anregen wird, was bereits passiert ist und was man besser machen kann – und soll.

Rom, 3. Juni 2021,
am Hohen Fronleichnamsfest

Anmerkung des Übersetzers

Die Auszüge aus den päpstlichen Dokumenten entstammen, wenn nicht anders angegeben, der Website des Vatikans (vatican.va). Die Zitate aus der Heiligen Schrift sind der vom Heiligen Stuhl approbierten Übertragung ins Deutsche von P. Augustin Arndt (zurückgehend auf den Augsburger Domkapitular Msgr. Dr. Franz Allioli, daher oft Allioli-Arndt genannt) entnommen; der Ausgabe von 1914, um genau zu sein. Messtexte aus Ordinarium und Proprium werden gemäß dem *Volksmissale* von H. H. P. Martin Ramm FSSP (2. Auflage, St. Petrus-Verlag, Thalwil 2017) zitiert. Die Zitate der Kirchenväter werden, wenn nicht anders angegeben, aus der *Bibliothek der Kirchenväter* (hg. von Bardenhewer, Weyman, Zellinger; Kösel und Pustet, Kempten 1922) wiedergegeben.

Überall, wo in den Zitaten Personalpronomina auf Gott bezogen sind, wird auch abweichend vom Originaltext ein Großbuchstabe am Wortanfang gebraucht („Er erniedrigte Sich" etc.).

1. Die Messe ist Gebet

Die Messe ist Gebet. Das mögen wir zwar oft sagen, aber was bedeutet es wirklich? Nach den geistlichen Autoren heißt Gebet nichts anderes, als die Erhebung der Seele zu Gott, *elevatio animae ad Deum*[1]; es ist Zwiesprache, die wir mit Gott halten. Die heilige Theresia vom Kinde Jesus hat uns folgende prägnante wie treffende Charakterisierung des Gebets hinterlassen: „Für mich ist das Gebet ein Aufschwung des Herzens, ein einfacher Aufblick zum Himmel, ein Ruf des Dankes und der Liebe, ganz gleich ob inmitten der Prüfung oder der Freude."[2] Der heilige Franz von Sales fasst die Bedeutung des Gebets in dieser Weise zusammen:

> Nichts ist geeigneter, unseren Verstand von Unwissenheit und unseren Willen von seinen verderbten Anhänglichkeiten zu reinigen, als das Gebet, das unseren Verstand in die Höhe göttlichen Lichtes rückt und unseren Willen der Wärme göttlicher Liebe aussetzt. Das Gebet ist die segensreiche Quelle, deren belebende Wasser die Pflänzchen unserer guten Wünsche zum Grünen und Blühen bringen, jeden Makel von unserer Seele hinwegspülen und das von Leidenschaft erhitzte Herz abkühlen.[3]

---

1 Vgl. St. Johannes Damascenus, *Expositio fidei*, 68.

2 Theresia von Lisieux, *Geschichte einer Seele*. Hrsg., übers. u. m. Anm. vers. von Andreas Wollbold. Herder, Freiburg i. Br. 2016; Manuskript C, Abs. 25r, S. 372.

3 *Philoteia. Anleitung zum frommen Leben*, Franz-Sales-Verlag, Eichstätt 2015, S. 76, 2. Teil, Kap. 1.

Auf eine besondere Weise kommt das Gebet in der Liturgie der Heiligen Messe zum Ausdruck, die treffend als Gebet in seiner heiligsten, erhabensten, feierlichsten und wirkmächtigsten Form charakterisiert wird. In der Mitte der Messe, nämlich bei der Präfation, gibt es gewisse Ausdrücke: *Sursum corda, habemus ad Dominum!*[4] Diese Ausdrücke geben uns das Wesen des Gebets wieder; dieses besteht in der Vereinigung der Seele mit Gott. Ein bedeutender Theologe, P. Enrico Zoffoli, beschrieb die Messe einmal als „den höchsten, wirksamsten und verdienstvollsten Akt des Gebetes, vollzogen durch den ‚ganzen Christus'".[5]

Das Gebet hat seinerseits eine eigene Dimension, die sich in vier Bestandteilen darstellen lässt. Als Erstes ist hierbei die *Anbetung* zu nennen (dazu mehr im nächsten Kapitel). Wir sind geschaffen, um Gott anzubeten. Auch dieses kommt in der Präfation der Heiligen Messe zum Ausdruck, wo es heißt, dass wir gemeinsam mit den Engeln die Herrlichkeit Gottes besingen. Im *Sanctus* heißt es *Pleni sunt caeli et terra gloria tua, Himmel und Erde sind erfüllt von Deiner Herrlichkeit*. Die zweite Dimension ist die *Dankbarkeit*: Die Messe ist ein Akt der Danksagung (auch darüber werden wir später noch handeln). Dass wir Gott allzeit danken müssen, wird ebenso in der Präfation ausgedrückt: *vere dignum et justum est, aequum et salutare, nos tibi semper et ubique gratias agere.*[6] Die dritte Dimension ist die der Sühne, Genugtuung und Wiedergutmachung, unsere Bitte um Vergebung und unser Wissen darum, dass wir Sünder sind. Sie bekundet die Realität, in der wir leben, nämlich dass wir Sünder

[4] Erhebet die Herzen! Wir haben sie beim Herrn.

[5] *Perché la Messa?*, Il Crivello, Padua 1972, S. 76; hier aus dem Englischen übertragen.

[6] In Wahrheit ist es würdig und recht, geziemend und heilsam, dass wir Dir immer und überall danken.

sind, zwar erlöst, aber immerdar arme Sünder bis zu unserem Eingang ins Himmelreich. Wir sind und bleiben Sünder und müssen diese Tatsache mit großer Demut anerkennen. Das Heilige Konzil von Trient lehrt uns:

> Wenn jemand sagt, ein einmal gerechtfertigter Mensch könne nicht mehr sündigen oder nicht mehr die Gnade verlieren, und deshalb sei der, der fällt und sündigt, niemals wahrhaft gerechtfertigt gewesen; oder umgekehrt, er könne im ganzen Leben alle Sünden, auch die verzeihlichen, meiden, wenn nicht aufgrund eines besonderen Vorrechtes von Gott, wie es die Kirche in Bezug auf die selige Jungfrau festhält: Der sei mit dem Anathema belegt.[7]

Auch erkennen wir diese Wahrheit in den Worten Unseres Herrn Jesus Christus über den Zöllner im Tempel, welchen er zum Vorbild für das Gebet erklärt. Lauschen wir diesem Gleichnis aus dem Lukasevangelium (18,10–14):

> Zwei Menschen gingen hinauf in den Tempel, um zu beten, der eine ein Pharisäer, der andere ein Zöllner. Der Pharisäer stellte sich hin und betete bei sich selbst also: „Gott! Ich danke dir, dass ich nicht bin wie die übrigen Menschen, wie Räuber, Ungerechte, Ehebrecher oder auch wie dieser Zöllner da. Ich faste zweimal in der Woche und gebe den Zehnten von allem, was ich besitze." Der Zöllner aber stand von Ferne und wollte nicht einmal die Augen zum Himmel erheben, sondern schlug an seine Brust, und sprach: „Gott,

[7] Sessio VI; Dekret *De justificatione* (Über die Rechtfertigung), Kan. 23; übersetzt nach *Kompendium der Glaubensbekenntnisse und kirchlichen Lehrentscheidungen*, hsg. von Peter Hünermann, 45. Aufl., Herder-Verlag, Freiburg-Basel-Wien 2017 (DH 1573).

> sei mir Sünder gnädig!" Ich sage euch: Dieser ging gerechtfertigt nach Hause, jener nicht; denn ein jeder, der sich selbst erhöht, wird erniedrigt, und wer sich selbst erniedrigt, der wird erhöht werden.

Welch große Lehre, die wir uns zu Herzen nehmen sollten! Und es wird auch in der byzantinischen Liturgie, in der das *Kyrie eleison* so häufig erschallt, stark in den Mittelpunkt gerückt. Die vierte Dimension des Betens ist das Bittgebet, die Bitte um die Gnade Gottes. Seinsmäßig gesehen brauchen wir Gottes Hilfe, brauchen wir die Gnade – und je mehr wir demütig und vertrauensvoll darum bitten, desto mehr wird Gott uns die Gnade auch gewähren.

Widmen wir uns nun dem Gegenstand des *öffentlichen* Gebets. In Matthäus 6,5–6 steht geschrieben:

> Und wenn ihr betet, seid nicht wie die Heuchler, welche es lieben, in den Synagogen und an den Straßenecken stehend zu beten, damit sie von den Menschen gesehen werden. Wahrlich, ich sage euch, sie haben ihren Lohn schon empfangen! Du aber, wenn du betest, geh in deine Kammer, schließ die Tür, und bete zu deinem Vater im Verborgenen; und dein Vater, der in das Verborgene sieht, wird es dir vergelten.

Es scheint fast so, als würden wir hier zum privaten Gebet auf Kosten des öffentlichen ermutigt, doch sollten wir die Sache nicht so betrachten, da sich die zwei Dimensionen des privaten und öffentlichen Gebets mitnichten widersprechen. Im Gegenteil, sie sind in Wahrheit zwei Seiten ein und derselben Medaille. Wir wissen ja, dass der Mensch nicht nur ein Individuum ist; er ist ein gesellschaftsbildendes Wesen, darum ist sowohl individuelles als auch gemeinschaftliches Gebet unabdingbar. Papst Franziskus hat die Notwendigkeit des liturgischen Gebets und seine geistliche Wichtigkeit mit diesen Worten erneut bekräftigt:

> In der Geschichte der Kirche hat es immer wieder die Versuchung gegeben, ein intim ausgerichtetes Christentum zu praktizieren, das die geistliche Bedeutung der öffentlichen liturgischen Riten nicht anerkennt. Oft behauptete diese Tendenz die vermeintlich größere Reinheit einer Religiösität, die eben nicht von äußeren Zeremonien abhing, welche man als nutzlos oder gar schädlich ansah. Im Mittelpunkt der Kritik stand nicht eine bestimmte rituelle Form des Feierns, sondern die Liturgie selbst.[8]

Gott hat im Alten Testament den öffentlichen Kult mittels der Festsetzung präziser und detaillierter Anweisung vorgeschrieben, wie wir sie z.B. im Buch Exodus lesen, wo der Herr befiehlt:

> Nimm auch aus der Mitte der Kinder Israels Aaron, deinen Bruder, mit seinen Söhnen zu dir, dass sie Mir als Priester dienen: Aaron, Nadab, Abiu, Eleazar und Ithamar. Und mache Aaron, deinem Bruder, ein heiliges Kleid, zur Ehre und Zierde. Auch rede mit allen, die weisen Herzens sind, die Ich mit dem Geist der Einsicht erfüllt habe, dass sie Aaron Kleider anfertigen sollen, damit er in denselben geweiht werde und Mir diene. Dies aber sind die Kleider, welche sie machen sollen: einen Brustschmuck, ein Schulterkleid, ein Obergewand, ein gewirktes leinenes Kleid, eine priesterliche Kopfbedeckung und einen Gürtel. Diese heiligen Kleider sollen sie deinem Bruder Aaron und seinen Söhnen anfertigen, dass

[8] *Generalaudienz* vom 3.2.2021; abgerufen in deutscher Übersetzung unter https://www.youtube.com/watch?v=A2lgSvUGrhE.

diese Mir als Priester dienen. Und zwar sollen sie Gold, blauen und roten Purpur und doppelt gefärbten Karmosin, und Byssus dazu nehmen. Das Schulterkleid sollen sie aus Gold, blauem und rotem Purpur, doppelt gefärbtem Karmosin und gezwirntem Byssus anfertigen in künstlich gewebter Arbeit. Zwei Schulterstücke soll es haben, die oben auf beiden Seiten an den Enden verbunden werden, sodass sie ein Ganzes bilden. Auch das Gewebe und die ganze bunte Arbeit soll aus Gold, blauem und rotem Purpur, doppelt gefärbtem Karmosin und gezwirntem Byssus sein. Nimm auch zwei Onyxsteine und grabe in dieselben die Namen der Söhne Israels: sechs Namen in einen Stein und die sechs übrigen in den anderen nach der Reihenfolge ihrer Geburt. Mit Steinschneiderarbeit und Siegelstechkunst grabe die Namen der Söhne Israels, mit Gold gehalten und eingefasst, ein und setze sie auf die beiden Seiten des Schulterkleides als Wahrzeichen des Gedenkens an die Söhne Israels. Und Aaron trage ihren Namen vor den Herrn auf beiden Schultern zur Erinnerung. Mache auch Heftchen von Gold und zwei miteinander zusammenhängende Ketten von ganz reinem Gold und tue sie an die Heftchen. Fertige ferner den Brustschmuck der Entscheidung an in künstlich gewebter Arbeit, so wie das Gewebe des Schulterkleides ist, aus Gold, blauem und rotem Purpur, doppelt gefärbtem Karmosin und gezwirntem Byssus. Viereckig soll er sein und doppelt gelegt; eine Spanne sei sein Maß in der Länge und ebensoviel in der Breite. Und besetze ihn mit vier Reihen von Steinen: In der ersten Reihe seien ein Karneol, ein Topas und ein Smaragd; in der zweiten ein Karfunkel, ein Saphir und ein Jaspis; in der dritten ein Hyacinth, ein Achat und ein Amethyst; in der vierten ein Chrysolith, ein Onyx und ein Beryll. Alle seien mit Gold eingefasst nach ihren Reihen. Und sie sollen die Namen der Söhne Israels tragen; die zwölf Namen sollen eingegraben werden, in jeden Stein der Name eines der zwölf Stämme. Und bringe an dem Brustschmuck unter sich zusammenhängende Ketten von ganz reinem Gold an und zwei goldene Ringe, welche du an die beiden oberen Ecken des Brustschmuckes setzen wirst, und befestige die goldenen Ketten an die Ringe an den Enden desselben und die Enden der Kettchen selbst verbinde mit den Heftchen auf beiden Schulterstücken des Schulterkleides, auf der dem Brustschmuck zugewandten Seite. Fertige auch zwei goldene Ringe an und setze sie an die Ecken des Brustschmuckes an den Saum, der dem Schulterkleid gegenüber liegt und nach der Innenseite des Brustschmuckes gekehrt ist. Auch mache noch zwei andere Ringe von Gold, die an die beiden Seiten des Schulterkleides unten zu setzen sind, gerade der unteren Zusammenfügung gegenüber, damit der Brustschmuck mit dem Schulterkleid verbunden werden kann. Der Brustschmuck soll mit seinen Ringen mit blauen Schnüren an die Ringe des Schulterkleides geknüpft werden, so dass die künstliche Verbindung fest bleibe und der Brustschmuck und das Schulterkleid sich nicht verrücken könne. Und Aaron soll die Namen der Söhne Israels auf dem Brustschmuck der Entscheidung auf seiner Brust tragen, wenn er in das Heiligtum hineingeht, zum Gedenken vor dem Herrn allezeit. In den Brustschmuck der Entscheidung aber lege Lehre und Wahrheit, dass sie auf der Brust Aarons seien, wenn er vor den Herrn tritt; und er trage die Entscheidung für die Söhne Israels vor dem Angesicht des Herrn immerdar auf seinem Herzen. Mache auch das Oberkleid für das Schulterkleid ganz von blauem Purpur; oben soll es in der Mitte eine Öffnung haben mit einer gewebten Borte ringsherum, wie man solche an den Rand der Kleider zu setzen pflegt, damit es nicht leicht zerreiße. Am unteren

Saum des Oberkleides aber mache ringsherum eine Art Granatäpfel aus blauem und rotem Purpur und doppelt gefärbtem Karmosin und zwischen dieselben hinein setze Glöckchen, so dass immer ein goldenes Glöckchen und ein Granatapfel kommt und dann wieder ein goldenes Glöckchen und ein Granatapfel. Damit soll Aaron bei der Verrichtung seines Dienstes bekleidet sein, dass der Schall gehört werde, wenn er eintritt in das Heiligtum vor den Herrn und wenn er herausgeht, und er nicht sterbe. Mache auch eine Platte von ganz reinem Gold und grabe darauf mit Siegelstecherarbeit ein: Heilig dem Herrn! Diese befestige mit einer blauen Binde, damit sie auf der priesterlichen Kopfbedeckung sei, vorn an der Stirn des Hohenpriesters. Und Aaron soll die Vergehen der Söhne Israels tragen bei allen ihren Gaben und Geschenken, die sie opfern und weihen; und diese Platte soll er allezeit an seiner Stirn haben, damit der Herr ihnen gnädig sei. Und wirke ein Unterkleid von Byssus und mache eine priesterliche Kopfbedeckung von Byssus und einen Gürtel mit gestickter Arbeit!
(Ex 28,1–39)

Dies sind nur eine wenige Verse, aus denen wir die von Gott selbst gegebenen, an Einzelheiten überaus reichen Anweisungen für Seine Verehrung erfahren; man könnte auch mannigfache andere wiedergeben. Demnach sind der offizielle und öffentliche Kultus sowie der Grundsatz, dass dessen Vollzug konkreter Regeln bedarf, von Gott geoffenbarte Wahrheiten.

Des Weiteren wissen wir, dass Unser Herr Jesus Christus, die Allerseligste Jungfrau Maria und der heilige Josef im Sinne dieser göttlichen Wahrheit gelebt haben, da sie ja zur Teilnahme am Gottesdienst in den Tempel nach Jerusalem gegangen sind. Die Apostel haben jenes göttliche Gebot der Kirche so weitergegeben. Zudem finden wir, wie wir aus der Lektüre der Apokalypse des Johannes wissen, auch dort eine öffentliche Gottesverehrung vor, in welcher die Engelchöre in Gottes Gegenwart lobsingen. Tatsächlich ist in der Apokalypse bezüglich der 144.000 mit dem Siegel Bezeichneten zu lesen:

> Und sie riefen mit starker Stimme und sprachen: Das Heil unserem Gott, der auf dem Thron sitzt und dem Lamm! Und alle Engel standen rings um den Thron und um die Ältesten und um die vier Wesen und fielen vor dem Thron auf ihr Angesicht nieder und beteten Gott an und sprachen: Amen! Die Lobpreisung und die Herrlichkeit und die Weisheit und die Danksagung, die Ehre und die Macht und die Stärke unserem Gott in alle Ewigkeit! Amen. Da nahm einer von den Ältesten das Wort und sprach zu mir: Diese, welche mit weißen Kleidern angetan sind, wer sind sie und woher sind sie gekommen? Und ich sagte zu ihm: Mein Herr! Du weißt es. Er sprach zu mir: Die sind die, welche aus der großen Drangsal kommen und ihre Kleider gewaschen und weiß gemacht haben im Blut des Lammes. Darum sind sie vor dem Thron Gottes und dienen Ihm Tag und Nacht in Seinem Tempel; und der auf dem Thron sitzt, wird Sich auf sie niederlassen (Offb 7,10–15).

Die wesentliche Dimension des Gebets besteht im persönlichen Kontakt mit Gott. Bezüglich des persönlichen Gebetes sagt Unser Herr im Evangelium: „Du aber, wenn du betest, geh in deine Kammer, schließ die Tür und bete zu deinem Vater im Verborgenen" (Mt 6,6). Deswegen muss sogar der öffentliche Kultus die Dimension des Herzensgebetes umzusetzen verstehen. Auch inmitten vieler anderer muss man sich stets imstande wissen, das innige Gespräch mit Gott zu pflegen. Gerade um die Gefahr, vor der Christus im Markusevangelium warnt, zu vermeiden, ist das Herzensgebet unerlässlich: „Treffend hat Isaias von euch Heuchlern geweissagt, wie geschrieben steht: Dieses Volk ehrt Mich mit den Lippen, ihr Herz aber ist fern von Mir. Vergeblich aber ehren sie Mich, weil sie Lehre und Satzungen von Menschen lehren“ (Mk 7,6–7). Hierbei handelt es sich um eine ausgesprochen wichtige Erkenntnis!

Manche denken, dass die Tatsache, dass die Messe nach der Art eines Rituals mit Regeln und Vorschriften aufgebaut ist, keinerlei Spontanität im Gebet zulässt (über den Ritus in einem der folgenden Kapitel noch einmal gesondert). Die Wahrheit allerdings, dass das öffentliche Gebet notwendig, ja dass der Gottesdienst öffentlich und rituell sein muss, ist von Gott Selbst geoffenbart worden, da Er Selbst die Ordnung des Gottesdienstes detailliert vorgeschrieben hat. Um mit dem *Katechismus der Katholischen Kirche* zu sprechen: *„[In der Liturgie] findet alles christliche Beten seine Quelle und seinen Abschluss“* (Nr. 1073).

Im öffentlichen Gebet muss alles geordnet und harmonisch sein, damit daraus eine objektive Schönheit erwachsen kann. Der heilige Paulus kritisiert die störende Spontanität während des öffentlichen Gebets der Korinther Gemeinde und ermahnt sie: „Denn Gott ist nicht ein Gott der Uneinigkeit; […] alles geschehe geziemend und nach der Ordnung“ (1 Kor 14,33;14,40). Die Kirche hat nämlich die Pflicht, Gott öffentlich und in der Gesellschaft zu ehren. Vergessen wir nicht, dass es außerhalb der eigentlichen Liturgie viele Momente für spontanes Gebet gibt. Aber die Liturgie als solche ist etwas *Objektives*, das uns in der apostolischen Tradition überliefert ist, und diese Objektivität ist eine wirksame Stütze für unser geistliches Leben. Es liegt auf der Hand, dass ein Mensch, der Gott liebt, immer mit Ihm vereint sein möchte und in diesem Sinne „ohne Unterlass beten“ muss, wie der heilige Paulus in seinem Ersten Brief an die Thessalonicher (5,16–18) sagt:

„Freut euch allezeit! Betet ohne Unterlass! Bei allem sagt Dank; denn dies ist der Wille Gottes in Christus Jesus an euch alle." Darüber hinaus ist das mündliche Gebet nicht die einzige Art des Gebets; es gibt auch das Herzensgebet, wie das Beispiel von Hanna zeigt, die in der Stille betete und erhört wurde, wie wir im ersten Buch Samuel (1,9–17) lesen:

> Aber Anna stand auf, nachdem sie in Silo gegessen und getrunken hatte. Während nun Heli, der Priester, auf dem Stuhl vor der Tür des Tempels des Herrn saß, betete Anna mit betrübtem Herzen zu dem Herrn und weinte sehr und machte ein Gelübde und sprach: Herr der Heerscharen! Wenn Du auf das Leid Deiner Magd schaust und meiner gedenkst und Deiner Magd nicht vergisst und Deiner Magd einen männlichen Nachkommen gibst, so will ich ihn dem Herrn übergeben für alle Tage seines Lebens, und kein Schermesser soll über sein Haupt kommen. Da sie nun lange vor dem Herrn betete, geschah es, dass Heli ihren Mund beobachtete. Anna aber redete in ihrem Herzen, nur ihre Lippen bewegten sich, und ihre Stimme ward durchaus nicht gehört. Darum meinte Heli, sie sei trunken, und sprach zu ihr: Wie lange willst du trunken sein? Verdaue den Wein ein wenig, von dem du voll bist. Da antwortete Anna und sprach: Nicht doch, mein Herr! Ich bin vielmehr eine überaus unglückliche Frau und habe keinen Wein noch etwas, was berauschen kann, getrunken, sondern ich habe mein Herz vor dem Herrn ausgeschüttet! Erachte deine Magd nicht als eine von den Töchtern Belials; denn aus der Fülle meines Schmerzes und Kummers habe ich bis jetzt geredet. Darauf sprach Heli zu ihr: Geh hin in Frieden und der Gott Israels gewähre dir deine Bitte, welche du an Ihn gerichtet hast!

Nach Romano Guardini schützt die Objektivität des liturgischen Gebets auch die geistliche Schamhaftigkeit des individuellen Gebets.

> Man kann bestimmte Gefühle der Hingabe, gewisse Worte, welche die innere Entschlossenheit offenbaren, nicht ohne Gefahr für die geistliche Schamhaftigkeit der Seele öffentlich aussprechen, vollends nicht oft. Die Liturgie hat dem Menschen gegeben, dass er in ihr sein Innenleben nach seiner ganzen Fülle und Tiefe aussprechen kann und doch sein Geheimnis geborgen weiß: *secretum meum mihi. Er kann sich ergießen, kann sich ausdrücken und fühlt doch nichts in die Öffentlichkeit gezogen, was verborgen bleiben muss.*[9]

Gewiss, der Ritus hat im Laufe der Zeit Veränderungen erfahren; das ist für jeden offensichtlich, der die Entwicklung der Liturgiegeschichte studiert. Aber man muss hier aufmerksam sein, um zu verstehen, was mit dieser Entwicklung gemeint ist. Wir wissen, dass es die Sakramente gibt, die der Ausdruck des offiziellen Gebets der Kirche sind. Die Sakramente sind der höchste und wirksamste Ausdruck des Gebets, auch wenn derjenige, der sie spendet, abgelenkt ist oder sie nicht eben in vorbildlicher Weise feiert. Wenn er die sakramentale Formel richtig gebraucht, gültige Materie verwendet und die Absicht hat, das zu tun, was die Kirche tut, ist das Sakrament gültig. Das bedeutet nicht zwingend, dass es auch erbaulich ist oder dass es zur Ehre Gottes und zur Erbauung der Gläubigen beiträgt. Deshalb hat die Kirche immer gewollt, dass die Bischöfe und Priester die Sakramente würdig, aufmerksam und andächtig spenden.

---

[9] Romano Guardini, *Vom Geist der Liturgie.* Herder, Freiburg i. Br. 2013, S. 24; Hervorhebungen im Original.

An dieser Stelle muss ein Wort Erwähnung finden, das viele Menschen in Schrecken versetzt hat, vor allem nach dem Zweiten Vatikanischen Konzil: die „Rubriken". Der sogenannte „Rubrizismus" wurde (und wird) von vielen Liturgiewissenschaftlern verurteilt, aber diese Ablehnung ist ungerechtfertigt, denn die Rubriken sind ein Schutz für den Priester und die Gläubigen. Die Rubriken verhindern, dass sich Priester durch liturgischen Missbrauch den Gläubigen aufdrängen, sozusagen in die geistliche Intimsphäre der katholischen Laien eindringen. Wenn die Messe von Priestern innerlich und äußerlich würdig zelebriert wird – wie es z.B. bei Pater Pio oder dem Pfarrer von Ars der Fall war –, löst dies bei den Anwesenden oft eine tiefe geistliche Erfahrung aus; manche wurden durch solche Gottesdienste bekehrt. Freilich gab es schon vor dem Konzil Priester, die vielleicht genau nach den Rubriken zelebrierten, dies aber geistesabwesend oder mit geistlicher Gleichgültigkeit taten. Es mag sein, dass die Einhaltung der Rubriken übertrieben legalistisch war, aber man hätte sie deshalb nicht geringschätzen dürfen, gerade weil sie einen Schutz für Priester und Gläubige gleichermaßen darstellen.

Kürzlich entdeckte in den Vereinigten Staaten ein Mann, der als Priester tätig war, nach einem klärenden Schreiben der Kongregation für die Glaubenslehre, dass seine Taufe ungültig war. Seine Taufe im Jahr 1990 war auf Video aufgezeichnet worden und so hatte er entdeckt, dass der Diakon, der ihn getauft hatte, die Worte der in den liturgischen Büchern vorgeschriebenen Formel unrechtmäßig verändert hatte; das Sakrament war infolgedessen ungültig. So musste dieser Mann alle Sakramente *ex novo* empfangen, einschließlich der Priesterweihe! Nach dem Konzil wurde es bei vielen Priestern Mode, die in den liturgischen Büchern abgedruckten Worte spontan zu ändern. Das ist in höchstem Maße schädlich für die Erbauung der

Gläubigen und antipastoral. Der Priester, der solche Missbräuche begeht, dringt in die geistliche Intimsphäre der anderen ein, drängt sich anderen auf, verhält sich wie ein Entertainer, oder noch schlimmer, wie ein Clown. In der Psyche von Priestern, welche die Rubriken verachten, verbirgt sich – manchmal sogar unbewusst – der Wunsch der Selbstdarstellerei. Tief im Inneren sind sie egoistisch und narzisstisch, ohne es zuzugeben oder zu erkennen.

In Wirklichkeit sollte der Priester während der liturgischen Feier so viel er kann zurücktreten und Christus Raum geben, nicht sich selbst. Der Mangel an Klarheit und Vollständigkeit in den Rubriken des *Novus Ordo* ist ein Faktor, der das Entstehen einer solchen anmaßenden und narzisstischen Haltung seitens vieler Priester begünstigt. Die Verurteilung des Rubrizismus hat ebenfalls zu dieser unheilvollen Folge beigetragen. In solchen Fällen gibt es keinen echten Gebetsgeist mehr; hat man nämlich denselben, will man sich nie selbst zeigen, sondern immer Christus. In den oben erwähnten Fällen aber steht Christus nicht mehr im Mittelpunkt, der Glaube ist in höchstem Maße oberflächlich. Wir sollten deswegen zu einem neuen und gesunden Rubrizismus zurückkehren. Die Instruktionen im *Novus Ordo* sind lückenhaft und hinsichtlich genauer Angaben unzureichend; sie sind vage. Leider macht genau diese Unklarheit und Mehrdeutigkeit ein bestimmtes Verständnis des *Novus Ordo* aus, das sich auch im Bereich der Lehre widerspiegelt, d.h. im Verständnis des Wesens der Heiligen Messe.

Manche meinen, eine solche Spontanität sei in Ordnung, weil die Liturgie einen „ungezwungenen" Charakter haben sollte, aber das widerspricht der göttlichen Offenbarung und führt zum subjektivistischen Prinzip des Protestantismus. Eine solche Ungezwungenheit war im katholischen Gottesdienst nie der Fall; die Apostel haben nie so gesprochen. Im Neuen Testament sehen wir, wie in der Offenbarung der Gottesdienst ausführlich mit konkreten Gesten und Worten beschrieben wird, wie es auch in den meisten altchristlichen Texten der Fall ist, in denen die Liturgie erwähnt wird, etwa in der *Didache* (aus dem ersten Jahrhundert). Dieses Gesetz der öffentlichen Gottesverehrung gehört zum Wesen der Kirche. Die göttliche Offenbarung lehrt uns, dass der öffentliche Gottesdienst gut geregelt sein muss. Die Ungezwungenheit hat ihren Platz im Gebet in der Familie, in privaten und vertraulichen Momenten – da man ja auch außerhalb der Liturgie beten muss – oder wenn man im stillen Kämmerlein betet. Hier ist die Ungezwungenheit in Ordnung, wobei jedoch stets der Geist der Ehrfurcht gewahrt bleiben muss.

Dann ist da noch die Frage nach der Rolle des liturgischen Gebets, nicht nur in der Messe, sondern auch im Stundengebet oder in den Paraliturgien. In den letzten Jahrzehnten scheint die liturgische Feier des Göttlichen Offiziums im Leben vieler Pfarreien fast verschwunden zu sein. Dieses Verschwinden hat sich nach dem Konzil zugetragen, aber in der beständigen Tradition der Kirche wissen wir, dass die Gläubigen auch an der Vesper (dem Abendgebet des Offiziums) teilnahmen. Man denke an das *Phos Hilaron*, einen griechischen Hymnus aus den ersten christlichen Jahrhunderten für das Abendgebet, oder an die Apostel Petrus und Paulus, die im Tempel am Gebet der neunten Stunde teilnahmen (vgl. Apg 3,2). Bis zum Zweiten Vatikanischen Konzil war die Feier der Vesper am Sonntag ein fester Bestandteil des liturgischen Lebens fast aller Pfarreien in der katholischen Welt.

Die folgenden lehrreichen Worte des heiligen Franz von Sales sollten wir unbedingt zur Kenntnis nehmen, da er uns über die Wichtigkeit der Teilnahme der Gläubigen am Offizium als liturgisches Gebet belehrt:

An Sonn- und Feiertagen wohne dem Nachmittagsgottesdienst (Vesper, Andacht) bei, soweit es dir möglich ist. Diese Tage sind Gott geweiht; man soll an ihnen mehr zu Seiner Ehre und Verherrlichung tun als an anderen Tagen. – So wirst du auch viel mehr Freude an der Frömmigkeit finden, wie der heilige Augustinus in seinen Bekenntnissen bezeugt, wenn er sagt, dass in der ersten Zeit nach seiner Bekehrung sein Herz beim Anhören der kirchlichen Gebete von Freude überströmte und seine Augen sich mit Tränen füllten. Außerdem sind (das sage ich dir ein für allemal) die öffentlichen Gebete der Kirche *wertvoller und erhebender als Privatandachten, denn Gott hat es so angeordnet, dass die Gemeinschaft jeder Art von Sonderheit vorgezogen werde.*[10]

Papst Pius XII. hat der Kirche die folgende pastorale Ermahnung hinterlassen, welche bis heute nichts an Aktualität verloren hat:

Mit großem Schmerz ist Unser Herz erfüllt, wenn Wir sehen müssen, in welcher Weise heutzutage das christliche Volk die Hälfte des Feiertages, Wir meinen den Nachmittag, verbringt. Öffentliche Vergnügungslokale und Spielplätze verzeichnen einen Massenzulauf, während die Gotteshäuser ungebührlich schwach besucht sind. Und doch sollten alle in die Kirche gehen, um dort über die Wahrheiten des katholischen Glaubens belehrt zu werden, um Gottes Lob zu singen, um durch den Priester den eucharistischen Segen zu empfangen und gegen alle Widerwärtigkeiten dieses Lebens mit himmlischer Kraft gefeit zu werden. Alle sollten nach Kräften die Texte erlernen, die bei den abendlichen Andachten gemeinsam gesungen werden, und sich mit ihrer Bedeu-

---

[10] *Philoteia. Anleitung zum frommen Leben*, S. 106-107 (2. Teil, Kap. 15).

> tung innerlich vertraut machen; denn unter dem Eindruck dieser Worte werden sie erfahren, was Augustinus von sich selber sagt: „Wie habe ich doch geweint bei Deinen Hymnen und Liedern, tief bewegt von den tröstlichen Klängen Deiner singenden Kirche. Diese Klänge drangen in mein Ohr, die Wahrheit strömte mir ins Herz, Liebe und Frömmigkeit blühten auf, die Tränen rannen, und es wurde mir wohl."[11]

Nach dem Konzil kam es zu einem Bruch und die Feier der Vesper an Sonntagen wurde generell aufgegeben. Die Messliturgie wurde in den Mittelpunkt gerückt.[12] Im Gegensatz dazu haben die Orthodoxen die Treue zur Feier der Sonntagsvesper in allen ihren Pfarrkirchen unbeugsam bewahrt. Sie kennen zwar keine Sonntagspflicht im strengen Sinne, doch nehmen die frömmsten Gläubigen jeden Sonntag an der eucharistischen Liturgie teil. Sie empfangen die Kommunion nicht so oft, etwa einmal im Monat, aber diejenigen, die sonntags die Kommunion empfangen (die Liturgie findet nur bis zum Mittag statt, wie es bei uns bis Papst Pius XII. der Fall war), müssen am Samstagabend die Vesper besuchen und zur Beichte gehen. Sie können auch am Sonntagmorgen zur Beichte gehen, aber in der Regel müssen sie an der ersten Vesper des Sonntags, d.h. am Samstagabend, teilgenommen haben. Hier zeigt sich die Weisheit der ersten Jahrhunderte und die Apostolische Tradition, die darin erhalten geblieben ist. Seit dem Konzil wurde in vielen Pfarreien die Vesper durch die Messen am Sonntagabend ersetzt. Wenn die Sonntagsmessen alle in der ersten Hälfte des Tages abgehalten würden, könnte man am Nachmittag die Vesper sowie eine Sakramentsandacht halten,

---

[11] *Mediator Dei*, Nr. 150; der Heilige Vater zitiert hier Augustinus hier in den *Bekenntnissen*, IX, 6.

[12] In dem Sinne, dass die Messe zum A und O des öffentlichen Gottesdienstes bis hin zu ihrer praktischen Ausschließlichkeit wird.

wie es die Franzosen so wunderbar tun; bei ihnen heißt es Salut du Saint-Sacrement. Sie singen die Vesper, haben dann die Sakramentsandacht und beten dabei eine Litanei oder andere Gebete. Dies sollte in der gesamten Kirche wieder eingeführt werden. Durch den Verzicht auf die Feier der Vesper in vielen Pfarreien, vor allem an Sonntagen, verlieren wir einen Schatz der Liturgie aus den ersten Jahrhunderten. In den Klöstern wird zwar weiterhin die Vesper gesungen, aber der Klöster sind gegenwärtig nicht viele und die Gläubigen können diese Gottesdienste oft nicht besuchen. In den Städten sollten die Ordensgemeinschaften gleichsam verpflichtet sein, die Vesper in lateinischer Sprache zu singen und die Menschen zur Teilnahme einzuladen. Ebenso sollten die Priesterseminare angehende Priester in diesen Zeremonien unterrichten, damit sie sie in ihren Pfarreien einführen können, wenn sie Priester werden. Ich habe einmal eine Anekdote aus der Zeit vor dem Konzil gelesen, als die Vesper jeden Sonntag in den Pfarreien gesungen wurde. Der Priester stimmte zu Beginn das *Deus in auditorium meum intende* an, und dann sang das Volk den ganzen Gottesdienst. Der Priester, der eingeschlafen ist, wurde dann vom Messdiener geweckt, um die Schlussoration zu singen. Das ist eine nette Geschichte, aber sie enthält auch eine wichtige Lektion: Die Menschen sollten in diesen Gottesdiensten geduldig unterwiesen werden. In diesem Fall wäre es aus praktischer Sicht gut, das alte Offizium für die sonntägliche Vesper wieder aufzunehmen, weil immer dieselben Psalmen verwendet wurden und die Leute sie auswendig kannten. Stattdessen haben wir heute diesen Vierwochenturnus, der in pädagogischer Hinsicht alles noch schwieriger macht.

Wenn wir von der Messe als Gebet sprechen, müssen wir auch die Bedeutung der liturgischen Sprache berücksichtigen, das heißt die Frage der lateinischen Sprache im Römischen Ritus. Es hat immer eine offizielle Sprache für das öffentliche Gebet gegeben; sogar im Alten Testament hatten wir Hebräisch als liturgische Sprache, und es gab Erklärungen auf Aramäisch, *Targum* genannt. Durch das Lateinische wollte die Kirche eine erhabenere Sprache bewahren, denn der Gottesdienst verlangt auch in seiner Sprache eine gewisse Sachlichkeit und Feierlichkeit. Die Mohammedaner beten in ihren Moscheen ausschließlich in klassischem Arabisch. Das öffentliche Gebet, d.h. die Liturgie, ist nicht in erster Linie eine Predigt oder eine katechetische oder theologische Unterweisung. Der Zweck der Liturgie ist in erster Linie die Anbetung Gottes. Wer Latein hört, muss nicht jedes Wort verstehen, aber er kann in gewisser Hinsicht die Unaussprechlichkeit des Geheimnisses Gottes wahrnehmen, nämlich dass Gott unsere Vorstellungen und Begriffe völlig übersteigt, wie das Vierte Laterankonzil lehrt: „Denn zwischen dem Schöpfer und dem Geschöpf kann man keine so große Ähnlichkeit feststellen, dass zwischen ihnen keine noch größere Unähnlichkeit festzustellen wäre" (*Constitutio*, 2).

Der primäre Zweck des Gebets ist die Anbetung Gottes. Mit der Zeit werden die Gläubigen dann die Bedeutung der lateinischen Gebete kennenlernen, z.B. weiß jeder, dass *Sanctus* „Heilig" bedeutet usw. Das versteht jeder, auch der Unkundige, und das ist genug, um Gott zu loben. Der Ehrwürdige Diener Gottes, Pater João Batista Reus (+1947), ein heiligmäßiger Jesuitenpater und Professor für Liturgie in Brasilien, hat zu Recht festgestellt:

> Angeblich verstehen die Menschen nichts von der Messe. Kurz zusammengefasst: Die Messe ist ein Vollzug, kein Religionsunterricht. Auf dem Kalvarienberg gab es auch keine Erklärungen. Der Altar aber ist Kalvaria. Jeder Christ weiß, was das bedeutet: sich hinzuopfern.[13]

[13] *Curso de Liturgia*, Editora Vozes, Rio de Janeiro 1944, S. 48; übersetzt aus dem Englischen.

Manche behaupten, dass die Liturgie der Kirche in den ersten Jahrhunderten auf Griechisch gefeiert wurde und dass sie aus pastoralen Gründen ins Lateinische, die Volkssprache der damaligen Zeit, übersetzt wurde, so wie wir es in unserer Zeit getan haben. Dies ist jedoch historisch nicht der Fall. Die berühmte niederländische Wissenschaftlerin Christine Mohrmann (1903-1988) brachte einmal die folgende, überaus wichtige Beobachtung zur liturgischen Sprache in den ersten Jahrhunderten an:

> Das liturgische Latein, wie es sich gegen Ende der christlichen Antike herausgebildet hatte und allerwenigstens in seinen Grundzügen bis in die Gegenwart erhalten geblieben ist, ist eine bewusste sakrale Stilisierung des frühchristlichen Lateins, wie es sich in den christlichen Gemeinden des Westens allmählich weiterentwickelte. Die lateinischen Christen schufen erst vergleichsweise spät eine liturgische Sprache. Als sie dies taten, war das christliche Idiom bereits voll ausgereift, und die Umstände machten es möglich, aus stilistischen Gründen auf das alte sakrale Erbe des [heidnischen] Roms zurückzugreifen …
>
> Was … die Gebetstexte betrifft, so denke ich, … dass man sich zu Recht fragen kann, ob die Einführung der Volkssprache in die Liturgie zum jetzigen Zeitpunkt nicht mehr Verlust als Gewinn bedeuten würde. An erster Stelle steht hier die Frage – und die hat, wie wir gesehen haben, auch die Christen in den ersten Jahrhunderten umgetrieben –, ob die Volkssprache für die Schaffung eines sakralen Gebetsstils geeignet ist oder nicht. Wie ich bereits dargelegt habe, hat das frühe christliche Abendland lange gewartet, bevor es den Gebrauch des Lateinischen übernahm. Es wartete, bis die christliche Sprache über die notwendigen Ressourcen verfügte, um eine offizielle, kirchliche Gebetssprache zu schaffen … Die sogenannten

[modernen] Sprachen des Abendlandes [hingegen sind] ... weniger geeignet für die sakrale Stilisierung. Und doch müssen wir erkennen, dass die sakrale Stilisierung ein wesentliches Element jeder offiziellen Gebetssprache ist und dass dieser sakrale, heilige Charakter nicht aufgegeben werden kann und darf. Unter dem Gesichtspunkt der allgemeinen Entwicklung der Sprachen des Abendlandes – ganz zu schweigen von den Problemen, die andernorts übliche Sprachen aufwerfen – ist die heutige Zeit sicherlich nicht geeignet, die lateinische Sprache fallenzulassen.[14]

Die lateinische Liturgie der ersten Jahrhunderte wurde also nicht in derselben Volkssprache gefeiert, die täglich auf dem Marktplatz gesprochen wurde, sondern in einer gehobenen, formalen Sprache, die dicht, poetisch und zuweilen sogar archaisch klang. Der Grund für diesen Wechsel vom Griechischen zum Lateinischen liegt vielleicht darin, dass die frühen Päpste vor allem im Rahmen der griechischen Kultur unterrichtet worden waren, wohingegen die Päpste ab einem bestimmten Zeitpunkt, nämlich ab der Mitte des dritten Jahrhunderts, das Griechische nicht mehr sehr gut beherrschten und auch nicht mehr wirklich gut verstanden. Kirchenlatein war derweil durchaus keine Alltagssprache, wie wir bei Tertullian und anderen Autoren sehen.

Ich selbst war in Afrika, wo ich auf Latein zelebriert habe, während die Afrikaner die *Missa de Angelis* sangen. Sie haben vielleicht nicht jedes Wort verstanden, aber sie waren sehr zufrieden damit und ich würde sagen, auch glücklich. Latein ist eine Sprache der katholischen Einheit. In seinem nachsynodalen Apostolischen Schreiben *Sacramentum Caritatis* erklärte Papst Benedikt XVI.:

[14] *Liturgical Latin: Its Origins and Character*, Catholic University of America Press, Washington, DC, 1957, S. 83-86; übersetzt aus dem Englischen.

> Um die Einheit und die Universalität der Kirche besser zum Ausdruck zu bringen, möchte ich empfehlen, was die Bischofssynode in Übereinstimmung mit den Richtlinien des Zweiten Vatikanischen Konzils vorgeschlagen hat: Es ist gut, wenn außer den Lesungen, der Predigt und den Fürbitten der Gläubigen die Feier in lateinischer Sprache gehalten wird; ebenso sollen die bekanntesten Gebete aus der Überlieferung der Kirche in Latein gesprochen und eventuell einige Teile in Gregorianischem Choral ausgeführt werden. Ganz allgemein bitte ich darum, dass die zukünftigen Priester von der Seminarzeit an darauf vorbereitet werden, die Heilige Messe in Latein zu verstehen und zu zelebrieren sowie lateinische Texte zu nutzen und den Gregorianischen Choral zu verwenden. Man sollte nicht die Möglichkeit außer Acht lassen, dass auch die Gläubigen angeleitet werden, die allgemeinsten Gebete in Latein zu kennen und gewisse Teile der Liturgie im gregorianischen Stil zu singen (Nr. 62).

In der Tat wäre es praktisch gesehen wunderbar, sich dank der lateinischen Sprache überall zuhause zu fühlen. Mein Vater erzählte mir einst eine Geschichte über eine Gruppe von Deutschen, die vor der kommunistischen Revolution nach Argentinien ausgewandert waren. Sie kannten die Landessprache und die Bräuche nicht und waren sehr betrübt, weil ihnen alles fremd war. Aber als sie sonntags zur Messe gingen und dieselben lateinischen Worte und Gesänge hörten, die sie aus ihren Heimatdörfern gewohnt waren, waren sie zu Tränen gerührt und fühlten sich glücklich und zuhause. Während des Zweiten Vatikanischen Konzils sagte ein Konzilsvater, dass die lateinisch zelebrierte Messe wie eine Oase sei, wie in der folgenden Wortmeldung von Kardinal James McGuigan, Erzbischof von Toronto (Kanada), in der Synodenhalle während der Debatte über die liturgische Sprache zu lesen ist:

> Zweifellos besteht die besondere Würde der lateinischen Sprache in der Eigenschaft ihrer Universalität. In einer Zeit wie der unseren, in der so viele Menschen aus allen Orten und Gesellschaftsschichten lange Reisen unternehmen, sei es aus Notwendigkeit oder zum Vergnügen, ist die ausschließlich in lateinischer Sprache zelebrierte Messe überall eine Art wahre Oase des Trostes und der geistlichen Erquickung in Bezug auf Orte und Völker. [...] Auch wenn in der neuen Heimat, die die Einwanderer angenommen haben, alles neu und ungewohnt für sie zu sein scheint, wird es für sie zweifellos wohltuend sein, durch die eine lateinische Sprache dieselbe gleichbleibende Messe mit denselben Zeremonien und Gebeten vorzufinden. [...] Sie werden sich sehr freuen, wenn sie Gott auf dieselbe Weise anbeten können wie in ihrem eigenen Land und womöglich in der Blüte ihrer Jugend![15]

Durch die ausschließliche Feier der Liturgie in der Volkssprache geht ein wichtiges Zeichen und wirksames Mittel der Einheit der katholischen Völker verloren. Einer der Konzilsväter beim II. Vaticanum, Abt Benedikt Reetz, damals Vorsitzender der Beuroner Benediktinerkongregation, drückte es wie folgt aus:

> In unserer Zeit werden die Grenzen zwischen den Völkern zunehmend aufgehoben und alle Nationen streben nach

[15] *Concilii Vaticani II Synopsis in ordinem redigens schemata cum relationibus necnon Patrum orationes atque animadversiones. Constitutio de Sacra Liturgia Sacrosanctum Concilium*, ed. Francisco Gil Hellín, Libreria Editrice Vaticana, Città del Vaticano 2003, S. 744. Hier und weiterhin aus dem Englischen übertragen.

> Einheit. Ich verstehe nicht, warum in der katholischen Kirche durch die Volkssprache neue Barrieren und Grenzen errichtet werden sollen.[16]

Der allgemeine Gebrauch der lateinischen Sprache bei der Messfeier im Römischen Ritus ist auch ein wirkungsvolles Zeichen für die Einheit des Glaubens. Während des Zweiten Vatikanischen Konzils haben einige Konzilsväter vor der Gefahr des Individualismus von Seiten des Klerus gewarnt, wenn die Messe ausschließlich in der Volkssprache gefeiert würde, wie wir z.B. in der Intervention des späteren Kardinals Franjo Šeper, damals Erzbischof von Zagreb (Kroatien), lesen können: „Die ausschließliche Verwendung der Volkssprache in den heiligen Riten wird dem Individualismus bei den Priestern Tür und Tor öffnen, die dann oft ohne viele Skrupel den Text willkürlich ändern werden."[17]

Die sakrale und liturgische Sprache hat die heilsame Funktion, den wesentlichen Charakter der Liturgie, nämlich das Mysterium, zu schützen. In einer seiner Interventionen beim Konzil gab Abt Reetz zu bedenken:

> Das Glaubensgeheimnis des Heiligen Messopfers sollte nicht zu sehr enthüllt, sondern eher bedeckt werden, damit die Ehrfurcht vor den göttlichen Dingen wachsen kann. Latein oder auch Griechisch oder Kirchenslawisch oder jede andere heilige Sprache ist sozusagen eine „Ikonostase" oder ein Schleier über dem heiligen Geheimnis … Es besteht nicht der geringste Zweifel, dass die Liturgie in erster Linie Anbetung, Danksagung, Sühne und Opfer ist und erst in zweiter Linie Gelehrsamkeit, Lehre und Katechese, wird doch bei denje-

[16] Vgl. *Concilii Vaticani II Synopsis*, S. 477.

[17] Ibid., S. 461

nigen, die die Liturgie feiern, die Kenntnis des Glaubens im Allgemeinen vorausgesetzt. Die Liturgie in der Volkssprache müsste ja in 100 Jahren mindestens zweimal geändert werden! Dabei ist die Liturgie ein theologischer Ort, eine Quelle der Dogmatik, Ausdruck des Dogmas und des Glaubensbekenntnisses. Veränderungen werden sich hier immer als gefährlich erweisen.[18]

Derselbe Konzilsvater setzte folgende scharfsinnige Beobachtung hinzu: „Die Gegner der lateinischen Sprache in der heiligen Liturgie sollten eigentlich auch die liturgischen Gewänder bekämpfen und diese Gewänder lateinischen und römischen Ursprungs in volkstümliche und alltägliche Gewänder zu verwandeln suchen."[19]

Wie wichtig es ist, dass die lateinische Sprache in der Kirche gebraucht wird, hat uns Papst Johannes XXIII. in dieser bedenkenswerten Lehre dargelegt: „Da die katholische Kirche, die ja von Christus, unserem Herrn, gegründet wurde, an Würde alle menschlichen Gesellschaften bei weitem übertrifft, ist es höchst angemessen, dass sie sich einer Sprache bedient, die nicht volkstümlich ist, sondern reich an Hoheit und Erhabenheit."[20]

Die Heilige Messe ist in allen Aspekten ihres Ritus die beste Schule des Gebets, wie Dom Lambert Beauduin bekräftigt hat:

In der Schule der Liturgie lehrt uns die Kirche das Beten. [...] Die Heiligste Dreifaltigkeit ist der Gegenstand der An-

---

[18] Ibid., S.477.

[19] Ibid., S. 478.

[20] „Cum denique catholica Ecclesia, utpote a Christo Domino condita, inter omnes humanas societates longe dignitate praestet, profecto decet eam lingua uti *non vulgari*, sed nobilitatis et maiestatis plena." Apostolische Konestitution *Veterum Sapientia*, Nr. 7.

betung; Jesus Christus und durch Ihn sein mystischer Leib sind das Subjekt der Anbetung; das Kreuzesopfer, das in der Eucharistie erneuert wird, ist ihre zentrale Handlung. Diese Grundprinzipien lassen sich gut in einer einzigen Formel ausdrücken: Die Kirche weiht uns durch das eucharistische Opfer täglich der Ehre der Allerheiligsten Dreifaltigkeit. Dieser Grundgedanke des christlichen Lebens muss in das Innerste unserer Seele eindringen und unser ganzes Handeln beleben.[21]

[21] *Liturgy, the Life of the Church* [*La piété de l'Église* (1914)], trans. Virgil Michel, O.S.B., 3rd ed., St. Michael's Abbey Press, Farnborough 2002, S. 25-26; hier aus dem Englischen.

2. Die Messe ist Anbetung

Der lateinische Begriff *adoratio* bezeichnete ursprünglich eine Geste der Verehrung gegenüber einer hochstehenden Person oder einem erhabenen Objekt, vor dem man sich leicht verneigte und mit der rechten Hand das Objekt der Verehrung berührte, während man mit der linken Hand dem Ziel der Ehrerbietung einen Kuss (*ad os*) zuwarf. Wir müssen dieses Konzept jedoch im Kontext der göttlichen Offenbarung sehen, nach welcher die Anbetung in der Anerkennung der Tatsache besteht, dass Gott Gott ist und wir Geschöpfe sind. Dies ist die grundlegende Haltung der Anbetung, die von der göttlichen Offenbarung und der Heiligen Schrift gelehrt wird, denn die gefährlichste Versuchung für das Geschöpf besteht darin, sich selbst zu vergöttlichen, also sich selbst an die Stelle Gottes zu setzen. Dies war das Vergehen der gefallenen Engel, die noch vor dem Menschen sündigten. Der Satan verweigerte den Akt der Anbetung Gottes, desjenigen, der *solus Sanctus, solus Dominus, solus Altissimus* ist, wie wir im *Gloria* der Heiligen Messe singen. Der heilige Thomas von Aquin bringt es auf den Punkt: „Die größte von allen [Sünden gegen Gott] besteht scheinbar darin, die Ehre einem Geschöpf zu erweisen, die Gott allein zukommt."[22] In der Tradition ihres Katechismus erläutert die Kirche die theologische und geistliche Bedeutung des Aktes der Anbetung wie folgt:

> Gott anbeten heißt, in Ehrfurcht und absoluter Unterwerfung die „Nichtigkeit des Geschöpfs" anzuerkennen, welches einzig

[22] *Summa theologiae* [hiernach *S. th.*], IIa-IIae, q. 94, art. 3. Die Verweise beziehen sich auf den jeweiligen Artikelkern (*corpus articuli*), wenn nicht anders angegeben.

Gott sein Dasein verdankt. Gott anbeten heißt, wie Maria im Magnificat Ihn zu loben, Ihn zu preisen und sich selbst zu demütigen, indem man dankbar anerkennt, dass Er Großes getan hat und dass Sein Name heilig ist. Die Anbetung des einzigen Gottes befreit den Menschen von der Selbstbezogenheit, von der Sklaverei der Sünde und der Vergötzung der Welt.[23]

Anbetung ist die erste Haltung des Menschen, der sich vor seinem Schöpfer als Geschöpf erkennt. Sie verherrlicht die Größe des Herrn, der uns geschaffen hat, und die Allmacht des Retters, der uns vom Bösen befreit. In der Anbetung wirft sich der Geist vor dem „König der Herrlichkeit" nieder und schweigt ehrfürchtig vor dem „je größeren Gott". Die Anbetung des dreimal heiligen und über alles zu liebenden Gottes erfüllt uns mit Demut und gibt unserem Bitten Zuversicht.[24]

Der heilige Thomas erklärt, dass der göttliche Kult bzw. die Gottesverehrung aufgrund unserer doppelten Natur sowohl innere als auch äußere Handlungen umfassen:

Wie der Damaszener sagt (*De Fide Orth.* IV, 12), [müssen wir], aus einer doppelten, nämlich einer vernünftigen und einer sinnenhaften Natur, zusammengesetzt, eine doppelte Anbetung Gott darbringen, nämlich eine innerliche, welche in der inneren Andacht des Geistes besteht; und eine äußerliche, welche sich in der Demütigung des Körpers vollzieht. Und gerade da in jedem Akt der *latria* [der allein Gott zukommenden Anbetung] das Äußerliche auf das Innerliche, d.h. auf das hier Wesentlichere bezogen wird, wird die äu-

---

23 *Katechismus der Katholischen Kirche* [hiernach *KKK*] 2097.

24 *KKK* 2628.

ßerliche Anbetung um der innerlichen willen vollzogen, oder anders gesagt: Durch die körperlichen Gesten der Demut wird unser Geist dazu angeregt, dass wir uns Gott unterwerfen. Es entspricht nämlich ganz unserer Natur, dass wir durch das sinnlich Wahrnehmbare zum geistig Erkennbaren fortschreiten.[25]

In der Heiligen Schrift heißt es im Buch Jesaja (6,1–4):

> Im Jahr, in dem der König Ozias starb, sah ich den Herrn auf einem hohen und erhabenen Thron sitzen und das, was unter Ihm war, erfüllte den Tempel. Seraphim standen oberhalb desselben; sechs Flügel hatte ein jeder; mit zweien verhüllten sie ihr Angesicht, mit zweien verhüllten sie ihre Füße und mit zweien flogen sie. Und sie riefen einer dem anderen zu und sprachen: Heilig, heilig, heilig ist der Herr, der Gott der Heerscharen; die ganze Erde ist voll Seiner Herrlichkeit! Da erbebten die Oberschwellen der Türangeln vor ihrem lauten Rufen und der Tempel ward von Rauch erfüllt.

Wir müssen Gott die Ehre geben, Ihn verherrlichen: Das ist der Zweck der Schöpfung. Gott hat uns allerdings nicht geschaffen, um Seine Herrlichkeit *wesentlich* zu mehren, weil Er dies nicht nötig hat. Im modernen *Römischen Messbuch* heißt es in der vierten allgemeinen Präfation: „Du bedarfst nicht unseres Lobes, es ist ein Geschenk Deiner Gnade, dass wir Dir danken. Unser Lobpreis kann Deine Größe nicht mehren, doch uns bringt er Segen und Heil durch Unseren Herrn Jesus Christus."

Gott hat uns geschaffen, um Ihn zu preisen, und Er hat der Schöpfung selbst das Bedürfnis und die Sehnsucht eingeschrie-

[25] *S. th.*, IIa-IIae, q. 84, art. 2.

ben, Seine Herrlichkeit zum Ausdruck zu bringen. Anbetung heißt auf Griechisch *proskýnesis*, das heißt wörtlich „sich niederwerfen". Das weist darauf hin, dass Einer allein groß ist und dass wir uns klein machen. Sich klein zu machen, ist gerade die Frucht der wahren Anbetung! Wie uns die Allerseligste Jungfrau und Gottesmutter Maria in ihrem Magnificat lehrt, erhöht Gott uns, wenn wir uns klein machen. Dieser Akt ist auch ein Akt der Freude, wie Pater Enrico Zoffoli hervorhebt:

> Die Anbetung, die sich in der Aufopferung ausdrückt, beinhaltet nichts wirklich Schmerzhaftes, denn sie ist ja an sich kein echter Verzicht, sondern nur die Bereitschaft, jeden Verlust von Gutem auf sich zu nehmen, wenn dies für die größere Ehre Gottes erforderlich wäre; dieselbe ist deshalb – immer und notwendigerweise – eine Ausgießung des Seins, eine gegenseitige Mitteilung von Leben und Freude.[26]

Der äußere Akt der Anbetung drückt auch die Demut des Geschöpfes aus. Sie ist ein Bekenntnis seiner völligen Abhängigkeit von Gott. Wie es der heilige Thomas im obigen Zitat ausgedrückt hat: „Die äußerliche Anbetung [wird] um der innerlichen willen vollzogen, oder anders gesagt: Durch die körperlichen Gesten der Demut wird unser Geist dazu angeregt, dass wir uns Gott unterwerfen." In gleicher Weise erklärt der engelgleiche Doktor die geistliche Bedeutung der Kniebeuge: „Wenn wir unsere Knie beugen, drücken wir damit unsere Schwachheit im Vergleich zu Gott aus, und wenn wir uns niederwerfen, bekennen wir gleichsam, dass wir nur aus uns selbst heraus nichts sind."[27]

---

[26] *Perché la Messa?*, S. 8; übertragen aus dem Englischen.

[27] *S. th.*, IIa-IIae, q. 84, art. 2, ad 2.

Das Beten auf den Knien ist seit den Tagen der Apostel und der frühen Kirche unter Christen üblich und hochgeschätzt. Nach dem Zeugnis des christlichen Schriftstellers Hegesippus aus dem zweiten Jahrhundert betrat der Apostel Jakobus der Jüngere, der „Bruder des Herrn", den Tempel und „man fand ihn auf den Knien liegend und für das Volk um Verzeihung flehend. Seine Knie wurden hart wie die eines Kameles, da er ständig auf den Knien lag, um zu Gott zu beten und Ihn um Verzeihung für sein Volk zu bitten."[28] Der heilige Basilius der Große (+379) erklärt den geistlichen Sinn des Kniens so: „Jedes Mal, wenn wir auf die Knie fallen, zeigen wir allein durch die Tat, dass wir durch unsere Sünde auf die Erde gefallen sind und durch die liebende Güte unseres Schöpfers in den Himmel zurückgerufen wurden."[29] Zur Bedeutung des Kniens als liturgische Gebärde verweist Kardinal Joseph Ratzinger auf

> die Erzählung aus den Sentenzen der Wüstenväter, dass der Teufel von Gott gezwungen wurde, sich einem gewissen Abt Apollon zu zeigen – schwarz, hässlich anzusehen mit erschreckend mageren Gliedern, und vor allem: *Er hatte keine Knie*. Die Unfähigkeit zu knien erscheint geradezu als das Wesen des Diabolischen.[30]

Eine Liturgie ohne Kniefall büßt alle authentische Christlichkeit ein, wie Kardinal Ratzinger feststellt:

> Es mag wohl sein, dass moderner Kultur das Knien fremd ist – insofern sie nämlich eine Kultur ist, die sich vom Glauben

[28] Eusebius von Caesarea, *Kirchengeschichte*, II, 23.

[29] *De Spiritu Sancto*, Kap. 27.

[30] *Der Geist der Liturgie*, 4. Teil, Kap. 2; S. 166.

entfernt hat und Den nicht mehr kennt, vor Dem zu knien die rechte, ja, von innen her nötige Gebärde ist. Wer glauben lernt, lernt auch knien, und ein Glaube oder eine Liturgie, die das Knien nicht mehr kennte, wäre an zentraler Stelle krank.[31]

Der Akt der Anbetung ist untrennbar mit der Tugend der Ehrfurcht verbunden. Die Ehrfurcht ist die Quelle aller Anbetung, ebenso die Gottesfurcht, die der Anfang aller Weisheit ist: *Initium sapientiae timor Domini* (Ps 110,10; Spr 1,7). Die Gottesfurcht, d.h. die Ehrfurcht, ist auch ein Grundpfeiler des Glaubens, der Hoffnung und der Liebe. Der katholische Philosoph Dietrich von Hildebrand, den Papst Pius XII. inoffiziell als „Kirchenlehrer des 20. Jahrhunderts" bezeichnete, identifizierte die mangelnde Ehrfurcht, d.h. das Fehlen der Gottesfurcht, als die zentrale geistliche Krankheit des modernen Menschen und erklärte: „Der ehrfurchtslose Moderne mit allem Wissen [ist] ‚dümmer' als der primitivste ehrfürchtige Wilde."[32] Echte und vollkommene Ehrfurcht und Gottesfurcht sind jedoch nur jene, die übernatürlich, d.h. von Christus geoffenbart sind, wie von Hildebrand ausführt:

> Es ist nicht die nebelhafte Ehrfurcht verschwommener Ahnung – wie sie bei primitiven Völkern sich findet –, nicht die Ehrfurcht vor dem Rauschen heiliger Bäume, nicht die Ehrfurcht des vitalen Untertauchens in etwas, was – stärker als wir – über uns kommt. Es ist vor allem nicht die Pseudoehrfurcht aller Arten des Pantheismus, das Erschaudern im Bewusstsein des Alls, in dem man ein Tropfen ist. Es ist auch

[31] Ibid., S. 166-167.

[32] *Liturgie und Persönlichkeit*, Styria Verlag, Graz, 3. Aufl. 1955, Kap. II, Nr. 2; S. 53.

nicht die edle Ehrfurcht eines Sokrates vor dem *daimonion*[.] [...] Es ist die erleuchtete Ehrfurcht.[33]

Von Hildebrand führt weiter aus:

Die ganze Liturgie ist durchzittert von dieser Ehrfurcht vor der *majestas Domini*, von dem klaren Bewusstsein Seiner absoluten Herrschaft, von der Erkenntnis, dass wir alles von Ihm empfangen. Und doch herrscht in ihr keine jansenistische oder calvinistische Gottesferne, kein Erdrücktwerden von Gottes Größe, keine vernichtende Selbstverachtung, sondern das *Introibo ad Altare Dei, ad Deum, qui laetificat juventutem meam* [Ich werde hintreten zum Altare Gottes, zu Gott, der meiner Jugend Freude bereitet, Anm. d. Verf.]. [...] Welcher Geist der Ehrfurcht in den Präfationen und in dem Sanktus, verbunden mit dem Geist der Gotteskindschaft![34]

Anbetung bedeutet, Gott die Ehre zu geben, Ihn ohne Ende zu lobpreisen. Aber was ist denn der Unterschied zwischen Anbetung und Lobpreis? Die Anbetung ist die deutlichste Bekräftigung, dass Gott wirklich erhaben, dass Er Herr ist. Wir können auch Geschöpfe loben oder ehren, aber niemals können wir sie anbeten. Die Anbetung ist, wie die Lehre der Kirche und die Heilige Schrift sagen, ausschließlich Gott vorbehalten. Als der Teufel Jesus in der Wüste versuchte und ihn aufforderte, niederzufallen und ihn anzubeten, antwortete der Herr, wie wir in Matthäus 4,10 lesen: „Weiche, Satan! Denn es steht geschrieben: Den Herrn, deinen Gott, sollst du anbeten und Ihm allein dienen!" (vgl. Dtn 6,13).

---

[33] Ibid., Kap. III, Nr. 2; S. 54.

[34] Ibid., S. 55-56.

Manche mögen vielleicht glauben, dass Gottes Wunsch, von Seinen Geschöpfen angebetet zu werden, gleichsam eine Frage der Eitelkeit sei. Aber in Wirklichkeit ist der springende Punkt nicht etwa, dass Er angebetet werden will, sondern dass es *gut für Seine Geschöpfe* ist, wenn sie Ihn anbeten. Für ebendieselben Geschöpfe ist es nämlich ein Übel, wenn sie Ihn nicht anbeten! In seinem Kommentar zum Fest der Erscheinung des Herrn schreibt Dom Prosper Guéranger:

> Dieser Tag der Erscheinung des Herrn ist also in Wahrheit ein großer Tag, und die Freude, mit der uns die Geburt des göttlichen Kindes erfreut hat, muss an diesem Tage von neuem ausbrechen. Zeigt uns ja auch diese zweite Ausstrahlung des Weihnachtsfestes die Herrlichkeit des fleischgewordenen Wortes in neuem Glanze; und wenn wir auch nicht die unaussprechlichen Reize des göttlichen Kindes aus den Augen verlieren dürfen, so tritt jetzt doch der Gedanke in den Vordergrund, dass jenes Kind Sich im Glanze Seiner Göttlichkeit als der Heiland offenbart, der uns in Seiner Liebe erschienen ist. Nicht mehr sind es bloß die Hirten, die von den Engeln berufen werden, das fleischgewordene Wort zu erkennen; es ist die ganze Natur, die die Stimme Gottes selbst einlädt, Es anzubeten und auf Es zu hören.[35]

Er ist gerade deshalb ein Kind geworden, damit wir Ihn leichter anbeten können.

Jesus Christus, der menschgewordene Gott, ist das höchste Vorbild jener wahrhaftigen Anbetung, welche die Geschöpfe dem Schöpfer schulden. Der Gottessohn hat die echte Anbe-

---

[35] Dom Prosper Guéranger, *Das Kirchenjahr*, Band 3: *Die heilige Weihnachtszeit*, 2. Abteilung; autorisierte Übersetzung, Verlag Franz Kirchheim, Mainz 1876, S. 54.

tung Gottes wiederhergestellt und ihr eine übernatürliche und heiligende Wirkung verliehen. Der heilige Augustinus hat diese Wahrheit auf wunderbare Weise ausgedrückt:

> [Sowohl betet] der eine Erlöser Seines Leibes, unser Herr Jesus Christus, Gottes Sohn, für uns und in uns als auch wird Er von uns angebetet. Er betet für uns als unser Priester, betet in uns als unser Haupt und Er wird angebetet von uns als unser Gott. So lasst uns denn sowohl in Ihm als auch in uns Seine Stimme erkennen![36]

In der Tat ist in Christus „unsere vollendete Versöhnung in Gnaden hervorgetreten und in Ihm ist uns geschenkt die Fülle des göttlichen Dienstes", wie es im *Sacramentarium Veronense* (Nr. 1265) heißt, das später wiederum vom II. Vaticanum in *Sacrosanctum Concilium* (Nr. 5) zitiert wurde. Dietrich von Hildebrand erklärte die verwandelnde Kraft des Gebets wie folgt:

> Nur der Gottmensch Jesus Christus kann Gott auf angemessene Weise anbetend lieben. Er allein ist ganz heilig, nur Er verherrlicht in ganz angemessener Weise durch Seine Heiligkeit Gott und nur Er kann endlich Gott allein angemessen loben und preisen. Der letzte übernatürliche Sinn jedes Menschen ist darum Umgestaltung in Christus [...] Dieses In-Christus-Umgestaltetwerden schließt aber nicht nur die liebende Anbetung des Vaters mit Christus und in Christus ein, sondern auch den Mitvollzug des Opfers Christi und das Mitsprechen des „Wortes", des allein gültigen Lobes und der

[36] *Auslegung von Psalm 85*, in: Aurelius Augustinus, *Die Auslegung der Psalmen. Christus und sein mystischer Leib*. Ferdinand Schöningh-Verlag, Paderborn 1955.

Verherrlichung, das Christus zu Seinem himmlischen Vater spricht.[37]

Christus ist also sowohl der vollkommene Anbeter, in dem wir anbeten, als auch – als eine Person der Heiligsten Dreifaltigkeit – der rechtmäßige Empfänger unserer Anbetung.

In unserer großen katholischen Tradition haben wir den schönen Hymnus *Adoro te devote*. Die erste Strophe beginnt: „Andächtig bet' ich Dich, verborg'ne Gottheit an." Ich betrachte ihn als eine Art „eucharistische *Summa*", auch in dogmatischer Hinsicht, angesichts seiner enormen Präzision und gelungenen Wiedergabe der Klarheit des Dogmas (*lex credendi*) und der Schönheit dieser Poesie, die wirklich das Herz berührt. Nicht nur den Verstand, sondern auch das Herz: Wir können die *Schönheit* der Wahrheit erkennen, die uns dazu drängt, den eucharistischen Christus noch mehr zu lieben. Dieser Hymnus scheint geradezu vom Heiligen Geist inspiriert zu sein. Es gibt bekanntlich noch mehr Texte in unserer katholischen Tradition, die fast vom Heiligen Geist inspiriert zu sein scheinen, wie z.B. der Hymnus *Veni Creator Spiritus*. Wenn er gesungen wird, berührt er wirklich das Herz.

Auch in der Karfreitagsliturgie beten wir das Kreuz des Herrn an. Der Gestus der Anbetung ist derselbe und das Objekt ist freilich immer Gott. In der Eucharistie richtet sich die Anbetung auf den Leib und das Blut Christi im Geheimnis Seiner wirklichen Gegenwart. Im Kreuz haben wir ein Zeichen für unsere Erlösung, für das Erlösungsopfer, für diesen zentralen Akt der Heilsgeschichte. Deshalb ist das christliche Zeichen schlechthin das Kreuz, aber das Kreuz *mit dem Corpus* (nicht das leere, wie es die Protestanten haben), um die menschliche Realität der

[37] *Liturgie und Persönlichkeit*, Kap. I; S. 17-18.

Menschwerdung und des Leidens des Herrn zu unterstreichen. Wir verehren dieses Zeichen, weil es uns zum Opfer für unsere Erlösung zurückführt. Deshalb beugen wir am Karfreitag das Knie vor dem Kruzifix – eine Geste, die auch für die Anbetung des Allerheiligsten Altarsakraments charakteristisch ist.

Zu Beginn seiner Fronleichnamspredigt 2012 präsentierte Papst Benedikt XVI. unter anderem

> [einige Überlegungen] über den Wert des eucharistischen Kultes und dabei insbesondere der Anbetung des Allerheiligsten Sakraments. Es ist dies die Erfahrung, die wir auch heute Abend nach der Heiligen Messe, vor, bei und nach der Prozession erleben werden. Eine einseitige Interpretation des Zweiten Vatikanischen Konzils hatte diese Dimension beeinträchtigt, indem sie die Eucharistie praktisch auf den Augenblick ihrer Feier beschränkte. In der Tat ist es sehr wichtig gewesen, die Zentralität der Feier anzuerkennen, zu der der Herr sein Volk zusammenruft, es um den zweifachen Tisch des Wortes und des Brotes des Lebens schart, es nährt und in der Darbringung des Opfers mit Sich vereint. Diese Aufwertung der liturgischen Versammlung, in der der Herr wirkt und Sein Geheimnis der Gemeinschaft verwirklicht, bleibt natürlich gültig, doch muss sie ins rechte Verhältnis zurückgebracht werden. Denn nur allzu oft geschieht es, dass man, um einen Aspekt hervorzuheben, dabei endet, einen anderen zu opfern. In diesem Fall ging die richtige, auf die Feier der Eucharistie gesetzte Betonung auf Kosten der Anbetung, die ein an den wirklich im Altarsakrament gegenwärtigen Herrn Jesus gewandter Akt des Glaubens und des Gebets ist. Diese Unausgewogenheit hatte Auswirkungen auch auf das geistliche Leben der Gläubigen. Wird nämlich die ganze Beziehung mit dem eucharistischen Jesus allein auf den

> Augenblick der Heiligen Messe konzentriert, läuft man Gefahr, den Rest der Lebenszeit und des Lebensraumes Seiner Gegenwart zu entleeren. Und so wird der Sinn der beständigen Gegenwart Jesu mitten unter uns und mit uns weniger wahrgenommen, eine konkrete, nahe Gegenwart inmitten unserer Häuser, als „pulsierendes Herz" der Stadt, des Landes, des Gebiets mit seinen verschiedenen Ausdrucksformen und Tätigkeiten. Das Sakrament der Liebe Christi muss das ganze alltägliche Leben durchdringen.[38]

Im Verlauf der Kirchengeschichte hat uns der Heilige Geist zu einer immer tieferen Erkenntnis des Reichtums des eucharistischen Geheimnisses geführt, das das Herz der Kirche ist; dieses Geheimnis belebt sie und baut sie auf. In diesem Sinne eröffnete Papst Johannes Paul II. seine letzte Enzyklika, *Ecclesia de Eucharistia*, mit den Worten: „Die Kirche lebt von der Eucharistie." Sicherlich konnte die Kirche in den ersten Jahrhunderten, auch aus pädagogischen Gründen, nicht sofort die ganze Tiefe und den Reichtum dieses Geheimnisses darlegen. Es war notwendig, zunächst den Reichtum Gottes Selbst, das Geheimnis der Heiligsten Dreifaltigkeit, in seiner ganzen Tiefe zu erkennen. Außerdem herrschten zu jener Zeit viele christologische Irrlehren, die durch eine genaue Darlegung der Lehre über Jesus Christus, wahrer Gott und wahrer Mensch, bekämpft werden mussten. Gott ist ein gütiger Lehrer und offenbart die Wahrheit zur rechten Zeit und auf die richtige Weise, damit die Menschen sie besser verstehen können. Nach und nach, Schritt für Schritt, Jahrhundert für Jahrhundert hat Gott uns in das Herz des christlichen Lebens eingeführt, nämlich in das Geheimnis der heiligsten Eucharistie.

[38] *Predigt zum Hochfest des Leibes und Blutes Christi* von Papst Benedikt XVI. am 7.6.2012.

Im 13. Jahrhundert war es die heilige Juliana von Lüttich (1192-1258), die als Werkzeug des Herrn die Einführung des Fronleichnamsfestes in der Kirche bewirkte. Dieses Fest markiert auch den Beginn der eucharistischen Anbetung außerhalb der Messe und unterstreicht die Bedeutung des Tabernakels. Als die Protestanten begannen, die wirkliche Gegenwart des Leibes und Blutes Christi in der Eucharistie zu leugnen, hat die Kirche ihr Verständnis dieses großen Geheimnisses noch weiter vertieft. Deshalb rückte der Tabernakel in der lateinischen Kirche in die Mitte der Kirche, um sichtbar zum Ausdruck zu bringen, dass er nicht nur das geistliche, theologische und ideelle, sondern auch das sichtbare Zentrum ist. Und mit dem Konzil von Trient wurde vorgeschrieben, dass sich der Tabernakel in der Mitte der Apsis befinden sollte. So wie Gott immer in der Lage ist, aus dem Bösen ein größeres Gutes zu machen, so war auch hier Seine Vorsehung am Werk. Durch die antieucharistischen Machenschaften der protestantischen Reformatoren (oder besser Deformatoren!) erreichte die Kirche mit dem Konzil von Trient gewissermaßen einen Höhepunkt in der Darlegung der Eindeutigkeit und lehrmäßigen Tiefe des eucharistischen Geheimnisses. Als Folge dieses Glaubensgesetzes (*lex credendi*) wurden der eucharistische Kult und die eucharistische Verehrung (*lex orandi*) noch mehr vertieft und bereichert. Der heilige Antonius Maria Zaccaria begann, die öffentliche Anbetung des Allerheiligsten Sakraments zu fördern, und verbreitete sie vor allem durch die als „Vierzigstündiges Gebet" bekannte Praxis, die von großen Heiligen wie dem heiligen Karl Borromäus und dem heiligen Philipp Neri aufgegriffen wurde. Diese Praxis verbreitete sich langsam in der ganzen Kirche, nicht zuletzt in Form der sogenannten Ewigen Anbetung. Ein organischer Prozess hatte sich zugetragen, ganz gemäß der Art und Weise, in welcher der Heilige Geist wirkt.

Als sich im 19. Jahrhundert durch den Rationalismus der Unglaube ausbreitete, wurden neue Ordensgemeinschaften mit dem Charisma der Ewigen Anbetung gegründet, die bekräftigten, dass Gott als unser König des ewigen und ununterbrochenen Lobes und der Anbetung würdig ist, auch hier auf Erden, Tag und Nacht. Der Heilige Geist erweckte dann einen großen Apostel, der die Bedeutung der Eucharistischen Anbetung unter den Christen wieder neu beleben sollte: Sein Name war der heilige Peter Julian Eymard (1811-1868). Er gründete 1856 die Kongregation für das Allerheiligste Sakrament, welche die Praxis der Ewigen Anbetung und die Feierlichkeit des öffentlichen eucharistischen Kultes in den Mittelpunkt stellte. Damit begannen die Internationalen Eucharistischen Kongresse, die bis heute andauern. Der erste wurde 1881 in Lille abgehalten, um die Früchte des Apostolats zu ernten, für das der heilige Peter Julian Eymard, der „Apostel der Eucharistie", und andere bedeutende Persönlichkeiten wie der selige Antoine Chevrier (1826-1879), Léon Dupont (1797-1876) und Gaston-Adrien de Ségur (1820-1880) gesorgt hatten. All dies geschah durch die Intuition und das Engagement von Fräulein Émilie Tamisier (1834-1910): Die von ihr organisierten eucharistischen Wallfahrten entwickelten sich allmählich zu den Kongressen der Eucharistischen Gesellschaften, die fortan „Eucharistische Kongresse" genannt wurden.

Gott wirkt zu jeder Zeit in Seiner Kirche und bringt das hervor, was die Kirche zu einer bestimmten Zeit braucht. Da im *Novus Ordo* die Gesten der Anbetung während der Messe zusammengestrichen und verwässert wurden (wie man in den Rubriken anhand der drastischen Reduzierung von Kniebeugen, Niederknien und Verneigungen sehen kann), hat die göttliche Vorsehung – vor allem seit den 1970er- und 1980er-Jahren – eine neue Bewegung der Eucharistischen Anbetung und die Einrichtung von Kapellen für die Ewige Anbetung in verschiedenen Ländern angestoßen;

dies geht mit der Wiederentdeckung des Alten Römischen Ritus einher. In unserer Kathedrale Unserer Lieben Frau von der Immerwährenden Hilfe in Astana (Kasachstan) gibt es nun schon seit fast 20 Jahren die Ewige Anbetung, an der die ganze Diözese teilnimmt und die viele geistliche Früchte getragen hat. Das Gleiche gilt für viele andere Orte.

Erinnern wir uns noch einmal an Papst Johannes Paul II., der so viel über die Eucharistie geschrieben hat. In seinem Apostolischen Schreiben *Mane Nobiscum Domine* aus dem Jahr 2004 verkündet er:

> Insbesondere ist es notwendig, sowohl in der Feier der Messe als auch im eucharistischen Kult außerhalb der Messe das lebendige Bewusstsein der realen Gegenwart Christi zu pflegen, indem Sorgfalt darauf verwendet wird, diese Gegenwart mit dem Ton der Stimme, den Gesten, den Bewegungen, mit der Gesamtheit des Verhaltens zu bezeugen. In diesem Zusammenhang erinnern die Vorschriften – und ich selbst hatte kürzlich die Gelegenheit, dies zu bekräftigen – an die Bedeutung, die den Momenten der Stille sowohl bei der Feier der Eucharistie als auch bei der Eucharistischen Anbetung gegeben werden muss. Mit einem Wort, es ist notwendig, dass die Art und Weise des Umgangs mit der Eucharistie seitens der in der Liturgie Mitwirkenden und der Gläubigen von tiefem Respekt geprägt ist. Die Gegenwart Jesu im Tabernakel muss ein Anziehungspunkt für eine immer größere Anzahl von Seelen sein, die von Liebe zu Ihm erfüllt sind und fähig sind, lange dazubleiben, um Seine Stimme zu hören und gleichsam Seinen Herzschlag zu spüren. „Kostet und seht, wie gütig der Herr ist" (Ps 34,9). Die Eucharistische Anbetung außerhalb der Heiligen Messe soll während dieses Jahres zu einer besonderen Aufgabe für die einzelnen

Pfarrgemeinden und Ordensgemeinschaften werden. Verweilen wir lange auf den Knien vor dem in der Eucharistie gegenwärtigen Herrn, indem wir mit unserem Glauben und unserer Liebe die Nachlässigkeit, die Vergessenheit und sogar die Beleidigungen wiedergutmachen, die unser Erlöser in vielen Teilen der Welt erleiden muss. Vertiefen wir in der Eucharistischen Anbetung unsere persönliche und gemeinschaftliche Betrachtung, indem wir uns auch der Gebetshilfen bedienen, die vom Wort Gottes und von der Erfahrung vieler alter und neuer Mystiker durchdrungen sind. Selbst der Rosenkranz – verstanden in seiner tiefen biblischen und christozentrischen Bedeutung, die ich im Apostolischen Schreiben *Rosarium Virginis Mariae* ans Herz gelegt habe – kann ein Weg sein, der für die eucharistische Betrachtung besonders geeignet ist, wird sie doch in Gemeinschaft mit Maria und in der Schule Mariens vollzogen. Das Hochfest Fronleichnam mit seiner traditionellen Prozession soll in diesem Jahr mit besonderer Inbrunst begangen werden. Der Glaube an Gott, der in Seiner Menschwerdung zum Gefährten auf unserer Reise wurde, soll überall verkündet werden, besonders auf unseren Straßen und in unseren Häusern als Ausdruck unserer dankbaren Liebe und als Quelle unerschöpflichen Segens.[39]

Schon zu Beginn seines Pontifikats hat uns Papst Johannes Paul II. diese kraftvolle Aufforderung mitgegeben, die im Jahr 1980 erschien:

Diese Anbetung, die also der Heiligsten Dreifaltigkeit, Vater, Sohn und Heiligem Geist, gilt, begleitet und durchdringt vor

[39] *Mane Nobiscum Domine*, Nr. 18.

allem die Feier der eucharistischen Liturgie. Aber sie muss unsere Kirchen auch außerhalb der Messzeiten erfüllen. Denn da das eucharistische Geheimnis aus Liebe eingesetzt wurde und Christus sakramental gegenwärtig macht, ist es des Dankes und der Anbetung würdig. Und diese Anbetung muss in all unseren Begegnungen mit dem Allerheiligsten Sakrament im Vordergrund stehen, sowohl wenn wir unsere Kirchen besuchen als auch wenn die heiligen Gestalten zu den Kranken gebracht und ihnen gespendet werden … Kirche und Welt haben ein großes Bedürfnis nach Eucharistischer Anbetung. Jesus wartet auf uns in diesem Sakrament der Liebe. Gehen wir großzügig mit unserer Zeit um, um Ihm in der Anbetung und in der Betrachtung zu begegnen, die glaubensvoll bereit ist, für die großen Fehler und Verbrechen der Welt Wiedergutmachung zu leisten. Möge unsere Anbetung niemals enden![40]

Bemerkenswert sind auch die Worte von Papst Franziskus, die er am 28. Juli 2013 während einer Pressekonferenz bei seiner Rückkehr aus Brasilien im Flugzeug sagte:

> In den orthodoxen Kirchen haben sie diese so schöne alte Liturgie bewahrt. Wir haben ein wenig das Empfinden für die Anbetung verloren. Sie bewahren es, sie loben Gott, sie beten Gott an, singen – die Zeit spielt dabei keine Rolle. Der Mittelpunkt ist Gott und das ist ein Reichtum, den ich bei dieser Gelegenheit, da Sie mir diese Bitte vortragen, erwähnen möchte.

Dies ist meiner Ansicht nach sehr schön und sehr richtig – und es gilt nicht weniger für die Katholiken der östlichen Riten, die

[40] *Dominicae Cenae*, Nr. 3, hier übertragen aus dem Englischen.

in voller Gemeinschaft mit Rom leben. Wer einmal die Gelegenheit gehabt hat, an einer byzantinischen Liturgie teilzunehmen, stellt fest, dass alles von diesem Geist der Anbetung durchdrungen ist, von der Ausrichtung auf Gott als Zentrum und von dem Bewusstsein, dass es *Gott* ist, der angebetet und verherrlicht werden muss. Es gibt einen Sinn für das Geheimnis Gottes. Die Frucht der Anbetung ist nämlich eine innere Stille. Es ist darum unerlässlich, dass wir in der Liturgie mit den Augen und dem Herzen sehen, um Gott zu lieben. Deshalb wird unsere ewige Seligkeit die *seligmachende Anschauung Gottes [visio beatifica]* genannt und nicht etwa das *seligmachende Denken [cogitatio beatifica]*. Wir haben das natürlich auch im *Usus Antiquior* des Römischen Ritus, mit der Kanonstille, insbesondere in unmittelbarer Nähe der Wandlung. Unsere orthodoxen und griechisch-katholischen Brüder wiederum machen bezeichnende Gesten der Anbetung, indem sie sich tief verneigen oder niederknien und mit dem Kopf den Boden berühren. All das ist überaus ausdrucksstark.

Wir sollten in die eucharistische Liturgie die biblische Geste der *proskýnesis* – das Niederfallen vor Gott, das im Römischen Ritus durch die Kniebeugung geschieht – wieder einführen und auf diese Weise eine tiefe Ehrfurcht und Anbetung gegenüber dem Geheimnis der Eucharistie zum Ausdruck bringen. Die Liturgiereform hat diese sichtbaren Gesten der Anbetung drastisch reduziert. Die *proskýnesis*, in der lateinischen Liturgie gewöhnlich *prostratio* genannt, wurde zu Beginn der Karfreitagsliturgie und bei der Spendung des Weihesakraments während der Allerheiligenlitanei beibehalten. In der *Missa Praesanctificatorum* der Karfreitagsliturgie vor 1955 kniet der Priester vor dem Empfang der Heiligen Hostie nieder und verbeugt sich dabei so tief, dass der Kopf den Boden berührt, dann steht er auf und erhebt das Allerheiligste Sakrament. Wir sollten diese Schätze der

Riten wieder einführen, denn sie tragen dazu bei, unsere Anbetung zu steigern, wie Papst Franziskus in den oben erwähnten Worten andeutete.

Leider gibt es Priester, welche die Gläubigen bei der Wandlung sitzen lassen. Dies ist sicherlich auf einen Verlust des Glaubens zurückzuführen. Wenn man den Glauben hat und die ganze katholische Wahrheit der Eucharistie anerkennt – wie der Herr zu der Samariterin sagte: „Wenn du die Gabe Gottes kennen würdest" (Joh 4,10), wenn wir diese unaussprechliche und unermessliche Gabe kennen würden, könnten wir uns nicht so verhalten; oder wie der Apostel Thomas, der sicherlich niederkniete, als er den Herrn erkannte, und rief: „Mein Herr und mein Gott!" (Joh 20,28); oder wie die frommen Frauen, die am Morgen der Auferstehung den Herrn sahen und sich zu seinen Füßen niederwarfen (vgl. Mt 28,9). So muss der Glaube an den auferstandenen Erlöser gezeigt werden! Er muss auch in Gesten der Anbetung während der Liturgie zum Ausdruck kommen. Dies nicht zu beachten, bedeutet, die *lex credendi* von der Wahrheit der Eucharistie auf ein einfaches Mahl zu reduzieren. Das ist der Grund, warum sie sich hinsetzen: Es ist schlechterdings eine Protestantisierung des eucharistischen Ritus.

Die Kirche blickt heute auf eine fast 2000-jährige Geschichte zurück, den *Novus Ordo* dagegen gibt es erst etwa 50 Jahre. Normalerweise haben die Krisen in der Kirche etwa 70 Jahre gedauert, ähnlich wie das babylonische Exil im Alten Testament oder das Exil von Avignon in Frankreich im 14. Jahrhundert. Heute durchleben wir eine Zeit des liturgischen Exils. Mit Sicherheit wird die Göttliche Vorsehung eingreifen und uns eine Hierarchie schenken, die imstande sein wird, die Liturgie gemäß dem *sensus perennis* (dem beständigen Sinn der Kirche) der kirchlichen Tradition wiederherzustellen. Der Neue Ritus wird dann mehr und mehr zur traditionellen liturgischen Form der Kirche zurückgeführt werden und sich der überlieferten Messe annähern. Es wird keine Vermischung geben, aber die beiden Formen werden sich sehr ähnlich sein. Wir werden dies vielleicht nicht mehr zu unseren Lebzeiten erfahren, aber hernach werden wir die ewige Liturgie sehen, die zweifellos von noch größerer Schönheit sein wird.

Die Praxis der Anbetung, zunächst in der Liturgie der Heiligen Messe und dann in der Eucharistischen Anbetung, verwandelt den Menschen in Christus, schenkt ihm wahre Ehrfurcht und erfüllt ihn mit einer kindlichen Gottesfurcht. Wie Dietrich von Hildebrand hervorhebt:

> Wer aus der Liturgie lebt, wird ein ehrfürchtiger Mensch, nicht nur im Sinne der grundlegenden Ehrfurcht, die *praeambula fidei*, Vorstufe des Glaubens, ist – sondern derjenigen, die ein wesentlicher Bestandteil des Glaubens an den Dreifaltigen Gott, […] der Hoffnung auf Gott, der Liebe zu diesem Gott, mit anderen Worten: der Ehrfurcht des Gottmenschen Jesus Christus selbst.[41]

Aus der Tatsache, dass die Messe Anbetung ist, leitet sich auch die äußere Form des Gebets ab, bei welcher der Zelebrant und die Gläubigen gemeinsam in dieselbe Richtung schauen, was *versus Deum* oder *ad orientem* genannt wird. Diese Haltung ist ein wesentliches Merkmal der gemeinsamen Anbetung und damit des Ritus der Messe selbst. Die Feier im Kreis, *versus populum* genannt, widerspricht letztlich dem Gesetz des Gebets und der Anbetung, da sie eine Versammlung von Menschen widerspiegelt. Viele meinen dagegen, dass es gleichgültig sei, dass die Haltung keine Rolle spiele, dass man sich im Kreis, wie bei

[41] *Liturgie und Persönlichkeit*, Kap. III, Nr. 2; S. 57.

der *versus populum*-Feier, anschauen könne und dass der Herr dann „in unserer Mitte sei". Doch der Kreis von Volk und Zelebrant führt eher zu Immanentismus und Horizontalität als zu Vertikalität und Erhebung zur Transzendenz. Der Hauptzweck der Heiligen Messe ist aber die Anbetung Gottes, nicht das gemeinschaftliche Beisammensein. Christus hat Sein Zelt unter uns aufgeschlagen, doch nach Seinem Leiden ist Er in den Himmel aufgefahren, um zu zeigen, dass „wir hier keine bleibende Stadt [haben], sondern nach der zukünftigen [trachten]" (Hebr 13,14), und dass wir, „mit Christus auferstanden", „das suchen, was droben ist, wo Christus zur Rechten Gottes sitzt, [...] nicht [...] das, was auf Erden ist" (Kol 3,1–2).

Das Zelebrieren *versus populum* bringt eindeutig eine Form von Anthropozentrismus zum Ausdruck: Der Mensch liebt es, angebetet zu werden. Er liebt es, anstelle von Christus geehrt zu werden. In den letzten 50 oder 60 Jahren haben sich die Zelebranten zunehmend daran gewöhnt, während der Liturgie im Mittelpunkt zu stehen, ganz wie ein Showman im weltlichen Sinne. Wenn sie sich daher dem Herrn zuwenden müssen und ihr Gesicht während der Messe kaum zu sehen ist, ärgert sie das, denn die Freude des klerikalen Schaustellers wird geschmälert, wenn er nicht ständig von den Zuhörern gesehen und bewundert wird. Während der Zelebration *versus Deum* ist das Gesicht des Priesters nicht zu sehen, es ist verborgen, und die Hauptaufmerksamkeit richtet sich nicht auf ihn, sondern auf einen anderen – Christus. Indem wir behaupten, dass der Priester *versus populum* zelebrieren muss – weil die Menschen ihn als *alter Christus* ansehen müssen –, vergleichen wir ihn implizit mit den eucharistischen Gestalten, die Christus verhüllen und die wir zur Anbetung aussetzen. Aber die Realpräsenz Christi unter dem Schleier der eucharistischen Gestalten ist nicht dieselbe theologische Wahrheit wie die, dass der Priester „ein zweiter

Christus“ ist. Das Gesicht des Priesters ist nicht der eucharistische Schleier und sollte daher während der Messe nicht ständig zu sehen sein. Einige Befürworter der Zelebration *versus populum* verwenden dieses theologisch fadenscheinige Argument und verhalten sich damit unbewusst so, als wären sie selbst das fortwährend ausgesetzte Allerheiligste Sakrament. Das ist nicht nur theologisch verkehrt, sondern auch eine Quelle pastoraler, liturgischer und praktischer Missverständnisse, die den Priester am Ende in eine Art Guru verwandeln.

Die äußere Form des Kreises ist es, die am Ende den Blickwinkel bestimmt. Wenn man beharrlich behauptet: „Wir haben Christus in den Mittelpunkt gestellt“, aber die physische Realität dieser Aussage nicht entspricht, ist man einfach inkohärent und widerspricht der menschlichen Psychologie. Das gemeinsame Ausgerichtetsein in dieselbe Richtung während des Gebets ist ein natürlicher Ausdruck in allen Religionen, sogar in den falschen. Dieses Phänomen spiegelt die gesunde Wahrnehmung eines natürlichen religiösen Sinnes wider. Die Gnade baut ja auf der Natur auf (*gratia praesupponit naturam*) und so hat dieser äußere Ausdruck des Gebets in der wahren Religion umso mehr seine Berechtigung. Seit den Tagen des Alten Testaments und dann während der gesamten Kirchengeschichte hat das Volk in der öffentlichen Liturgie immer mit der ganzen Gemeinde zum Herrn gewandt gebetet, der im Alten Testament durch das Allerheiligste und im Neuen Testament durch den geographischen Osten, durch das Kreuz des Herrn und dann durch den Tabernakel, in dem Er wirklich gegenwärtig ist, repräsentiert wird. Selbst in einigen römischen Basiliken, deren Apsis nicht in diese Richtung ausgerichtet ist, wendet sich der Zelebrant nach Osten.[42]

[42] In einigen Kirchen, die architektonisch nach Westen hin gebaut werden mussten, musste der Priester – um nach Osten schauen zu können – hin-

In der koptischen Liturgie des heiligen Basilius heißt es zu Beginn der Anaphora: „Kommt, ihr Menschen, verharrt in Anbetung und blickt nach Osten.“ Auch in der ägyptischen Liturgie des heiligen Markus wird vor dem *Sanctus* eine ähnliche Aufforderung ausgesprochen: „Schaut nach Osten.“ Die kurze Erläuterung der liturgischen Handlungen in Buch II der *Apostolischen Konstitutionen* (Ende des vierten Jahrhunderts) schreibt für das Gebet das Stehen und den Blick nach Osten vor. Buch VIII enthält eine ähnliche Aufforderung an den Diakon: „Steht und wendet euch dem Herrn zu.“ Der heilige Basilius der Große stellte fest, dass die Hinwendung nach Osten während des Hochgebets ein apostolischer Brauch ist.[43]

Es gibt hervorragende Studien mit eindeutigen Beweisen für die seit der Zeit der Apostel ununterbrochene Praxis der Kirche, die Heilige Messe *ad orientem* zu feiern, d.h. mit dem Zelebranten und den Gläubigen in dieselbe Richtung blickend. Folgende Studien sind hier zu nennen: Klaus Gamber, *Zum Herrn hin!: Fragen um Kirchenbau und Gebet nach Osten*[44]; Kardinal Joseph Ratzinger, *Der Geist der Liturgie*, insbesondere das dritte Kapitel des zweiten Teils („Der Altar und die Richtung des liturgischen Gebetes“) sowie U. Michael Lang, *Turning Toward the Lord: Orientation in Liturgical Prayer.*[45] Den vielleicht ersten Platz unter diesen Studien nimmt aber Msgr. Stefan Heids vor

---

ter dem Altar stehen und auf das Kirchenschiff blicken. An solchen Orten wandten sich jedoch *auch die Gläubigen* für die Anaphora (das Hochgebet) nach Osten, so wichtig war das Prinzip der gemeinsamen Ausrichtung in diese symbolische Richtung. Einige Liturgiewissenschaftler des 20. Jahrhunderts interpretierten die Belege fälschlicherweise als Hinweis auf eine einstmalige Zelebration *versus populum*.

[43] Vgl. *De Spiritu Sancto*, Kap. 27, Nr. 66.

[44] *Zum Herrn hin!: Fragen um Kirchenbau und Gebet nach Osten.* Pustet, Regensburg 1987.

[45] Ignatius Press, San Francisco 2008.

wenigen Jahren erschienenes Werk ein[46], das dieses immer gültige liturgische Gesetz der Kirche ausführlichst und unwiderlegbar dokumentiert.

Wir haben vor unseren Augen eine um den Menschen kreisende Form der Liturgie, die das Leben der Kirche in unserer Zeit und ihre Hauptkrankheit, die Krankheit des Anthropozentrismus, aufs Genaueste widerspiegelt. Die gottesdienstliche Form der Messe aber muss uns wieder auf den Herrn ausrichten. In den Psalmen hören wir den Herrn oft sagen: „Kehrt um zu Mir“ (*convertimini, revertimini*)! Und am Anfang der Alten Messe steht dieser wunderbare Vers aus den Psalmen (84,7): *Deus tu conversus vivificabis nos*, „Belebe uns, Gott!, von neuem“. Wir werden das Leben haben. *Et plebs tua laetabitur in te*, „Und Dein Volk wird sich Deiner freuen“. Dann werden wir Freude haben, wahre Freude. Wir werden das übernatürliche Leben Gottes in unseren Seelen haben und das ist die wahre Freude. Gott wendet sich uns zu. Das bedeutet logischerweise, dass wir uns auch zu Ihm wenden müssen, um Sein Leben zu empfangen. Und das muss auch in der Liturgie sichtbar zum Ausdruck kommen. Wir können nicht sagen, dass das Sichtbare irrelevant ist und dass es genug ist, in einem geschlossenen Kreis zu verharren und dabei zu behaupten, dass Gott in unserer Mitte sei. Das widerspricht der ganzen Symbolik, die in der Wirklichkeit und im Prinzip der Menschwerdung enthalten ist: Gott kommt von außen zu uns und wir gehen Ihm entgegen. Wir sind ein Volk, das zu Christus im Himmel und in Christus zum Vater pilgert.

P. Josef Jungmann SJ, einer der bedeutendsten Liturgiewissenschaftler des 20. Jahrhunderts, der an der Abfassung von *Sacrosanctum Concilium* mitgewirkt hat, machte nach dem Konzil

---

[46] *Altar und Kirche. Prinzipien christlicher Liturgie*, Schnell & Steiner, Regensburg 2019.

die folgende kritische Bemerkung über die Praxis der Zelebration *versus populum*; in dieser Bemerkung wird zugleich die tiefe theologische und liturgische Bedeutung der Hinwendung zum Herrn beim Heiligen Messopfer deutlich:

> Der Priester steht also an der Spitze des Volkes, nicht *versus populum*. Die ganze Gemeinde ist vielmehr wie eine große Prozession, die, geführt vom Priester, nach Osten zieht, der Sonne zu, Christus dem Herrn entgegen, um mit Ihm Gott das Opfer darzubringen.[47]

Die Liturgie ist in der Tat eine Prozession, durch die man zum tiefen Glauben und Gebet der Kirche angeleitet wird. Deshalb beteten die ersten Christen mit Blick nach Osten, zur aufgehenden Sonne als Symbol des auferstandenen Christus. Auf diese Weise haben sie zum Ausdruck gebracht, dass sich die ganze Welt auf Christus zubewegt und Er sie umfängt.

Papst Benedikt XVI. betonte, dass jene Form des liturgischen Gebets, bei dem alle in dieselbe Richtung blicken, unsere Beziehung zum Himmel und zur Erde zum Ausdruck bringt. Er sagte:

> Die alten Kirchen waren nicht von ungefähr so gebaut, dass die Sonne in einem ganz bestimmten Augenblick ihr Licht in das Gotteshaus wirft. Gerade heute, da uns die Bedeutung von Wechselwirkungen zwischen Erde und Weltall wieder bewusst wird, sollte man auch den kosmischen Charakter der Liturgie neu erkennen. Und ebenso den geschichtlichen. Dass man diese nicht irgendwann einfach so erfunden hat, sondern dass sie seit Abraham organisch ge-

[47] *Liturgie der christlichen Frühzeit bis auf Gregor den Großen*, Universitätsverlag Freiburg/Schweiz 1967, S. 126.

wachsen ist. Solche Elemente aus frühester Zeit sind in der Liturgie enthalten.[48]

[48] *Licht der Welt: Der Papst, die Kirche und die Zeichen der Zeit.* Ein Gespräch mit Peter Seewald, Herder-Verlag, Freiburg-Basel-Wien 2010, S. 131-132.

3. Die Messe ist Ritus

Das liturgische Gebet entfaltet sich in der Form einer rituellen Handlung. Unser Leben ist voll von solchen, vom einfachen „Guten Morgen“ und „Guten Abend“ an die Menschen, denen wir begegnen, bis hin zu unzähligen anderen. Wir sollten uns also überlegen, warum die rituelle Dimension auch für unsere Teilnahme an der Liturgie wichtig ist.

Das Konzil von Trient hat als Antwort auf die antiritualistischen Protestanten bekräftigt, dass der Ritus ein Erfordernis der menschlichen Natur ist:

> Da die Natur des Menschen so beschaffen ist, dass sie sich nicht leicht ohne äußere Hilfsmittel zur Betrachtung der göttlichen Dinge erheben kann, deswegen hat die gütige Mutter Kirche bestimmte Riten eingeführt, nämlich dass in der Messe einiges mit leiser, anderes aber mit lauter Stimme gesprochen werden soll; desgleichen verwandte sie aufgrund der apostolischen Lehre und Überlieferung Zeremonien wie geheimnisvolle Segnungen, Lichter, Weihrauch, Gewänder und vieles andere Derartige; einerseits sollte dadurch die Erhabenheit dieses so großen Opfers hervorgehoben werden, andererseits sollten die Gemüter der Gläubigen durch diese sichtbaren Zeichen der Religion und Frömmigkeit zur Betrachtung der höchsten Dinge, die in diesem Opfer verborgen liegen, angeregt werden.[49]

Wir sind von Gott als Wesen mit Leib und Seele geschaffen; der Mensch kann nicht gemäß seiner menschlichen Natur leben,

[49] Sessio XXII, Die Zeremonien beim Messopfer (DH 1746).

wenn diese Zusammensetzung ignoriert oder falsch verstanden wird. Wenn wir versuchen, uns vom Körper oder den Sinnen zu entfernen, neigen wir zum Gnostizismus, d.h. zu einer Verachtung des Sichtbaren, wozu auch der Ritus gehört. Ich würde das als „antiinkarnatorische" Tendenz bezeichnen. Wenn wir jedoch nur das Sichtbare betonen, ohne das Innere und Geistige zu berücksichtigen, gehen wir den Weg des Heidentums, was zudem in gewissem Sinne noch irrational ist. Der heilige Paulus hat das Wesen des wahren christlichen Gottesdienstes mit folgenden Worten beschrieben: „Darum beschwöre ich euch, Brüder, um der Barmherzigkeit Gottes willen, dass ihr eure Leiber als ein lebendiges, heiliges, Gott wohlgefälliges Opfer darstellt, so dass euer Gottesdienst geistig sei" (Röm 12,1). Der Völkerapostel nennt den christlichen Gottesdienst *logikē latreía*, ein Ausdruck, der darauf hinweist, dass der Gottesdienst einen Bezug zur Vernunft, zum *„lógos"* haben muss.

Die Zweite göttliche Person wird das „Wort" *(Lógos)* genannt und das fleischgewordene Wort ist unser Herr Jesus Christus. Die Liturgie braucht beide Dimensionen: die sichtbare und die unsichtbare, die leibliche und die geistige. Die göttliche Inkarnation, der in unserer menschlichen Natur sichtbar gewordene Gott, entfacht in uns die Liebe zum Unsichtbaren, wie es in der Weihnachtspräfation heißt: „damit wir, indem wir Gott sichtbar erkennen, durch Ihn mit der Liebe zu den unsichtbaren Dingen entflammt werden" *(ut dum visibiliter Deum cognoscimus, per hunc in invisibilium amorem rapiamur)*. Der heilige Thomas erklärt die gegenseitige Abhängigkeit zwischen inneren und äußeren Handlungen bei der Anbetung Gottes auf diese Weise:

> Der menschliche Geist aber bedarf, um mit Gott verbunden zu werden, der Anleitung durch das sinnlich Wahrnehmbare, denn „was unsichtbar ist, wird in den erschaffenen Din-

> gen geistig wahrgenommen" (Röm 1,20). Deshalb muss man körperliche Elemente in die Gottesverehrung aufnehmen, damit dadurch wie durch Zeichen der menschliche Geist zu geistlichen Handlungen anregt werde, durch die er sich mit Gott verbindet. Der Religion kommen also innere Akte als in der Gottesverehrung maßgebliche und als solche zu ihr gehörig zu, doch an zweiter Stelle auch äußere, die auf die inneren gerichtet sind.[50]

Der äußere Ritus jedoch entfaltet seine Wirkung nur dann, wenn er ordentlich zelebriert wird. Welche Eigenschaften muss ein Ritus haben? Zweierlei muss er berücksichtigen: Er bringt etwas öffentlich zum Ausdruck und der Mensch ist ein gemeinschaftsbildendes Wesen. Gerade weil er öffentlich ist, muss der Mensch vor Subjektivismus, vor dem subjektiven und daher willkürlichen Vorgehen eines Zelebranten oder anderer Amtsträger geschützt werden, mit anderen Worten: Die Objektivität des Ritus und seine Ruhe, Harmonie und Schönheit müssen gewahrt werden. Hier kommen wir wieder auf die Bedeutung der Rubriken zurück, die ein Garant für diesen Schutz sind. Der Mensch ist durch die Erbsünde verwundet und diese Verwundung äußert sich vor allem in der Neigung zum Egoismus und Subjektivismus oder in der Neigung zur Zurschaustellung. Diese ist manchmal im charismatischen Gottesdienst zu beobachten, ganz besonders in der Zurschaustellung derjenigen, die den Vorsitz führen. Der Mensch muss nicht nur die leibliche, sondern auch die geistliche Schamhaftigkeit wahren und das gilt besonders für das öffentliche Gebet. Eine solche geistliche Schamhaftigkeit schützt das tatsächliche Wesen des Ritus als solches. Der Mensch darf sich nicht geistlich entblößen und

[50] *S. th.*, IIa-IIae, q. 81, art. 7.

geistliche Schamhaftigkeit schützt den Menschen davor, geistlich schamlos zu sein.

Manche behaupten, dass es in den ersten Jahrhunderten einen Spielraum für die Kreativität der Priester gab und dass die Gebete improvisiert wurden. Für diese angebliche Kreativität gibt es jedoch kaum Belege und besagte angebliche Improvisation bleibt im Bereich der Theorie. Unser Herr und die Apostel beteten unter Verwendung von Formeln; im Hymnus *Pange lingua* bemerkt der heilige Thomas: *observata lege plene, cibis in legalibus* (Er hat das Gesetz voll und ganz befolgt und am [Pascha-]Mahl teilgenommen). Beim Letzten Abendmahl wurden der Hymnus und der Psalm gesungen, die der Herr selbst für die Liturgie und für genau diesen Augenblick vorgeschrieben hatte (vgl. Mt 26,30). Es wurde nicht improvisiert. Die „erste Messe" wurde nach Normen zelebriert, die es entweder schon vorher in Israel gab oder die von unserem Herrn Jesus Christus als dem neuen Gesetzgeber für sie festgelegt wurden. Auch die Apostel beteten im Tempel nach den kanonischen Vorschriften und der heilige Paulus sang mit Silas im Gefängnis Hymnen, wie wir in der Apostelgeschichte (16,25) lesen: „Um Mitternacht aber beteten Paulus und Silas und lobten Gott; und die Gefangenen hörten ihnen zu." Die Apostel haben uns, inspiriert vom Heiligen Geist, Riten und liturgische Formeln hinterlassen, welche die Kirche bewahrt und weitergegeben hat, indem sie diese zudem im Laufe der Zeit auf sorgfältige und organische Weise bereichert hat.

Der heilige John Henry Newman bemerkte einmal: „Die Herrlichkeit des Evangeliums besteht nicht in der Abschaffung der Riten, sondern in ihrer Verbreitung; nicht in ihrer Beseitigung, sondern in ihrer lebendigen und wirksamen Gegenwart durch die Gnade Christi."[51] Die apostolischen Väter, wie bei-

[51] *Parochial and Plain Sermons*, Ignatius Press, San Francisco 1987, VI, Sermon 19: „The Gospel Places", S. 1345; hier übersetzt aus dem Englischen.

spielsweise der heilige Clemens von Rom, der heilige Ignatius von Antiochien und die Didache bestätigen dies. In der Didache finden wir bereits Gebetsformeln, z.B. das Vaterunser und das Dankgebet nach der Heiligen Kommunion. Der heilige Clemens von Rom überliefert uns in seinem Ersten Brief an die Korinther (vgl. 1 Clem 59-61) ein langes Gebet von hohem poetischem Wert und mit einem sehr ausdrucksstarken und erhabenen Stil; es ist ganz sicher nicht improvisiert. Wie ein Autor bemerkt hat, ist die Emotion, die diesem Gebet zugrunde liegt, kontrolliert, nüchtern und würdevoll und nimmt die römische Liturgie vorweg.[52] Darüber hinaus gebot Papst Clemens, dass jeder Mensch gemäß seinem Stand in der Liturgie den ihm zukommenden Platz einnehmen soll (vgl. 1 Clem 40,1–3.5;41,1). Er sagt dies in einem positiven Sinne und hilft uns zu erkennen, dass es auch seiner tatsächlichen Wahrnehmung der damaligen Liturgie entsprach. Der heilige Justinus bestätigt dies, indem er sagt, dass der Vorsteher mit großer Kraft zu Gott betet,[53] was aber durchaus nicht bedeutet, dass dieses Gebet improvisiert war. Vielleicht gab es eine Formel für den Kanon der Messe, die auswendig gelernt wurde. Damals verfügten die Menschen immerhin über ein viel größeres Gedächtnis als heute (in der frühen Kirche und bis weit ins Mittelalter hinein kannten manche den gesamten Psalter auswendig). Daher ist es wahrscheinlicher, dass es in den ersten Jahrhunderten eine mündlich überlieferte Sammlung von Gebetsformeln gab, die dann weitergegeben wurde, wenn auch nicht in schriftlicher Form. Einer der Gründe für die mündliche Überlieferung der heiligsten liturgischen Formeln könnte die disciplina arcani sein, d.h., dass die heiligsten Dinge vor den Heiden geschützt werden sollten, um etwaigen Miss-

[52] Vgl. Adalbert Hamman, *Early Christians Prayers,* Henry Regnery Co., Chicago 1961, S. 2.

[53] Vgl. *Erste Apologie*, 67.

brauch durch dieselben zu verhindern.[54] Nach und nach begann man dann, die liturgischen Formeln aufzuschreiben, wie wir es in der Traditio Apostolica vom Anfang des dritten Jahrhunderts haben. Wir haben geschriebene und nicht etwa improvisierte liturgische Formeln und Riten, die mindestens auf den Beginn des dritten Jahrhunderts zurückgehen.

Im vierten Jahrhundert bezeugt uns der heilige Ambrosius den Text des römischen Messkanons. Die römische Kirche hält sich traditionell an den Grundsatz, den der heilige Papst Stephan in der Mitte des dritten Jahrhunderts so trefflich formulierte: *nihil innovetur, nisi quod traditum est* (Nichts möge neu eingeführt werden außer dem, was uns überliefert ist). Die römische Kirche war sehr konservativ. Es ist nicht so, als wäre der römische Messkanon, der gemäß der Tradition bereits zur Zeit des heiligen Petrus im Kern auf Griechisch existierte und dann ins Lateinische übersetzt wurde, plötzlich im vierten Jahrhundert geschrieben worden.

Dom Prosper Guéranger (+1875), der große Förderer der römischen Liturgie und ihres authentischen Geistes, betonte die untrennbare Verbindung zwischen liturgischen Riten und Formeln und der beständigen und organischen Tradition der Kirche. Nach Dom Guéranger ist die Schaffung von Brüchen und die Einführung drastischer Neuerungen in liturgischen Riten und Formeln ein Wesensmerkmal der Häretiker. Er schreibt:

> Das erste Merkmal der antiliturgischen Häresie ist der Hass auf die Tradition, die in den Formulierungen des göttlichen

[54] Dass dies tatsächlich geschah, zeigt der Eintrag des hl. Genesius, des Schutzpatrons der Schauspieler, im *Römischen Martyrologium*: „Als er im Beisein des Kaisers Diokletian im Theater über die christlichen Mysterien spottete, wurde er von Gott inspiriert, bekehrte sich plötzlich zum Glauben und ließ sich taufen" (25. August).

> Kultes zum Ausdruck kommt. Dieses besondere Merkmal ist bei allen Häretikern, von Vigilantius bis Calvin, festzustellen und der Grund dafür ist leicht zu erklären. Jeder Sektierer, der eine neue Lehre einführen will, sieht sich unweigerlich mit der Liturgie konfrontiert, die die stärkste und beste Tradition ist, und er kann nicht eher ruhen, bis er diese Stimme zum Schweigen gebracht hat, bis er diese Seiten zerrissen hat, die den Glauben der vergangenen Jahrhunderte in Erinnerung rufen. Wie konnten sich denn das Luthertum, der Calvinismus und der Anglikanismus etablieren und ihren Einfluss auf die Massen erhalten? Alles, was sie tun mussten, war, die alten Bücher und Formeln durch neue Bücher und neue Formeln zu ersetzen, und ihr Werk war getan.[55]

Der selige Ildefons Schuster, Kardinal-Erzbischof von Mailand (+1954), bemerkte:

> Der Geist der Kirche schreckt, vor allem auf dem Gebiete der Liturgie, die für die Gläubigen Lehre und Licht sein soll, vor dem Neuen zurück, mag die Welt auch großes Gefallen am Neuen finden. Jede Art von Neuerung bringt einfache Seelen in Verwirrung und erschüttert ihren Glauben, der auf dem Fundament der Väterlehre aufgebaut ist. Zu Gott beten mit den gleichen Worten wie die Väter, die nämlichen Gesänge singen, die sie in ihren Leiden und Kämpfen für die Kirche stärkten: Das heißt wahrhaft eindringen in den Geist ihres Betens, eins sein mit ihrem Hoffen und ihren Idealen.[56]

---

[55] *Institutions liturgiques 1840–1851. Extraits* (Vouillé: Éditions de Chiré, 1977), S. 107; hier aus dem Englischen übertragen.

[56] Ildefons Schuster, *Liber Sacramentorum. Geschichtliche und liturgische Studien über das römische Messbuch*, Pustet, Regensburg 1929; Band III, S. 89 (2. Fastensonntag).

Ritus und Ritualität achten auch die Schöpfungsordnung, denn alle Geschöpfe sind nach einer bestimmten Ordnung und in Schönheit geschaffen. Der Ritus als Ausdruck von Ordnung und Schönheit ist ein Ausdruck der Wirklichkeit, die den Geschöpfen eigen ist. Die ganze materielle Welt, die wir beobachten, ist ein Ausdruck von Ordnung und Schönheit. Ohne Ordnung gibt es keine Schönheit, ohne Regeln gibt es keine Schönheit, denn Schönheit erfordert Ordnung und Hierarchie. Wir beobachten dies in der Natur, in unserem Körper und im Universum – alles funktioniert nach einer bestimmten Ordnung, und das gewährleistet Schönheit. Die liturgischen Riten müssen immer diesen Aspekt der Schöpfung zum Ausdruck bringen, d.h. Ordnung und Schönheit, die ihrerseits Harmonie und Frieden vermitteln. Liturgische Riten im eigentlichen Sinne strahlen Frieden, Harmonie und Schönheit aus. In den Schriften des seligen Ivan Merz ist zu lesen: „Die Gebete und Gesten der Liturgie, ihre Melodien und Aromen sind die Projektion des Himmels auf die Erde und eine Momentaufnahme des inneren Lebens Gottes.“[57]

In unserer Zeit hört man oft das Plädoyer, dass Gebet und Anbetung mit einer sogenannten „Kreativität“ verrichtet werden sollten. Doch jede echte Kreativität führt uns letztlich zu Gott, dem Schöpfer, zurück. Er ist das oberste Vorbild für jeden Künstler. Alles, was Er getan hat, hat Er nach Maßgabe von Ordnung, Schönheit und Harmonie getan, und deshalb müssen

[57] Sel. Ivan Merz, *Erwägungen*, vom Postulator der Causa seiner Seligsprechung veröffentlicht (Zagreb 2002). Ivan Merz (1896-1928) war ein kroatischer Laie, der nach seiner Zeit als Soldat im Ersten Weltkrieg in Wien und Paris Philosophie studierte und eine Dissertation zum Thema „Der Einfluss der Liturgie auf französische Autoren“ verfasst hat. Er wurde Professor für Linguistik und Literatur und gründete später den Bund junger kroatischer Katholiken und den Kroatischen Adlerbund innerhalb der Kroatischen Katholischen Aktionsbewegung. Ihr Motto war: „Opfer-Altarsakrament-Apostolat“. Er wurde am 22.6.2003 von Papst Johannes Paul II. seliggesprochen.

dies auch die Kriterien für unsere Kreativität in der liturgischen Kunst und in der Kirchenmusik sein. Wir wissen, dass die Kirche im Laufe der Jahrhunderte zahllose liturgische Kompositionen auf den Weg gebracht hat, allen voran den Gregorianischen Choral, das Paradebeispiel und Vorbild aller liturgischen Musik. Der heilige Augustinus sagte: *Cantare amantis est* (Singen ist für Liebende). Dieser Gesang muss alle objektiven Merkmale aufweisen, von denen wir gesprochen haben. Das ist wahre Kreativität: *Cantate Domino canticum novum* … die innige Verbundenheit mit Gott ist für unsere Kreativität unerlässlich. Ohne sie entfernen wir uns vom wahren Vorbild der Kreativität, d.h. vom Schöpfer. Je mehr der Mensch mit Gott verbunden ist, desto schöner, gerechter und wahrer ist sein Werk zu Gottes Ehre. Die Regel der Kreativität ist immer die Theozentrik: *Tu solus Sanctus, Tu solus Dominus* … Du allein bist der Heilige, Du allein der Herr … Alles für Dich, o Herr, alles für Dich! Oder: *non nobis Domine, non nobis, sed nomini Tuo da gloriam*, nicht uns, o Herr, nicht uns, sondern Deinem Namen gib die Ehre! Das sollte die goldene Regel der Kreativität sein.

Diese ist also die richtige Perspektive für liturgische Musik, Architektur, Bildhauerei und Dichtung. Im liturgischen Ritus selbst gibt es jedoch keinen Raum für Kreativität, da der öffentliche Kult aus der Tradition und der kirchlichen Autorität hervorgeht und durch Normen und Vorschriften geregelt ist. Der Ritus als solcher ist also nicht Gegenstand oder Ort der Kreativität, aber Kreativität hat ihren Platz in der Kunst und in der Musik, die den Ritus sehr bereichern, wenn sie auf Gott ausgerichtet sind, wie wir in einem späteren Kapitel erörtern werden.

Heute ist es Mode, von Flexibilität und Starrheit zu sprechen. Aber was bedeuten diese Begriffe überhaupt? Negative Starrheit (Halsstarrigkeit) heißt hier, dass der Mensch sein Herz vor Gott verschließt, obwohl er viel an der Liturgie herumhantiert. In diesem Fall handelt es sich bei der Starrheit tatsächlich um Sünde und die Unnachgiebigsten unter den Betroffenen sind unbußfertige Sünder. In der Heiligen Schrift heißt es einmal: „Ich werde das Herz von Stein aus eurem Leib nehmen und euch ein Herz von Fleisch geben" (Ez 36,26). Das Herz aus Stein ist hart. Es ist der egozentrische Sünder. Das Herz aus Fleisch dagegen richtet sich durch Akte der Demut und der liebenden Reue auf Gott aus. Wieviele solcher Akte sollten wir Gott während der Messe aus unserem Herzen darbringen – Akte des Vertrauens, Akte der Reue, Akte der Zerknirschung, Akte der Demut, Akte der Vergebung hinsichtlich unseres Nächsten! Wenn wir in der Messe sind, sollte unser Herz also auf den Frieden mit den anderen bedacht sein. In diesem Sinne gibt es in der Liturgie eine gewisse Flexibilität, aber sie ist den objektiven Grundsätzen untergeordnet; sonst könnte der Ritus nicht das sein, *was* er ist, und so sein, *wie* er ist. In unserem Körper und in der Natur gibt es immer bestimmte Gesetzmäßigkeiten. Jeden Tag beispielsweise geht die Sonne auf und unter, aber das bedeutet nicht, dass sie unflexibel ist. Der Ritus (im eigentlichen Sinne) ist immer derselbe, aber er muss auf lebendige Weise erfahren werden. Sobald ein Gläubiger die Schönheit dieser Ordnung von feststehenden Gebeten und Rubriken entdeckt, schenkt sie ihm große Freude und Frieden und intensiviert sein geistliches Leben. Gerade ihre Regelmäßigkeit ist befreiend!

Der katholische Ritusbegriff erfordert die untrennbare Einheit von innerer und äußerer Gottesverehrung, wie es Papst Pius XII. meisterhaft erklärt hat:

> Der gesamte Kult, den die Kirche Gott darbringt, muss äußerlich und innerlich sein. Äußerlich, weil es so das Wesen des aus Leib und Seele zusammengesetzten Menschen verlangt; dann weil es von Gott so gefügt ist, dass „dieweil wir

Gott mit leiblichem Auge erkennen, Er in uns die Liebe zum Unsichtbaren entflammt"; ferner liegt es in unserer Natur, dass alles Seelische sich sinnenhaften Ausdruck gibt; weiterhin ist die Gottesverehrung nicht nur Sache der Einzelnen, sondern ebenso der menschlichen Gemeinschaft, und muss deshalb sozialen Charakter tragen, was sie nicht kann, wenn nicht auch der Bereich des Religiösen äußere Bindungen und Kundgebungen kennt. Endlich offenbart das Sinnenfällige in besonderer Weise die Einheit des mystischen Leibes und stellt sie ins rechte Licht, spornt dessen heiligen Eifer an, stärkt seine Kraft und erhöht sein Wirken. „Denn wenn auch die Zeremonien aus sich selbst keine Vollkommenheit und Heiligkeit beinhalten, so sind sie doch äußere religiöse Akte, durch die der Geist wie durch Zeichen zur Verehrung alles Heiligen angeeifert, der Sinn zum Himmlischen emporgehoben, die Frömmigkeit genährt und die Liebe entflammt wird; durch sie wächst der Glaube und wird die Andacht vertieft; durch sie werden die weniger Gebildeten unterrichtet, der Gottesdienst verschönert, die Religion erhalten und die wahren Gläubigen von den unechten Christen und Irrgläubigen unterschieden" (J. Kard. Bona, *De divina psalmodia*, c. 19, § III, 1).

Jedoch ist das Hauptgewicht bei der Gottesverehrung auf das Innere zu verlegen. Wir müssen immer in Christus leben und uns ihm ganz hingeben, damit in ihm, mit ihm und durch ihn dem himmlischen Vater die gebührende Ehre erwiesen werde. Die heilige Liturgie verlangt aber, dass die beiden Elemente aufs Engste miteinander verknüpft seien; sie selbst wird nicht müde, das immer und immer wieder zu empfehlen, sooft sie nämlich einen äußeren Akt religiösen Kultes vorschreibt. So mahnt sie uns z.B. beim Fasten, „unser sittliches Verhalten möge das, wovon es nach außen Zeugnis gibt, in unserem Inneren verwirklichen“ (*Römisches Missale*, Stillgebet am Donnerstag nach dem zweiten Fastensonntag). Sonst wird die Religion zweifelsohne zum leeren Ritus und reinen Formalismus.[58]

Um den übernatürlichen Geist des göttlichen Kultes sowohl im Klerus als auch bei den Gläubigen zu fördern und zu vermehren, gab es in der Kirche seit der Antike Erklärungen zu den liturgischen Riten, um ein geistliches Verständnis der heiligen Zeremonien und ihrer Majestät und Schönheit zu vermitteln. Diese Erklärungen wurden nicht wahllos und unbeholfen mit den Riten selbst vermischt, sondern erfolgten separat in Predigten. Eines der ältesten und berühmtesten Beispiele sind die *Mystagogischen Katechesen* des heiligen Cyrill von Jerusalem (viertes Jahrhundert). Nach der Überzeugung der frühen Kirche und insbesondere des heiligen Cyrill von Jerusalem bedarf es zum wahren Verständnis der liturgischen Riten des Lichtes des Glaubens, der Erleuchtung durch das übernatürliche Licht des Glaubens. Für den heiligen Cyrill stellt die Liturgie der Kirche mit ihren Riten ein geistliches Paradies dar, da Gott in ihr durch sichtbare Riten das Werk der Erlösung, die Wiederherstellung des gefallenen Menschen zum neuen Leben der Gnade verwirklicht:

> Schon längst habe ich danach verlangt, mit euch, ihr wahren und ersehnten Kinder der Kirche, mich über diese geistigen, himmlischen Geheimnisse zu unterhalten. Da ich jedoch gut wusste, dass man sich auf das, was man sieht, viel mehr verlässt als auf das, was man hört, so wartete ich auf den heutigen Tag. (Erst jetzt), da ihr auf Grund dessen, was ihr nun erlebt habt, für die Lehre empfänglicher geworden seid, will

[58] *Mediator Dei*, Nr. 23-24.

> ich euch auf die lichte, lebenspendende Wiese dieses Paradieses führen. Von besonderer Bedeutung ist es, dass ihr, nachdem ihr von der göttlichen, lebenspendenden Taufe gewürdigt worden seid, auch noch der göttlichen Geheimnisse teilhaftig wurdet. Da es notwendig ist, euch jetzt erhabenere Lehren aufzutragen, wohlan, so wollen wir euch darin genau unterrichten, damit ihr das wertvolle Erlebnis jenes Taufabendes versteht.[59]

Der heilige Ambrosius äußert denselben Gedanken, indem er zu Anfang seiner mystagogischen Katechese feststellt: „Ich beginne mit den Ausführungen über die Sakramente, die ihr empfangen habt; denn es ziemte sich nicht, vor dem jetzigen Zeitpunkt eine Erklärung zu geben. Bei einem Christen ist nämlich das Erste der Glaube."[60]

Nach dem Vorbild der Kirchenväter setzte sich im Leben der Kirche die Tradition fort, die geistliche Bedeutung der liturgischen Riten, insbesondere der Heiligen Messe, zu erläutern. Einer der bekanntesten Texte ist das Werk von Papst Innozenz III. († 1216), *De sacro altaris mysterio*, das am Ende des 12. Jahrhunderts verfasst wurde. Der heilige Thomas erklärt die Riten der Messe in der *Summa Theologiae* und im *Kommentar zu den Sentenzen des Petrus Lombardus.*[61] Die tiefste Bedeutung der Notwendigkeit und Angemessenheit der Riten der Heiligen Messe liegt nach ihm in der theologischen Wahrheit, dass sie die sakramentale „Er-Neuerung" des Kreuzesopfers ist. Er schreibt:

---

[59] *Mystagogische Katechesen,* I, 1.

[60] *Über die Sakramente* I, 1 (zitiert nach *Fontes Christiani. Zweisprachige Ausg. christlicher Quellentexte aus Altertum und Mittelalter*, hg. v. Brox, Geerlings, Greshake et al., Verlag Herder, Freiburg i. Br. 1990, Band 3, S. 77).

[61] Vgl. *S. th.*, III, q. 83 sowie *In IV Sent.*, d. 8, expositio textus.

Bezüglich der begleitenden Riten dieses Sakraments ist zweierlei zu beachten: Das eine gehört zur Vergegenwärtigung dessen, was beim Herrenleiden geschehen ist, das andere gehört zur Ehrfurcht vor diesem Sakrament, in dem Christus in Wahrheit und nicht bloß wie im Bilde enthalten ist. Darum werden auch Dinge, die in diesem Sakrament gebraucht werden, geweiht, sowohl wegen der Ehrfurcht vor diesem Sakrament als auch um die Wirkung, nämlich die Heiligkeit, zu vergegenwärtigen, die aus dem Leiden Christi hervorgeht nach Hebr 13,12: „Jesus, um durch sein Blut das Volk zu heiligen" etc.[62]

Weitere berühmte Erläuterungen zu den Riten der Heiligen Messe sind unter anderem das *Rationale divinorum officiorum* von William Durandus, Bischof von Mende in Frankreich (+1296), und das Werk *Expositio Missae* von Dionysius dem Kartäuser (+1471), der auch den Namen „*Doctor Exstaticus*" trägt. Eine vertiefte geistliche Kenntnis der Riten der Messe ist in erster Linie für den Zelebranten notwendig, damit er mit wahrer Hingabe, Aufmerksamkeit und Liebe zelebrieren kann, wie Dionysius der Kartäuser sagt:

Der Priester ist also gehalten, mit außerordentlicher Hingabe (*ingens devotio*) und aktueller Andacht (*actualis attentio*) zu zelebrieren. Die Hingabe ist ein Akt des Willens, der aus der Liebe zu Gott hervorgeht. Der Wille aber liebt nur das, was der Intellekt erkennt, wie Augustinus im zehnten Buch von *De Trinitate* (10,2) bezeugt. Damit der Priester die hochheiligen Worte der Messe mit Hingabe und Innigkeit, d.h. mit einer Art inneren Verkostens der Süße [*cum interno quodam*

[62] *S. th.*, III, q. 83, art. 3.

suavi sapore], vortragen kann, ist es erforderlich, dass er den Sinn dieser Worte auch klar versteht.[63]

Nach dem Konzil von Trient finden sich auch Abhandlungen über die geistliche Bedeutung der Messriten, z.B. von Papst Benedikt XIV. (+1758) in seinem Werk *De Sacrosancto Missae Sacrificio*. Sehr geschätzt war und ist auch das Buch *Erklärung des Heiligen Messopfers* des deutschen Kapuzinerpaters Martin von Cochem (+1712). In neuerer Zeit haben wir das meisterhafte Werk des Priesters Dr. Nikolaus Gihr (+1924), *Das Heilige Messopfer dogmatisch, liturgisch und aszetisch erklärt*.[64] Nikolaus Gihr weist auf die wichtige Tatsache hin, dass die Nichtbefolgung der liturgischen Riten die wahre Frömmigkeit beeinträchtigt:

> Die inneren Betätigungen der Gottesverehrung gewinnen [...] an Vollkommenheit, an Dauer und an Innigkeit, wenn sie im Körper sich ausleben und auswirken, d.h. gleichsam Fleisch und Blut annehmen. Wo dagegen der *äußere Gottesdienst* vernachlässigt wird, dort verkümmert und erstirbt gar bald auch die *innere Gottesverehrung*.[65]

Er zitiert die poetischen Worte des Jesuitenpaters Viktor Cathrein (1845-1931):

[63] Dionysius Carthusianus, *Messerklärung – Dialog über das Altarsakrament und die Messfeier*, eingel., übers. u. erläut. von Claudia Barthold, 2. Aufl., Carthusianus-Verlag, Fohren-Linden 2017, S. 90 (Erklärung der Heiligen Messe: Prolog).

[64] Dr. Nikolaus Gihr, *Das Heilige Messopfer dogmatisch, liturgisch und aszetisch erklärt*, 17.-19. Aufl., Herder, Freiburg i. Br. 1922.

[65] Gihr, *Das Heilige Messopfer*, Dogm.-asz. Teil, Abs. 1, §1, Nr. 7b, S. 7-8; Hervorhebungen im Original.

> Wie wird der Mensch so mächtig von Ehrfurcht ergriffen, wenn er in einen altehrwürdigen Dom tritt, wo ihn alles: der reichgeschmückte Altar, die himmelanragenden Säulen und Gewölbe, die ehrwürdigen und heiligen Gestalten, die von den Wänden herniederschauen, daran gemahnt, dass er an heiliger Stätte weilt! Und wie sollte er sich nicht gehoben und zu demütigem Gebet angetrieben fühlen, wenn die festlichen Gesänge und die feierlichen Klänge der Orgel mächtig durch die Hallen rauschen und zur Opferhandlung sich die ganze Gemeinde in ehrfurchtsvoller Anbetung vor dem Herrn verneigt![66]

Nikolaus Gihr betont, dass die Riten mit ihren Zeichen und Symbolen notwendig sind, weil sie die Wirklichkeit des Zustandes der Kirche auf Erden ausdrücken: die Pilgerschaft im Glauben. Er erläutert:

> Solange der Mensch noch pilgert im Dunkel des „*Glaubens*", muss sein Gottesdienst durch sinnfällige Zeichen und unter sinnbildlichen Hüllen sich vollziehen; ist er aber zur Klarheit des „*Schauens*" (2 Kor 5,7) gelangt, dann hört alle und jede *symbolische* Feier auf. Die symbolische, d.h. sinnbildliche Gottesdienstfeier muss und wird ein Ende nehmen, sobald die himmlische Vollendung eintritt, weil wir dort nicht mehr „*im Spiegel*", d.h. mittelbar durch die Schöpfung, und nicht mehr „*rätselhaft*", nur dunkel und somit unvollkommen, Gott und göttliche Dinge erkennen, sondern „*von Angesicht zu Angesicht*", d.h. unmittelbar und unverschleiert die göttliche Majestät und Herrlichkeit schauen werden (1 Kor 13,12). Unser christlicher Kult enthält wohl die göttliche *Wahrheit*

[66] Ibid., S.8.

> und *Gnade*, jedoch verhüllt durch den Schleier geheimnisvoller Symbole; aber diese symbolischen Hüllen müssen schwinden, sobald an [die] Stelle des Glaubensdunkels der lichte Morgenstern der Verklärung, der klaren Gottschauung tritt und somit der volle Tag der Ewigkeit anbricht (2 Petr 1,19).[67]

In einer Zeit, in der sich das Heilige und das Profane oft vermischten, wie zur Zeit der Renaissance-Päpste, verkündete Kardinal Egidio da Viterbo 1512 bei der Eröffnungsrede zum Fünften Laterankonzil diese denkwürdigen Worte: „Die Menschen haben sich durch die Religion zu verändern, nicht die Religion durch die Menschen" (*homines per sacra immutari fas est, non sacra per homines*).

Der liturgische Ritus erfordert seinem Wesen nach Stabilität und organische Einheit. Eine Liturgiereform, die dieses Gesetz vernachlässigt, kann keine echte Reform sein und wird dem Klerus und den Gläubigen geistlichen Schaden zufügen, ja sie wird mit der Zeit sogar die Grundlagen des Glaubens untergraben. Darauf hat Smiljan Franjo Čekada, Bischof von Skopje (Mazedonien), während der Debatte über die Liturgie auf dem II. Vaticanum hingewiesen. Er machte die folgende kluge Bemerkung:

> Die Liturgie der Messe darf nicht wie ein Volksspektakel behandelt werden, das dem Geschmack der Zuschauer oder dem unbeständigen und nutzlosen Urteil der Menge angepasst werden muss. Muss man sich den göttlichen Dingen doch mit größtmöglicher Achtsamkeit und Verehrung nähern. „Zieh deine Sandalen aus, denn der Ort, auf dem du

[67] *Das Heilige Messopfer*, Dogm.-asz. Teil, Abs. 1, §1, Nr. 8, S. 9; Hervorhebungen im Original.

stehst, ist heiliger Boden!" (Ex 3,5) Die Messliturgie, in der das Leiden und Sterben Unseres Herrn für uns von neuem gegenwärtig gesetzt wird, hat im Laufe der Jahrhunderte ihre heutige Form erhalten. Sie hat sich von selbst organisch, allmählich und sukzessive – selbstredend unter dem Einfluss des Heiligen Geistes, der immerdar der Kirche beisteht – von ihrem ursprünglichen Kern bis zum heutigen Ritus entwickelt, der voller Harmonie und Schönheit ist und der in Zeichen und Worten wahrhaft auszudrücken vermag, was er enthält und bedeutet.[68]

Mit der Liturgiereform ist leider haargenau das eingetreten, wovor der erwähnte Konzilsvater gewarnt hat. Der Ritus der Messe ist derart verändert worden, dass ihn diejenigen, die ihn vorher kannten, nur schwerlich wiedererkennen würden. Vor dieser Gefahr hat Bischof Čekada schon bei der Debatte des Konzils über die Liturgie gewarnt: „Wenn man die bisher vorgetragenen, höchst unterschiedlichen Vorschläge annimmt, wird die Umgestaltung unserer Messe so radikal sein, dass sie für diejenigen, die sie bisher mitgefeiert haben, kaum wiederzuerkennen sein wird."[69] Pater Joseph Gelineau SJ, Peritus des Zweiten Vatikanischen Konzils und begeisterter Befürworter der nachkonziliaren Liturgiereform, erklärte unter Bezugnahme auf den *Novus Ordo Missae* mit lobenswerter Ehrlichkeit: „Man muss ohne Umschweife feststellen: Der Römische Ritus, wie wir ihn kennen, existiert nicht mehr. Er wurde vernichtet."[70] Die Liturgiereform hat einen gewissen liturgischen Relativismus begünstigt, der auch zu einem lehrmäßigen Relativismus geführt hat.

---

[68] *Concilii Vaticani II Synopsis*, S. 828.

[69] Ibid.

[70] *Demain la liturgie: Essai sur l'évolution des assemblées chrétiennes*, Cerf, Paris 1976, S. 10.

Die folgende Aussage von Bischof Čekada ist bemerkenswert: „Werden die Gläubigen, die die Liturgie bisher als einen festen Eckpfeiler der religiösen und übernatürlichen Sphäre betrachtet haben, nun nicht auch Glaubenssachen mit dem Maß des Relativismus messen?“ (Ibid.)

Bereits 1976 wies Professor Joseph Ratzinger auf den Bruch zwischen dem Neuen Ritus und der gesamten früheren liturgischen Tradition der Kirche hin. Insbesondere machte er dabei auf die Diskrepanz zwischen dem Neuen Ritus und den Aussagen und Absichten der Konzilsväter aufmerksam:

> Das Problem mit dem neuen Missale liegt [...] darin, dass es aus dieser kontinuierlichen, vor und nach Pius V. immer weitergegangenen Geschichte ausbricht und ein durchaus neues Buch (wenn auch aus altem Material) schafft, dessen Auftreten mit einem der kirchlichen Rechts- und Liturgiegeschichte durchaus fremden Typus vom Verbot des Bisherigen begleitet ist. Ich kann aus meiner Kenntnis der Konzilsdebatte und aus nochmaliger Lektüre der damals gehaltenen Reden der Konzilsväter mit Sicherheit sagen, dass dies nicht intendiert war.[71]

Dann machte er den folgenden weisen und prophetischen Vorschlag mit Blick auf den überlieferten Messritus: „Meiner Meinung nach sollte erreicht werden, dass das alte Missale auch weiterhin von allen Priestern verwendet werden darf.“[72]

Ein ausgesprochen empfehlenswertes Buch über die theologische und geistliche Bedeutung des Messritus hat in unserer Zeit Dr. Michael Fiedrowicz verfasst, seines Zeichens Professor

---

[71] Brief an Professor Wolfgang Waldstein vom 14.12.1976, abgedruckt in *Una Voce Korrespondenz* 38/3 (2008), S. 201–214; hier zitiert S. 203.

[72] Ibid., S. 202.

für Kirchengeschichte, Patrologie und Christliche Archäologie an der Theologischen Fakultät Trier. In seinem Werk *Die überlieferte Messe. Geschichte, Gestalt und Theologie des klassischen Römischen Ritus* erklärt Fiedrowicz, wie der künstlerische Wert der Riten einen starken und wohltuenden geistlichen Einfluss auf jeden Menschen ausübt, der Gott aufrichtig und von Herzen sucht:

> Dem Kirchengebäude entströmt nicht nur eine Atmosphäre des Gebetes, die Architektur leitet auch das Gebet: Portal und Atrium, Haupt- und Seitenschiff, Säulen, Bögen und Stufen, Licht und Dunkel, Goldglanz und Farbenspiel, Ornament und Symbol, Kuppel und Hochaltar führen den Blick, lenken die Sinne, leiten die betende Seele. Ebenso besitzt auch die überlieferte Messe eine ihr eigene Architektonik, die sich von der erneuerten Gestalt unterscheidet, gerade in den Unterschieden das besondere Charisma des klassischen Ritus hervortreten lässt.
>
> Der besondere Eingangsritus mit Stufengebet und doppeltem *Confiteor* von Priester und Ministrant, die Gebetsrichtung hin zum Altar, der Reichtum an vielfältig abgestuften Gesten – Kreuzzeichen, Kniebeugen, Verneigungen, Wechseln von der linken zur rechten Seite –, die Kanonstille, die Form des Kommunionempfanges, das Schlussevangelium: All das sind vielfältige Elemente, die ähnlich wie die architektonische Form des Kirchengebäudes die betende Seele leiten, sie vorbereiten, innehalten lassen, weiterführen und erheben.
>
> Mit der klassischen Messe ist es wie mit dem Betreten eines alten Gotteshauses: Wer einmal einige Stufen emporgestiegen ist, das schwere Eingangsportal geöffnet hat, d.h. wer trotz mancher Widerstände, Vorbehalte oder sonsti-

> ger Schwierigkeiten einen Zugang gesucht hat, wird sich in einem heiligen Raum wiederfinden, der mit dem Ebenmaß seiner Proportionen, mit der Kostbarkeit seiner Materialien, mit der zentralen Stellung von Hochaltar und Tabernakel den Beter einfügt in eine vorgegebene Ordnung, die Halt verleiht, ihn herausführt aus dem Bereich des Profanen und Banalen, um die Nähe des Heiligen verspüren zu lassen, schließlich den Blick zentriert auf Den, dem alle Liturgie letztlich gilt, auf Gott, wie Er sich im Kreuzesopfer Seines Sohnes zu erkennen gibt und im Sakrament des Altares unter den Menschen gegenwärtig bleibt.[73]

Ebenfalls zu empfehlen ist das Buch von P. James W. Jackson FSSP, *Nothing Superfluous: An Explanation of the Symbolism of the Rite of St. Gregory the Great*. Wir möchten hier einige wichtige Ausführungen zitieren:

> Jede göttliche Wirklichkeit erschließt sich erst nach und nach in ihrer vollen Bedeutung; das Verständnis der Liturgie ist darum ein langwieriger und schrittweiser Prozess des Vertrautwerdens mit einer bestimmten Wirklichkeit. Hierin liegt einer der Hauptgründe, warum die Liturgie eine große Stabilität aufweisen muss, nicht nur in den Texten, sondern auch in den Gesten, den Gewändern und der Musik. […]
>
> Der moderne Mensch hat der Versuchung nachgegeben, die Religion dem Menschen anzupassen, anstatt das zu tun, was die Kirche immer angestrebt hat: den Menschen der Religion anzupassen. Dieses fundamentale Konzept muss in unserer Liturgie unbedingt umgesetzt werden – sie ist nicht

[73] Michael Fiedrowicz, *Die überlieferte Messe – Geschichte, Gestalt und Theologie des klassischen Römischen Ritus*, 5. Aufl., Carthusianus-Verlag, Fohren-Linden 2019, S. 67.

auf das Individuum gerichtet! Im Laufe der Jahrhunderte wurden ihre Elemente (Farben, Gesten, Melodien usw.) immer weiter verfeinert, ausgefeilt und angepasst, sie wurden der Eindimensionalität ihres Ursprungszwecks beraubt und mit einer allgemeinen Gültigkeit versehen. Die Liturgie ist gerade in diesem Sinne nicht das Werk eines Einzelnen, sondern das Werk einer organischen Einheit, die von der katholischen Kirche gebildet wird. Diese vitale bzw. dynamische Methode konzentriert sich ganz auf das kommende Leben, während sie sich der Mittel des gegenwärtigen Lebens bedient. So wurde im Laufe der Jahrhunderte die Kunst des Messfeierns perfektioniert …[74]

Hinsichtlich einer geistlichen und aszetischen Erläuterung der Zeremonien der Heiligen Messe nach dem Byzantinischen Ritus eignet sich ein Werk des russischen Schriftstellers Nikolai Gogol (+1852) mit dem Titel *Betrachtungen über die Göttliche Liturgie.* Während eines Aufenthalts in Paris im Jahr 1845 nahm Gogol täglich an der Göttlichen Liturgie (die Bezeichnung für die Heilige Messe in der byzantinischen Kirche) teil, wobei er zu dieser Zeit die Kirchenväter und ihre Erläuterungen las. Als Frucht dieser Studien schrieb er seine *Betrachtungen*, um dem Volk die in der Heiligen Messe verborgenen Schätze zu erschließen. Seine Betrachtungen strahlen Aufrichtigkeit, Zuneigung und tiefe Religiosität aus. Den Moment der Wandlung, d.h. der Transsubstantiation, den Höhepunkt des gesamten Messritus, erklärt Gogol in diesen ergreifenden und vom Glauben erfüllten Worten:

[74] Redbrush, Lincoln NE, 2016, S. 3 u. 5.; übers. aus dem Original.

„Nehmt, esst, das ist Mein Leib, der für euch gebrochen wird zur Vergebung der Sünden!" Der Diakon begleitet diese Worte des Priesters, indem er stillschweigend mit den drei Fingern, die das Orarion halten, auf das heilige Brot weist. Der Chor aber antwortet feierlich „Amen!" Und nachdem der Priester leise gesprochen hat; „Ebenso nahm Er nach dem Mahl den Kelch", ruft er laut das Wort des Erlösers selbst: „Trinkt alle daraus, das ist Mein Blut des Neuen Bundes, das für euch und für viele vergossen wird zur Vergebung der Sünden!" [...] Die Versammlung hört auf die aus dem Heiligtum erklingenden heiligen Worte, als wären es die Worte des Erlösers selbst.

Jetzt kommt der Augenblick der Opferung. Das Heiligtum ist nun nicht mehr ein Saal, der Altar nicht mehr der Tisch: Er ist Opferstätte, er ist jenes Golgotha, auf dem sich zum Opfer brachte der Sohn Gottes! [...] Im Heiligtum [wird] die furchtbarste und geheimnisvollste Handlung vollzogen. Das, was dem Schöpfer zum Opfer gebracht wurde, Brot und Wein, wird in Wirklichkeit zu demselben Opfer, das der Erlöser auf Golgotha für alle Menschen brachte: Brot und Wein, die bisher nur Abbilder des Leibes und Blutes Christi waren, sind jetzt selbst Leib und Blut Christi. [...] Die Verwandlung ist vollzogen. Derselbe Leib, in den sich das Ewige Wort, als es auf Erden weilte, gehüllt hat, der Leib des Gebieters selbst, liegt jetzt geschlachtet auf dem Altar, und diese Schlachtung geschah durch das Wort, anstatt mit dem Schwert.

Doch keiner darf in dieser Zeit an die Person des Priesters denken: Nicht der Priester, der Gestalt und Namen ähnlich wie wir trägt, sondern der Oberste, Ewige Hohepriester selbst vollzog diese Schlachtung, die Er ewig vollzieht in Person Seiner Priester. Auf dem Altar liegt nicht das Abbild, nicht der Schein des Leibes, sondern der Leib des Herrn Selbst, der auf Erden Backenstreiche erduldete, bespieen und gekreuzigt wurde, auferstanden und zum Himmel aufgefahren ist und sitzt zur Rechten des Vaters. Wir können nun vom Brot selbst, das nach den Worten des Herrn „Ich bin das Brot“ (Joh 6,35) dem Menschen als Nahrung dient, nichts mehr sehen, außer den Schein.

Von den Glockentürmen ertönt Geläut, damit überall dieser furchtbare Augenblick verkündet werde, damit überall, wo ein Mensch dies hört – mag er als Pilger unterwegs sein oder sein Feld beackern, mag er in seinem Haus sitzen oder an einem anderen Ort beschäftigt sein; mag er hinter Gefängnismauern schmachten oder wegen schwerer Krankheit im Bett liegen –, er in diesem Augenblick überall zum Herrn ein Gebet um sein Seelenheil emporsenden kann, auf dass nicht zum Gericht und zur Verdammnis werden diese furchtbaren Geheimnisse für einen seiner Brüder. Alle Beter im Gotteshaus werfen sich in diesem Augenblick nieder vor dem Herrn und die Liturgen werfen sich auch vor dem heiligen Altar nieder und beten von Herzen an. Jeder Beter im Gotteshaus sendet in diesem großen Augenblick innerlich seine Stimme empor, damit Er seiner gedenke in Seinem Reich.[75]

Folgende Zusammenfassung bildet den Abschluss von Gogols *Betrachtungen*:

Die Bedeutung der Göttlichen Liturgie ist groß; sie wird sichtbar und vor den Augen vollzogen im Angesicht der ganzen Welt und ist dennoch verborgen. So der Betende nur

[75] Nikolai V. Gogol, *Betrachtungen über die Göttliche Liturgie*. Verlag Der Christliche Osten, Würzburg 1989, S. 77-83.

andächtig und eifrig jeder Handlung folgt, so empfängt seine Seele eine erhabene Stimmung; die Gebote Christi sind dann für ihn erfüllbar, das Joch Christi wird für ihn sanft und Seine Bürde leicht.

Die Heilige Messe drückt schließlich durch ihre Riten Stabilität und Kontinuität aus. Zu Recht hat Dietrich von Hildebrand festgestellt:

> Die Liturgie ist, wie nichts anderes, durchsetzt von dem Geist der Kontinuität und sie teilt ihn den in ihr Lebenden mit. […] Die häufigen Wiederholungen in der Liturgie, die verständnislosen Menschen als unnötig und ermüdend erscheinen, zeugen ebenfalls von dieser Kontinuität. […] In der Liturgie tauchen wir in die Welt der Ewigkeit ein, in der sowohl die Macht der Gewohnheit wie die Macht des Neuen, Ungewohnten keinen Raum haben! Der nie alternde Glanz von Gottes ewiger Schönheit und Heiligkeit, die ewig neue *Süßigkeit* des Gottmenschen ist ewig gleich aktuell, ewig gleich thematisch.[76]

[76] *Liturgie und Persönlichkeit*, Kap. III, Nr. 6; S. 139; Hervorh. d. Autors.

4. Die Messe ist Opfer

Die Heilige Messe ist das *Sacramentum Crucis*, das Sakrament des Heiligen Kreuzes: Das ist die maßgebliche Definition. Wenn die Heilige Messe das *Sacramentum Crucis* ist, dann müssen wir überlegen, was ein Sakrament ist. Ein Sakrament ist ein sinnlich wahrnehmbares Zeichen, das diejenige Wirklichkeit, auf die es hinweist, bezeichnet und durch seine Bezeichnung verwirklicht. So bezeichnen die beiden getrennten Gestalten, Brot und Wein, die Wirklichkeit der Trennung von Leib und Blut Christi am Kreuz, d.h. sie bezeichnen die Wirklichkeit des Aktes des Kreuzesopfers. Indem sie diese Wirklichkeit bezeichnen, machen die sakramentalen Zeichen diese Wirklichkeit – wie die Theologen sagen – auf sakramentale Weise gegenwärtig. Die Heilige Messe ist also die sakramentale Form des Opfers von Golgotha. Wir können auch sagen, dass die Heilige Messe die Realpräsenz des Opfers von Golgotha ist, die Realpräsenz des geopferten Leibes und des vergossenen Blutes Christi. Dieser Opferakt ist die bedeutendste Handlung, die jemals in der Menschheitsgeschichte stattgefunden hat oder stattfinden wird.

Das Opfer im biblischen Sinne ist der größte Akt der Liebe und in der Opferung Christi am Kreuz wurde dieser Akt nicht einfach von einem Menschen, sondern vom Gottmenschen vollzogen. Das Kreuzesopfer, das in erster Linie ein innerer und doch zugleich ein sichtbarer Akt ist, wurde – dank der hypostatischen Union – von der Zweiten Person der Heiligsten Dreifaltigkeit vollbracht. Es ist nicht der Natur, sondern der Person und damit der göttlichen Person Jesu Christi zuzurechnen. Der Akt des Opfers Christi am Kreuz war ein göttlicher und ein menschlicher Akt. Wie das Konzil von Chalkedon lehrt, sind die beiden Naturen in Christus vereint – die göttliche und die menschliche –, und zwar unvermischt, unverändert, ungeteilt und ungetrennt. Die Opferhandlung am Kreuz ist in erster Linie der höchste Ausdruck der Liebe Christi, des menschgewordenen Gottessohnes, zu Seinem Vater und zugleich der höchste Ausdruck der Liebe Christi, des Erlösers, zu uns Menschen. Man könnte sagen, dass das Kreuzesopfer eine göttliche Liturgie ist, wie wir im Hebräerbrief lesen: „Um wieviel mehr wird das Blut Christi, der durch den Heiligen Geist sich selbst als ein unbeflecktes Opfer Gott dargebracht hat, unser Gewissen reinigen von toten Werken, damit wir dem lebendigen Gott dienen!" (9,14) Alle Drei Personen der Heiligsten Dreifaltigkeit waren, wie wir hier sehen, in bestimmter Weise an diesem Opfer beteiligt. Die Heilige Messe ist dasselbe göttlich-menschliche Opfer Christi, jedoch unter Einbeziehung der Kirche *hic et nunc*, d.h. in dieser konkreten Zeit und an diesem konkreten Ort. Auf diese Weise erst können alle Glieder des mystischen Leibes Christi auf sakramentale, aber reale Weise an dieser sich hinopfernden Liebestat des menschgewordenen Gottes teilhaben, die einzigartig, stets gegenwärtig und ewig ist.

Der heilige Johannes Chrysostomus, der Lehrer der Eucharistie, hat uns diese zutiefst geistliche und theologische Erklärung der Identität zwischen dem Kreuzesopfer und der Heiligen Messe hinterlassen:

> Ein Mal wurde [Christus] geopfert und es genügte für immer […] wie aber? Opfern nicht auch wir jeden Tag? Wohl opfern wir, aber wir begehen das *Andenken* an Seinen Tod, und es ist *ein* Opfer, und es sind nicht *viele*. Wie denn *eines* und nicht *viele*? Weil es ein Mal dargebracht wurde wie jenes, das ins Allerheiligste einging. Von dem aber ist dieses Abbild und von diesem jenes; denn wir opfern immer denselben und nicht jetzt ein anderes Schaf und morgen wieder

> ein anderes, sondern immer dasselbe, sodass das Opfer *eines* ist. Sind daher auf dieselbe Weise, weil überall geopfert wird, auch viele Christus? Durchaus nicht, sondern Christus ist nur *Einer* und ist hier vollständig und dort vollständig, *ein* Leib. Wie also Derjenige, welcher geopfert wird, überall *ein* Leib ist und nicht viele Leiber, so ist auch *ein* Opfer. Unser Hohepriester ist Jener, der das Opfer, welches uns reinigt, dargebracht hat. Jenes, welches damals dargebracht wurde, bringen wir auch jetzt dar und dieses ist unerschöpflich. Dieses geschieht zum Andenken daran, was damals geschah. „Denn das tut", sagt Er, „zu Meinem Andenken!" (Lk 22,19) Kein anderes Opfer, als welches der Hohepriester damals opferte, sondern dasselbe opfern wir immer, oder vielmehr, wir begehen das Andenken des Opfers.[77]

Beim heiligen Leonhard von Porto Maurizio heißt es, dass die Heilige Messe

> keine bloße Kopie, sondern eins mit dem ursprünglichen Kreuzesopfer ist. Noch mehr wird seine Erhabenheit dadurch erhöht, dass der darbringende Priester kein anderer als der menschgewordene Gott selbst ist. [...] Betrachten wir nun die wunderbare Größe der Heiligen Messe, die sich aus jedem dieser drei Aspekte ergibt. Der Priester, der das Opfer darbringt, ist der Gottmensch Jesus Christus; das Opfer ist das Leben Gottes; es wird auch keinem anderen dargebracht außer Gott.[78]

---

[77] *Ausgewählte Schriften des heiligen Chrysostomus*, Verlag der Jos. Kösel'schen Buchhandlung, Kempten 1884, Band 10: *Homilien über den Brief an die Hebräer*, aus dem Urtext übersetzt von Joh. Chr. Mitterrußner, S. 275-276 (17. Homilie, Kap. 10 V. 2-9); Hervorhebungen im Original.

[78] *The Hidden Treasure: Holy Mass*, Academy Library Guild, Fresno, CA, 1952; repr. TAN Books, Charlotte, NC, 2012, S. 4; übers. aus dem Englischen.

Der heilige Thomas brachte die Wirklichkeit, dass das Sakrament der Eucharistie einen Opfercharakter besitzt, mit diesen Worten zum Ausdruck:

> Da dieses Sakrament das Sakrament der Passion Unseres Herrn ist, enthält es in sich auch Christus, der gelitten hat. Darum wird alles, was das Leiden Unseres Herrn bewirkt hat, auch in diesem Sakrament bewirkt, ist es doch nichts anderes als die Zuwendung des Leidens Christi zu uns.[79]

Bischof Jacques-Bénigne Bossuet bekräftigte in der Auseinandersetzung mit den Einwänden der Protestanten die wahrhaftige Einzigartigkeit und Vollkommenheit des Kreuzesopfers und seiner sakramentalen Feier in der Heiligen Messe mit folgenden Worten:

> Hierbei handelt es sich also nicht, wie eure [protestantischen] Geistlichen euch glauben machten, um einen Zusatz zum Kreuzesopfer; es ist keine Wiederholung in dem Sinne, dass dieses nicht vollkommen wäre. Im Gegenteil, da wir voraussetzen, dass es ganz und gar vollkommen ist, handelt es sich um eine unaufhörliche Anwendung desselben, genauergesagt eine fortgesetzte Feier dieses Opfers, ähnlich jener, die Unser Herr Jesus Christus jeden Tag im Himmel vor dem Angesicht Seines Vaters vollzieht. Wundert euch darum nicht, wenn wir es in gewisser Hinsicht als Erlösungsopfer bezeichnen, wie es in diesem Gebet heißt: „Wir bitten Dich, o Herr: Lass uns immer würdig an diesen Geheimnissen teilnehmen, da ja, sooft man das Gedächtnis dieses Opfers feiert, das Werk unserer Erlösung vollzogen wird" – dieses

[79] *Kommentar zum Johannesevangelium*, Lektion 6, Nr. 52.

Werk wird vollzogen, indem wir es durch seine Anwendung fortsetzen und vollenden.[80]

Das Lehramt der Kirche lehrt uns diesbezüglich klar und deutlich zwei Wahrheiten: das Wesen der Messe als Opfer (nicht etwa als Mahl) einerseits und die Identität zwischen dem Kreuzesopfer und dem Messopfer andererseits. Das Konzil von Trient hält fest: „Denn die Opfergabe ist ein und dieselbe; Derselbe, der Sich Selbst damals am Kreuz opferte, opfert jetzt durch den Dienst der Priester; allein die Weise des Opferns ist verschieden."[81] Die Messe ist die lebendige Vergegenwärtigung des Kreuzesopfers, wie es der heilige Thomas sagt: „*Celebratio autem huius sacramenti [...] imago quaedam est repraesentativa passionis Christi quae est vera eius immolatio*": Die Feier dieses Sakramentes ist ein gewisses Abbild und eine Darstellung des Leidens Christi, was dessen wahre Hinopferung ist.[82] Papst Pius XII. erklärt die wahre Bedeutung des „Gedächtnisses" des Kreuzesopfers in der Messe auf diese Weise:

> Das Opfer des Altares ist kein bloßes und einfaches Gedächtnis der Leiden und des Todes Jesu Christi, sondern ein wahres und eigentliches Hinopfern, indem nämlich der Hohepriester durch eine unblutige Opferung das vollzieht, was Er schon am Kreuz getan hat, indem Er Sich Selbst dem Ewigen Vater als wohlgefälligste Opfergabe darbrachte.[83]

---

[80] *Explication de quelques difficultés sur les prières de la Messe à un nouveau catholique*, in: *Oeuvres Complètes de Jacques-Bénigne Bossuet*, Band 13, Outhenin-Chalandre, Besançon 1841, S. 52; Bossuet zitiert die Sekret des Neunten Sonntags nach Pfingsten (traditionelles *Missale Romanum*).

[81] Sessio XXII, Kap. 2 (DH 1743).

[82] *S. th.*, III, q. 83, art. 1.

[83] *Mediator Dei*, Nr. 68 (DH 2847).

In der Enzyklika *Ecclesia de Eucharistia* von Papst Johannes Paul II. lesen wir dann folgende vortreffliche Erklärung:

> Die Kirche lebt unaufhörlich vom Erlösungsopfer. Ihm nähert sie sich nicht nur durch ein gläubiges Gedenken, sie tritt mit ihm auch wirklich in Kontakt. Denn *dieses Opfer wird gegenwärtig* und dauert auf sakramentale Weise in jeder Gemeinschaft fort, in der es durch die Hände des geweihten Priesters dargebracht wird. Auf diese Weise wendet die Eucharistie den Menschen von heute die Versöhnung zu, die Christus ein für allemal für die Menschen aller Zeiten erworben hat. In der Tat: „Das Opfer Christi und das Opfer der Eucharistie sind *ein einziges Opfer*" (*Katechismus der Katholischen Kirche,* 1367). Das sagte kraftvoll bereits der heilige Johannes Chrysostomus: „Wir opfern immer das selbe Lamm und nicht heute das eine und morgen ein anderes, sondern immer dasselbe. Aus diesem Grund ist das Opfer immer nur eines. [...] Auch heute bringen wir jenes Opferlamm dar, das damals geopfert worden ist und das sich niemals verzehren wird" (*Predigt über den Hebräerbrief*, 17,3).
>
> Die Messe macht das Opfer des Kreuzes gegenwärtig, sie fügt ihm nichts hinzu und vervielfältigt es auch nicht. Was sich wiederholt, ist die *Gedächtnis*feier, seine „gedenkende Darstellung" (*memorialis demonstratio*), durch die das einzige und endgültige Erlösungsopfer Christi in der Zeit gegenwärtig wird. Der Opfercharakter des eucharistischen Mysteriums kann deswegen nicht als etwas in sich Stehendes verstanden werden, unabhängig vom Kreuz oder nur mit einem indirekten Bezug zum Opfer von Kalvaria.[84]

[84] *Ecclesia de Eucharistia*, Nr. 12.

Der große römische Theologe Msgr. Antonio Piolanti hat die Wirklichkeit des Opfercharakters der Heiligen Messe mit dem Ausdruck *Altare plenitudo Crucis* („*Der Altar ist die Fülle des Kreuzes*") zusammengefasst. Er erklärt:

> Das Geheimnis des Kreuzes ist eingehüllt in eine weiße Scheibe aus ungesäuertem Brot und in einen kostbaren Weintropfen. Im immer neu wiederholten Ritus der Messe dehnt sich das eine Erlösungsopfer aus, ohne sich zu vervielfältigen, es strömt aus, ohne sich zu verflüchtigen; in der Berührung mit der Vielheit zerfällt es nicht, sondern verdichtet sich; da es mit allen Zeiten und Orten zusammenfällt, vereinigt es sie. Die Messe ist die Fortsetzung, das Pleroma des Kreuzes: *Altare plenitudo Crucis* – sie ist das Kreuz, das durch die Jahrhunderte voranschreitet: *Fulget crucis mysterium.*[85]

Das Wesen des Messopfers besteht demnach in der inneren und äußeren Darbringung des Leibes und Blutes Christi, verbunden mit der mystischen Opferung, die im Namen Christi von Seinen Dienern, den Priestern, vorgenommen wird. Papst Pius XII. beschreibt dies wie folgt: „Das eucharistische Opfer [ist] seiner Natur nach eine unblutige Opferung der göttlichen Opfergabe, die nämlich auf geheimnisvolle Weise aus der Trennung der Heiligen Gestalten und aus dem Vollzug ihrer Darbringung an den Ewigen Vater ersichtlich wird."[86] Von Bischof Bossuet haben wir die folgende eindrucksvolle und präzise Darstellung erhalten:

> „*Hoc corpus, quod pro vobis datur* – Dies ist Mein Leib, der für euch hingegeben wird." – Lukas benützt hier die gegen-

[85] *Il Mistero Eucaristico*, Libreria Editrice Fiorentina, Florenz 1955, S. 373; ins Deutsche übertragen aus dem Englischen.

[86] *Mediator Dei*, Nr. 115 (DH 3854).

wärtige Zeit, damit wir verstehen, dass Jesus Christus, indem Er sagte: „Dies ist Mein Leib“, nicht nur von demselben Leib sprechen wollte, den Er im Begriff war, für uns hinzugeben; sondern auch, dass Er sagen wollte, dass derselbe Leib, der für uns geopfert und gegeben werden sollte, bereits in der eucharistischen Wandlung so war und so sein wird, wann immer dieses Opfer gefeiert wird. Wir glauben daher nicht nur, dass der Leib Jesu Christi für uns am Kreuz hingegeben werden sollte und wurde; sondern auch, dass, wann immer diese Worte gesprochen werden, Er kraft dieser Worte für uns in der Gegenwart hingegeben wird …

Jesus ist einmal gestorben und konnte nur einmal auf diese Weise geopfert werden …, aber was Er einst auf diese Weise getan hat, nämlich Sich so ganz blutig und ganz mit Wunden bedeckt zu opfern und Seine Seele mit all Seinem Blut hinzugeben, das setzt Er jeden Tag in einer neuen Weise im Himmel … und in Seiner Kirche fort, wo Er sich jeden Tag unter diesen Gestalten des Todes gegenwärtig macht …

So ist Er hier; Er ist anwesend; das Wort tat seine Wirkung; hier ist Jesus so gegenwärtig, wie Er es am Kreuz war, wo Er durch die Hingabe Seiner Selbst für uns erschienen ist; Er ist so gegenwärtig wie im Himmel, wo Er uns noch immer vor dem Angesicht Gottes erscheint. Diese Wandlung, diese heilige Zeremonie, dieser Gottesdienst voller Blut und dennoch unblutig, wo der Tod überall ist und wo das Opfer dennoch lebt, dies ist der wahre Gottesdienst der Christen; sinnenhaft und geistig, einfach und erhaben, demütig und herrlich zugleich.[87]

[87] *Méditations sur l'Évangile* (Perisse Frères, Paris 1839), S. 641; 651-652; 653. Übersetzt aus dem Original.

Das Kreuzesopfer ist Ausdruck der fruchtbarsten Liebe und seine Früchte sind unendlich, weil sie von einer göttlichen Person stammen. In der Heiligen Messe ist es vor allem Christus, der das Opfer darbringt, ja der Sich durch dieselbe Handlung, mit der Er Sich am Kreuz geopfert hat, innerlich weiteropfert, wie Pater Réginald Garrigou-Lagrange erklärt: „Dieser Entschluss und dieses Aufopfern, wie auch die beseligende Anschauung Gottes und die seligmachende Liebe, setzen sich in Christus ohne Unterbrechung und daher ohne Vervielfachung von Einzelakten fort.“[88] Die Früchte des Kreuzesopfers werden darum allen unseren Bedürfnissen zugewandt, vor allem der Reinigung und Heiligung unserer Seelen. Die herrlichste Frucht ist jedoch die Heilige Kommunion. Vom Baum des Kreuzes ernten wir die lebenspendende Frucht des geopferten Leibes und des vergossenen Blutes Christi, die uns als wahre geistliche Nahrung, als Arznei der Unsterblichkeit und Unterpfand unserer Auferstehung angeboten wird. Die Heilige Kommunion lässt uns dahingehend die enge Verbindung zwischen Opfer und Mahl erkennen.

Alle Gläubigen sind gerufen, sich mit der Opferhandlung Christi, des Ewigen Hohenpriesters, zu vereinen, der durch Seine Priester handelt. Papst Pius XII. hat diese Wahrheit mit den folgenden Worten glänzend auf den Punkt gebracht:

> Christus der Herr wollte nämlich, dass die wunderbare, nie genug gepriesene Verbindung zwischen uns und unserem göttlichen Haupt durch das eucharistische Opfer den Gläubigen in besonderer Weise offenbar werde. Dabei vertreten nämlich die Priester nicht nur die Stelle unseres Heilandes, sondern auch die des ganzen mystischen Leibes und der ein-

[88] *De Eucharistia*, R. Berruti, Turin 1943, S. 297.

> zelnen Gläubigen. Ebenso bringen aber auch die Gläubigen selbst das unbefleckte Opfer, das einzig durch des Priesters Wort auf dem Altar zugegen ward, durch die Hände desselben Priesters in betender Gemeinschaft mit ihm dem Ewigen Vater dar als ein wohlgefälliges Lob- und Sühneopfer für die Anliegen der ganzen Kirche. Und so wie der göttliche Erlöser sterbend am Kreuz Sich Selbst als Haupt des ganzen Menschengeschlechtes dem Ewigen Vater zum Opfer brachte, so opfert Er in dieser „reinen Opfergabe" (Mal 1,11) nicht nur Sich Selbst als Haupt der Kirche dem himmlischen Vater, sondern in Sich Selbst auch Seine mystischen Glieder, die Er ja alle, mögen sie auch schwach und krank sein, liebevoll in Sein Herz geschlossen hat.[89]

Viele sind durch die Tatsache befremdet, dass ein liebender Gott ein Opfer für unsere Erlösung nötig hätte, oder finden eine solche Vorstellung in der heutigen Zeit abstoßend. Die Heilige Schrift sagt: „Denn so sehr hat Gott die Welt geliebt, dass Er Seinen eingeborenen Sohn hingab, damit jeder, der an Ihn glaubt, nicht verloren gehe, sondern das ewige Leben habe" (Joh 3,16). Etwas von sich selbst zu geben, ist bereits ein Opfer und das ist gut so. Wer nämlich nichts von sich selbst gibt, ist selbstsüchtig und handelt gegen die wahre Liebe. Das Opfer, d.h. die Selbstaufopferung, ist daher eine Voraussetzung für den Ausdruck echter Liebe. Wie uns der heilige Paulus sagt: „[Gott hat] sogar Seines eigenen Sohnes nicht geschont, sondern Ihn für uns alle dahingegeben" (Röm 8,32). Etwas für die Gerechten zu geben, ist schon ein Gut, aber etwas für die Unwürdigen, d.h. für die Sünder zu geben, ist das denkbar erhabenste Zeichen selbstloser Liebe, wie der heilige Paulus schreibt: „Gott aber erweist seine

[89] *Mystici Corporis*, Nr. 82.

Liebe zu uns, weil, als wir noch Sünder waren, zur rechten Zeit Christus für uns gestorben ist" (Röm 5,8–9). Der heilige Thomas sagt:

> Dass Christus freiwillig gelitten hat, war […] ein so großes Gut, dass Gott wegen dieses Gutes, das sich nur in der menschlichen Natur findet, mit jeder Beleidigung des Menschengeschlechtes ausgesöhnt ist in Bezug auf die, die mit dem leidenden Christus in genannter Weise verbunden sind. … Deshalb vermochte das Leiden Christi, Gott eher mit dem ganzen Menschengeschlecht zu versöhnen, als seinen Zorn hervorzurufen.[90]
>
> Ferner ist die gegen Gott begangene Sünde wegen der Unendlichkeit Seiner göttlichen Majestät in gewissem Sinne unendlich. Denn die Schwere einer Beleidigung wächst mit der Würde des Beleidigten. Zu einer vollkommen hinreichenden Genugtuung bedurfte es also eines Sühneaktes von unendlichem Wert und den vermag nur ein Gottmensch zu leisten.[91]

Wir sind durch die Erbsünde verwundet und werden von der Selbstsucht, der Wurzel aller Sünde, geplagt. Um diese zu heilen, hat Gott uns gezeigt, was die Liebe ist. Er hat das Allergrößte gegeben, was Er konnte, Seinen eingeborenen Sohn. Der Herr Selbst hat gesagt: „Eine größere Liebe hat niemand als diese, dass er sein Leben für seine Freunde hingibt" (Joh 15,13). – Diese göttlichen Worte erklären uns, was die Liebe ist. Aus rein natürlicher Sicht dagegen fällt es uns schwer zu verstehen, was die Liebe in ihrer Fülle ist; auf natürlicher Ebene hätten wir immer eine

---

90 *S. th.*, III, q. 49, art. 4, corp. sowie ad 3.

91 *S. th.*, III, q. 1, art. 2, ad 2.

unzureichende Auffassung von ihr. Daher brauchen wir die göttliche Offenbarung, die uns zeigt, worin die wahre Liebe besteht.

Dann ist da noch der Aspekt der Barmherzigkeit. Die göttlich geoffenbarte Liebe Gottes ist durch und durch eine barmherzige Liebe. In Seiner barmherzigen Liebe opfert der menschgewordene Gott Sein menschliches Leben für uns bis zum letzten Blutstropfen. An diesem Liebesopfer ist die menschliche Natur Christi voll beteiligt, sodass Er sogar mit Seinem menschlichen Willen in das Opfer Seines menschlichen Lebens am Kreuz liebevoll einwilligt, wie in Seinem Gebet im Garten Gethsemane zu sehen ist. Durch Seine barmherzige Liebe heilt Christus erst die Wunden unserer Selbstliebe; durch diese Liebe hat Er uns auch fähig gemacht, unser höchstes Glück zu erlangen. Unser ganzes christliches Leben ist also dies: diese Liebe zu erlangen, die Gott selbst uns gelehrt hat. Denn diese Teilhabe an der göttlichen Liebe wird uns in der Ewigkeit das ewige Glück, die ewige Seligkeit, die *visio beatifica*, das Schauen und den Genuss der göttlichen Liebe schenken. Betrachten wir ein Beispiel: Eine Mutter, die während der Geburt aus medizinischen Gründen zwischen dem Leben ihres Kindes und ihrem eigenen wählen muss, entscheidet sich zu sterben, damit ihr Kind leben kann. Nach der göttlichen Liebe selbst ist dies eines der erhabensten Beispiele der Liebe, die man sich nur vorstellen kann. Die mütterliche Liebe ist auf natürlicher Ebene ein Fenster hin zur göttlichen Liebe. Bei Jesaja heißt es also: „Kann etwa ein Weib ihres Kindes vergessen, dass sie kein Mitleid trage mit dem Sohn ihres Schoßes? Und wenn sie dessen vergäße, so werde ich doch deiner nicht vergessen!" (49,15) So hat die menschliche Mutterliebe ihre Wurzel und ihr erhabenes Vorbild in der Liebe Gottes zu den Menschen.

Manche meinen, die Opferidee sei in den 1960er-Jahren infrage gestellt worden, weil sie in einer Zeit des Pazifismus mit dem Begriff der Gewalt in Verbindung steht. In Wirklichkeit waren jedoch diejenigen, die diesen Gedanken im kirchlichen Leben nach dem Zweiten Vatikanischen Konzil in Frage stellten, liberale und modernistische Theologen, durchdrungen von den protestantischen Ideen Martin Luthers, der bekanntlich die wahre Bedeutung des Opfers ablehnte. Die gotteslästerlichen Worte, die er über das Opfer an Gott richtete, sind uns bekannt. Über das Kreuzesopfer machte Luther diese Aussage: „Denn da streitet Gott mit Gott. […] Hier aber war Gott gegen Ihn [Christus], [so]dass Er in Ungeduld gegen Gott gefallen ist."[92] Luther wagte sogar diese ungeheuerlichen Worte auszusprechen: „Allein der Sohn Gottes ist ein Sünder, ein Verbrecher, des Todes schuldig, unter der Knechtschaft des Teufels und der Hölle, außer ihm ist es kein anderer."[93] Nach Luther trug das Menschsein Christi nichts zur Erlösung bei, sondern war lediglich ein Köder für den Teufel.[94] Weiter schreibt er, dass Christus am Kreuz „nicht mehr der ist, der in Seiner Gottheit aus der Jungfrau geboren wurde, sondern ein Sünder".[95] Im Gegensatz dazu bekräftigt das katholische Lehramt mit Papst Leo dem Großen, dass das Heil von Christus in Seinen beiden Naturen gewirkt wurde, d.h. als eingeborener Sohn Gottes und als Menschensohn, da die eine Natur ohne die andere für das Heil nutzlos ist. Luther hat die wahre Bedeutung des Erlösungsopfers Christi verdreht, indem er behauptet, dass

> Christus durch Sünde die Sünde der Welt wegnimmt. […] Sollte man nicht besser sagen: Gerechtigkeit nimmt Sünde hinweg, oder: Christus hat durch Seine Gerechtigkeit die

---

[92] *Weimarer Ausgabe* Band 45, S. 370 (Reihenpredigten ü. Johannes XIV-XV).

[93] Ibid., Band 40, T. 3, S. 745 (Vorlesung über Jesaja LIII).

[94] Ibid., Band 4, S. 406. (2. Galatervorlesung).

[95] Ibid., Band 40, T. 1, S. 433.

> Sünde der Welt hinweggenommen und zunichtegemacht? Nein; warum aber nicht? Weil die Sünde und Strafe der ganzen Welt auf Christi Schultern liegt.[96]

So war es nach Luther weder die Heiligkeit Christi, die uns erlöst hat, noch ist es die Teilnahme an Seinem heiligen Kreuzesopfer, die uns das ewige Leben schenkt, sondern der Kampf von Sünde gegen Sünde. Nach katholischer Lehre hingegen ist die Vereinigung der göttlichen und der menschlichen Natur in Christus ein Ausdruck der unaussprechlichen Liebe Gottes, die ihren höchsten Ausdruck im Liebesopfer am Kreuz für die Menschen und zu unserer Erlösung gefunden hat. Für Luther hingegen ist das Kreuzesopfer ein Kampf des „zur Sünde gemachten" Christus gegen Gott.

Für Luther stellte die Bedeutung der Messe als wahres Opfer die dritte babylonische Gefangenschaft dar, in der die katholische Kirche die Eucharistie hielt (die erste Gefangenschaft war die Kommunion unter einer Gestalt, die zweite war die Lehre von der Transsubstantiation). Aus diesem Grund gab Luther dem Ritus der Messe eine neue Form, indem er die traditionellen Opferungsgebete abschaffte. Er reduzierte den Opfercharakter der Eucharistie auf ein reines Gedenken an Christus, auf einen Akt der Danksagung und ein Mahl, d.h. ausschließlich auf den Empfang des Leibes und Blutes Christi zum Gedenken an Sein Leiden:

> [Dieses ist] ein Dankopfer … wer das Sakrament empfängt, soll das zum Zeichen seiner Danksagung getan haben … das Sakrament selbst soll nicht ein Opfer, sondern eine Gabe Gottes sein, uns geschenkt, welche wir zum Dank annehmen und mit Dank empfangen sollen.[97]

---

[96] *Weimarer Ausgabe* Band 23, S. 711 (Predigt über die Himmelfahrt Christi).

[97] *Vermahnung zum Sakrament des Leibes und Blutes des Herrn*, Absatz: „Was weiter Dr. Luther den Papisten einräumt".

Die katholischen Theologen und Liturgiewissenschaftler, die den Opfercharakter der Heiligen Messe verwässert haben, wurden also nicht vom Pazifismus, sondern von der Häresie des Modernismus inspiriert, und zwar in seiner protestantischen Form.[98] Während und nach dem Zweiten Vatikanischen Konzil beeinflusste diese Denkweise wiederum, zumindest teilweise, die Reform des Messritus. Während der Debatte über die Liturgie auf dem Zweiten Vatikanischen Konzil nahm Bischof Čekada Bezug auf den Vorschlag eines anderen Konzilsvaters, den Ritus der Messe im ökumenischen Geist zu reformieren, und sprach die folgende Warnung aus, die sich später als wahrhaft prophetisch erwies:

> Gestern haben wir den Vorschlag gehört, den gesamten Ritus der lateinischen Liturgie vollständig zu zerschlagen und durch einen neuen „ökumenischen" Ritus zu ersetzen, der nach dem Vorbild des Letzten Abendmahls von den Spezialisten aller Konfessionen, die sich in irgendeiner Weise zu Christus bekennen, zusammengestellt wird.[99]

Es ist ein offenkundiges Faktum, dass die Dimension des Opfers im *Novus Ordo Missae* zusammengeschrumpft ist; zudem wissen wir, dass protestantische Pastoren bei seiner Ausarbeitung beratend tätig waren. Der französische Philosoph und persönliche Freund von Papst Paul VI., Jean Guitton (+1999), hat dies in einer öffentlichen Diskussion am 19. Dezember 1993 zugegeben, die von Lumière 101 von *Radio-Courtoisie* organisiert wurde. Er erklärte:

---

[98] Zur Erörterung dieser Problematik vgl. den englischsprachigen Aufsatz von Kardinal Ratzinger „The Theology of the Liturgy" in: *Looking Again at the Question of the Liturgy with Cardinal Ratzinger*, ed. Alcuin Reid, St. Michael's Abbey Press, Farnborough 2003, S. 18-31.

[99] *Concilii Vaticani II Synopsis*, S. 828.

> Natürlich habe ich nicht am calvinistischen Abendmahl teilgenommen, aber ich habe doch die Messe von Paul VI. besucht. Und die Messe von Paul VI. sieht vor allem wie ein Mahl aus, nicht wahr? Sie betont sehr stark den Aspekt der Teilnahme an einem Mahl und viel weniger den Gedanken des Opfers, eines kultischen Opfers vor Gott, bei dem man vom Priester nur den Rücken sieht. Ich glaube also, dass ich mich nicht irre, wenn ich die Absicht von Paul VI. und der nach ihm benannten neuen Liturgie in folgenden Punkten feststelle: Die Gläubigen sollen mehr an der Messe teilnehmen, die Heilige Schrift soll mehr Raum erhalten und alles, was (wie manche sagen) „magisch" ist, soll weniger Raum erhalten, auch die konsubstantielle, die transsubstantielle Konsekration, die den katholischen Glauben ausmacht. Mit anderen Worten: In Paul VI. steckt die ökumenische Absicht, in der Messe das, was im traditionellen Sinne „zu katholisch" ist, zu tilgen oder zumindest zu korrigieren oder zumindest abzuschwächen, d.h. die katholische Messe – ich wiederhole – der calvinistischen Messe anzunähern.[100]

Dass der *Novus Ordo Missae* in seiner Gesamtheit dem lehrmäßigen und liturgischen Denken der Protestanten nahekommt, zeigt die überaus bemerkenswerte Erklärung des „Oberkonsistoriums der Kirche des Augsburger Bekenntnisses von Elsass-Lothringen", die auf einer Versammlung in Straßburg am 8. Dezember 1973 abgegeben wurde. Darin heißt es:

> Angesichts der gegenwärtigen Form der Eucharistiefeier in der katholischen Kirche und des derzeitigen theologischen

[100] Yves Chiron, François-Georges Dreyfus, Jean Guitton, *Entretien sur Paul VI.*, Éditions Nivoit, Niherne 2011, S. 27-28; hier übersetzt aus dem Englischen.

> Konsenses scheinen viele Hindernisse, die einen Protestanten von der Teilnahme an einer Eucharistiefeier abhalten könnten, verschwunden zu sein. Es dürfte für einen Protestanten heute möglich sein, das Abendmahl in der katholischen Eucharistiefeier zu erkennen.[101]

Die Erklärung nimmt auch mit Befriedigung den modifizierten Opferaspekt in den Gebeten des *Novus Ordo Missae* zur Kenntnis und bekräftigt: „Wir wollen unsererseits die neuen eucharistischen Gebete zur Anwendung bringen, in denen wir uns wiedererkennen. Diese Gebete helfen uns, in ihnen eine dem Evangelium entsprechende Opfertheologie zu entdecken."[102]

Der *Novus Ordo* Missae verwässert den wesentlichen Gesichtspunkt des Opfers in der Messe. Dies zeigt sich am deutlichsten in den neuen Opferungsgebeten, die im Wesentlichen Tischgebete sind, also ihrer eigentlichen Opferbedeutung beraubt wurden; eine gefährliche Neuerung, denn in der Tradition der Kirche galt das Offertorium immer als kleiner Kanon. In allen östlichen Liturgien gibt es Gebete und Gesten, die bei der Zurüstung der Gaben ausdrücklich opferbezogen sind. Die Heilige Messe berücksichtigt hier den Gang der Heilsgeschichte und nimmt vorausbildend im Symbol eine kommende Wirklichkeit vorweg. Das Alte Testament nimmt das Neue vorweg, aber das Neue war im Alten verborgen: „Gott, der die Bücher beider Bünde inspiriert hat und ihr Urheber ist, wollte in Weisheit, dass der Neue im Alten verborgen und der Alte im Neuen erschlossen sei."[103]

---

101 *Dernières Nouvelles d'Alsace*, Nr. 289 vom 14.12.1973, hier übersetzt aus dem Englischen.

102 Ibid., erneut übersetzt aus dem Englischen.

103 *Dei Verbum*, Nr. 16, den hl. Augustinus zitierend (*Quaest. in Hept.*, 2,73); PL 34,623.

Das Allerheiligste Altarsakrament ist ein dreifaches Zeichen, nämlich ein erinnerndes, ein anzeigendes und ein vorausweisendes, d.h. es erinnert an das Heilsereignis der Vergangenheit, zeigt dessen sakramentale Gegenwart im Hier und Jetzt an und öffnet unseren Blick für die endgültige Wirklichkeit des ewigen Lebens im Neuen Jerusalem. Diese heilsgeschichtliche Perspektive muss in der Liturgie gewahrt werden. Die traditionellen Opferungsgebete gehen immerhin auf das neunte Jahrhundert oder sogar noch früher zurück.[104] Das Offertorium soll auf das Kreuz hinweisen, so dass die Kirche in feierlicher und etwas ausholender Weise ihre *Intentio* zum Ausdruck bringt, d.h. das, was sie zu tun beabsichtigt, nämlich nicht ein einfaches Mahl, sondern das Opfer Christi, die denkbar höchste Handlung, zu vollziehen. Deshalb muss das Offertorium notwendigerweise das Opfer bezeichnen, das dargebracht werden soll. In den Opferungsgebeten des *Novus Ordo Missae* hingegen drückt die *Intentio* den Aspekt eines Mahles, eines Gastmahls aus. Deshalb sind die neuen Offertoriumsgebete dogmatisch, lehrmäßig und geistlich mangelhaft; sie sollten durch die altbewährten Gebete ersetzt werden, die dem Geist der Gesamtkirche aller Zeiten und speziell dem Geist der ostkirchlichen Liturgie entsprechen.[105]

Das Prinzip der Antizipation, d.h. des schrittweisen rituellen und verbalen Ausdrucks des Opferelements, welches das Wesen der Messe ausmacht, ist allen antiken Liturgien der Kirche in Ost und West gemeinsam. Stéphane Wailliez drückt es folgendermaßen aus:

---

[104] Vgl. Paul Tirot, *Histoire des prières d'offertoire dans la liturgie Romaine du VIIe au XVIe siècle*, Edizioni liturgiche, Rom 1984.

[105] Vgl. Stéphane Wailliez, „L'offertoire à la lumière des rites apostoliques d'Orient", *Catholica* 77 (Herbst 2003), S. 78-95.

> Die Aufschlüsselung der Liturgie vom weniger Wesentlichen zum Wesentlichen wird auf diese Weise klar erkennbar; gleichzeitig kommen, versteht sich, manche die Substanz bezeichnenden Elemente auch außerhalb ihrer eigentlichen Stelle zusammen mit den weniger wesentlichen vor. Weniger abstrakt ausgedrückt, manifestiert sich das Sühneopfer, die Essenz der Messe, in besonderer Weise bei der Wandlung und im zweiten Teil des Kanons, aber manchmal wird es auch schon vorher in den nicht opferbezogenen Teilen der Zeremonie angedeutet.[106]

Wailliez ergänzt, dass im *Novus Ordo*

> im Fall des Offertoriums ein schwerwiegender Fehler hinsichtlich der Bedeutung der Zweckursache vorliegt. Die neuen Gebete werden als *praeparatio donorum* bezeichnet. Aber jede Vorbereitung erfolgt im Hinblick auf ein Ziel. Indem die neue Liturgie die „Vorwegnahme" des Erlösungsopfers ausblendet, blendet sie auch das Prinzip aus, das zum Verständnis des Offertoriums nötig ist. Die neuen Gebete verweisen nämlich nur noch auf die Kommunion *(„Ex quo nobis fiet panis vitae … potus spiritualis").* Abgesehen davon, dass das Wesen der Messe das Sühneopfer und nicht die Kommunion ist, kann Letztere ohnehin nur als Teilhabe am Opfer verstanden werden.[107]

In der Tat bestehen das Wesen der Messe und ihre Zweckursache in ihrem Opfercharakter. Im *Novus Ordo* hingegen drücken die Opferungsgebete als Zweck der Darbietung und Zuberei-

---

106 Ibid., übersetzt aus dem Englischen

107 Ibid.; wiederum übersetzt aus dem Englischen.

tung der Gaben lediglich den Empfang von Christi Leib und Blut aus, d.h. den Mahlaspekt. Da diese Gebete eine dermaßen begrenzte Absicht zum Ausdruck bringen, sind sie theologisch zweideutig und entsprechen nicht der vom Konzil von Trient gegebenen Warnung: „Wer sagt, in der Messe werde Gott kein wahres und eigentliches Opfer dargebracht, oder dass die Opferhandlung nichts anderes sei, als dass uns Christus zur Speise gegeben werde: Der sei mit dem Anathema belegt."[108]

Ein weiterer mangelhafter Aspekt des *Novus Ordo Missae* ist das Zweite Eucharistische Hochgebet, in dem der Sinn für das Opfer fast völlig abhandengekommen ist. Von protestantischer Seite wurde erklärt, dass sie die Liturgie des *Novus Ordo Missae* mit gutem Gewissen feiern können, wenn sie das Zweite Hochgebet zusammen mit den neuen Offertoriumsgebeten verwenden. Da sollten bei uns alle Alarmglocken läuten! Unter diesen Umständen kann man mit der Quadratur des Kreises, die Erzbischof Arthur Roche in einem im *Osservatore Romano* veröffentlichten Artikel vorgenommen hat, nicht fortfahren, da er behauptet hat, dass der *Novus Ordo Missae* ein Ausdruck der „Hermeneutik der Kontinuität" mit der früheren liturgischen Tradition sei. Hierbei hat er bemerkenswerterweise allen Fakten apodiktisch widersprochen und für die Unumstößlichkeit der folgenden Behauptung keinerlei Beweis geliefert: „In gewisser Weise bedient sich [der moderne Ritus] eines deutlicheren Vokabulars hinsichtlich der Opferdimension der Messe. Gegenteilige Behauptungen sind unbegründet."[109] Und doch würde kein Protestant die Messe jemals mit dem römischen Kanon und den alten Offertoriumsgebeten feiern! Im Jahr 1523 verfasste Luther die *Formula missae et communionis pro ecclesia Vuittembergensi*,

---

108 Sessio XXII, Kap. 1 (DH 1751)

109 *L'Osservatore Romano*, Ausgabe vom 12.12.2020. Übersetzt aus dem Engliθ schen.

einen neuen eucharistischen Ritus, in dem er die gesamte Anaphora, d.h. den römischen Kanon, verwarf und auf die Handlung des Segens und der Danksagung, auf die Präfation und die Worte des Abendmahls reduzierte. Ein lutherischer Historiker charakterisierte Luthers Neuordnung des Kanons als „die radikalste aller liturgischen Reformen Luthers. In einem einzigen kühnen Schritt hat er den Charakter der Liturgie in diesem Punkt völlig verändert. Das Heilige Abendmahl wird wieder zu einem Sakrament, einer Gabe Gottes, und ist nicht länger ein Gott dargebrachtes Opfer“.[110]

Viele anglikanische Gemeinschaften verwenden das Zweite Hochgebet des *Novus Ordo Missae*. Leider verwenden auch sehr viele katholische Priester nur das Zweite Hochgebet. Wollte man den Klerus befragen, so könnte man mit Erstaunen feststellen, dass viele die Messe nur mehr als ein Mahl betrachten. Diese protestantisierende Tendenz ist brandgefährlich und kann nicht geleugnet werden. In der Neuen Messe wird dem Aspekt des zwischenmenschlichen Austausches zuviel Bedeutung beigemessen, wodurch die sakrale Bedeutung der Handlung zunichtegemacht wird. Gleich zu Beginn der Messe macht der Priester das Kreuzzeichen mit Blick auf die Gläubigen, wodurch die Theozentrik der Messe geschwächt wird. Es ist auch üblich, dass die Priester einleitende Bemerkungen machen, was den erhabenen Sinn der liturgischen Feier weiter schwächt.

Eine Schmälerung des Opfercharakters der Messe entsteht auch durch die Form der Feier *versus populum*. Heute werden 99 Prozent der Zelebrationen *versus populum* gehalten! Diese Praxis vermittelt schon rein psychologisch gesehen das Gefühl, sich um einen Tisch zu versammeln und ein Mahl zu halten.

[110] Luther D. Reed, *The Lutheran Liturgy: A Study of the Common Liturgy of the Lutheran Church in America*, Muhlenberg, Philadelphia 1947, S. 340-341. Übersetzt aus dem Englischen.

Wenn man eine Kirche betritt, ohne dass man unbedingt etwas über die Messe weiß, und nur sieht, wie die Messe gefeiert wird, würde man schlussfolgern, dass es sich um eine Versammlung um einen Tisch handelt. Über das Verhältnis zwischen dem Opfercharakter der Messe und der modernen Form des dem Volk zugewandten Tisches bemerkt der große deutsche Liturgiewissenschaftler Monsignore Klaus Gamber:

> Heute möchte man verschiedentlich den Eindruck vermeiden, es könne sich bei der Mensa um einen Opferaltar handeln. Dies dürfte nicht zuletzt der Grund sein, warum auf diese, wie auf einen zu einem festlichen Essen oder zu einer Kaffeestunde gedeckten Tisch im häuslichen Kreis, ein Blumenstrauß sowie zwei oder drei Kerzen gestellt werden. Letztere werden überall, von ganz wenigen Ausnahmen abgesehen, auf der einen Tischseite angebracht, während die Vase mit dem obligatorischen Blumenstrauß die andere Seite einnimmt.
>
> Hier geht es nicht etwa um den Mangel an Symmetrie; der Sinn ist vielmehr ganz klar: Es sollen der Mahlcharakter der Eucharistiefeier betont und die bisherigen kultischen Elemente, die auf die Messe als Opfer hinweisen, zurückgedrängt werden.
>
> Durch eine gleichmäßige Aufstellung der Leuchter zu beiden Seiten der Mensa und noch mehr durch das in deren Mitte aufgestellte Kreuz bekäme der Altar eine Richtung, er wäre auf etwas bezogen. So aber stellt er optisch nur einen (Mahl-)Tisch dar, der im Raum aufgestellt ist und um den man sich versammelt. Dieser und vor allem der Mensch, der an ihm steht, werden so zum Beziehungspunkt, wobei ein deutlicher Hinweis auf das Transzendente, auf das, was „darüber hinaus ist“, fehlt.

Doch befand sich schon im Heidentum der Opferpriester regelmäßig vor dem Altar [und nicht etwa dahinter; Anm.]; er stand mit dem Rücken zum umstehenden Volk. Sein Blick war auf das Bild der Gottheit im Heiligtum gerichtet, der das Opfer galt. Ähnlich war es im Tempel zu Jerusalem. Auch hier stand der Priester, der das Schlachtopfer darzubringen hatte, vor dem großen Brandopferaltar im Tempelhof [genannt „Tisch des Herrn", vgl. Mal 1,12; Anm.] gegenüber dem Allerheiligsten mit der Bundeslade, dem Ort der Wohnung des Allerhöchsten.

Ein Mahl wird unter dem Vorsitz des Hausvaters im (Familien-)Kreis gefeiert, ein Opfer wird hingegen in allen Religionen von einem eigens dafür bestellten Liturgen vollzogen. Dieser ist aus der Menge herausgehoben und hat seinen Platz als ihr beauftragter Vertreter vor dem Altar, vor der Gottheit.[111]

In der gesamten Menschheitsgeschichte hat man sich in Richtung desjenigen gewandt, dem das Opfer gegolten hat, nicht aber in Richtung der Mitmenschen. Wie die frühe Kirche über diese Angelegenheit dachte, beschreibt Origenes in seinen Erläuterungen zum Buch Numeri (10,2): „Derjenige, der vor dem Altar steht, zeigt durch seine Stellung an, dass er priesterliche Aufgaben wahrnimmt. Es ist das Amt des Priesters, für die Vergebung der Sünden des Volkes zu beten."

Die Messe als Opfer bekundet und offenbart die höchste, die krönende Gottesverehrung der wahren Religion, die das katho-

[111] Klaus Gamber, *Die Alte Messe – immer noch? Überlegungen zu Volksaltar, Konzelebration und Massengottesdienst im Freien*, Pustet, Regensburg, 1982, S. 21-22; der letzte Absatz kommt in keinem der sechs Hefte der Reihe „Liturgie heute" (hier zitiert der 3. Band) vor und entspringt einer englischsprachigen Kompilation von Gambers Werken, *The Reform of the Roman Liturgy*, S. 174.

lische Christentum ist. Der Dominikanerprediger J. L. Monsabré hat diese Wahrheit auf eine ganz ergreifende Weise formuliert:

> Die Messe – sie ist die Gesamtheit aller antiken Opfer, in die sich der Strom religiöser Handlungen, der die Menschheit mit ihrem Gott verband, unterteilt hatte: ein einziges Opfer, zugleich ein Brandopfer, eine Friedensopfer und ein Sühnopfer. Die Messe ist das Kreuzesopfer, das näher zu uns gebracht wird, damit wir in unserem Glauben von einer mühsamen Rückbesinnung auf eine ferne Vergangenheit bleiben, damit unsere Anstrengungen nicht allzu leicht durch unsere Schwäche oder Nachlässigkeit gelähmt werden. Die Messe ist das Sich-Hinopfern eines Gottes, der in gewissem Sinne in unsere Hände gelegt wird, damit wir an ihm teilhaben können. […] Die Messe ist ein Gott, der anbetet, ein Gott, der dankt, ein Gott, der versöhnt, ein Gott, der inständig fleht. Die Messe ist die höchste Vollendung, die Krone unserer Gottesverehrung.[112]

Das Messopfer ist die wahre Sonne der Welt, gewissermaßen der geistige Blitzableiter der Welt, das geistliche Zentrum der Welt. Die katholische Messe ist unbezwingbar, haben doch die vielen äußeren Verfolgungen im Laufe von 2000 Jahren sie nicht zerstören können. Und selbst die Verfolgungen innerhalb des kirchlichen Lebens heute haben diese älteste Form, diese beständige Form, die sicherste und in ausdrucksstärkster Weise opferorientierte liturgische Form der Heiligen Messe nicht zerstören können.

Die folgenden Worte des Ehrwürdigen Dieners Gottes, Erzbischof Fulton Sheen, die von tiefem Glauben und brennender

[112] *Esposizione del dogma cattolico. Conferenze.* Vol. 12: *Eucaristia*, Marietti, Turin-Rom 1950, S. 155. Übersetzt aus dem Englischen.

Liebe für das Heilige Messopfer zeugen, verdienen eine eingehende Betrachtung:

> Daher ist die Messe für uns der krönende Akt christlicher Gottesverehrung. Eine Kanzel, auf der die Worte Unseres Herrn wiederholt werden, vereinigt uns nicht mit Ihm; ein Chor, der uns süße Empfindungen vorsingt, bringt uns Seinem Kreuz nicht näher als Seinem Gewand. Ein Tempel ohne Opferaltar ist bei den Urvölkern nicht existent und bei den Christen bedeutungslos. Und so ist in der katholischen Kirche der Altar – nicht Kanzel, Chor oder Orgel – das Zentrum des Gottesdienstes, denn dort wird das Gedächtnis Seiner Passion nachvollzogen. Sein Wert hängt nicht von dem ab, der es ausspricht, oder von dem, der es hört; er hängt von Dem ab, der der einzige Hohepriester und das einzige Opfer ist, von unserem Herrn Jesus Christus. Mit Ihm sind wir trotz unserer Nichtigkeit vereint; in gewissem Sinne verlieren wir für den Moment unsere Individualität; wir vereinen unseren Verstand und unseren Willen, unser Herz und unsere Seele, unseren Leib und unser Blut so innig mit Christus, dass der himmlische Vater nicht so sehr uns mit unserer Unvollkommenheit sieht, sondern vielmehr uns in *Ihm*, dem geliebten Sohn, an dem Er Wohlgefallen hat. Die Messe ist deshalb das größte Ereignis in der Geschichte der Menschheit; die einzige heilige Handlung, die die sündige Welt vor dem Zorn Gottes bewahrt, weil sie das Kreuz zwischen Himmel und Erde hält und so jenen entscheidenden Augenblick erneuert, in dem unsere traurige und tragische Menschennatur plötzlich zur Fülle des übernatürlichen Lebens aufstieg.
>
> An dieser Stelle von Bedeutung ist es für uns, die richtige geistige Haltung gegenüber der Messe einzunehmen und uns an die wichtige Tatsache zu erinnern, dass das Kreuzes-

opfer nicht einfach etwas ist, das vor 1900 Jahren geschah. Es geschieht immer noch. Es ist nicht etwas Vergangenes wie die Unterzeichnung der Unabhängigkeitserklärung; es ist ein ständig fortdauerndes Drama, bei dem der Vorhang noch nicht gefallen ist. Wir sollten nicht glauben, dass es vor langer Zeit geschehen ist und uns deshalb nicht mehr angeht, als irgendetwas anderes in der Vergangenheit. *Golgotha betrifft alle Zeiten und alle Orte.* [...] Wir waren uns vielleicht nicht bewusst, dass wir an jenem Tag auf dem Kalvarienberg anwesend waren, aber Er war sich unserer Anwesenheit bewusst. Erst heute kennen wir die Rolle, die wir beim Theater von Golgotha gespielt haben, und zwar durch die Art und Weise, wie wir hier und jetzt, im Theater des 20. Jahrhunderts, leben und handeln.

Das ist der Grund, warum Golgotha aktuell ist: warum das Kreuz die Krise ist; warum gewissermaßen die Wunden noch offen sind; warum der Schmerz in Person, vergöttlicht, noch immer aufrecht steht und warum noch immer Blut wie Sternschnuppen auf unsere Seelen tropft. Es gibt kein Entrinnen vor dem Kreuz, nicht einmal, indem man es verleugnet, wie es die Pharisäer taten; nicht einmal, indem man Christus verkauft, wie es Judas tat; nicht einmal, indem man Ihn kreuzigt, wie es die Henker taten. Wir alle schauen es an, um es entweder zu unserer Erlösung anzunehmen oder davor ins Elend zu fliehen.

Aber wie wird es sichtbar gemacht? Wo werden wir Golgotha verewigt finden? Wir werden Golgotha, wie wir gesehen haben, von neuem gegenwärtig, von neuem vollzogen, von neuem dargebracht finden – und zwar in der Heiligen Messe. Golgotha ist eins mit der Messe und die Messe ist eins mit Golgotha, denn in beiden gibt es denselben Priester und dasselbe Opfer. Die Sieben Letzten Worte sind dabei wie die sieben Teile der Messe: Wie es in der Musik sieben Töne gibt, die eine unendliche Vielfalt von Harmonien und Kombinationen zulassen, so gibt es auch am Kreuz sieben göttliche Töne, die der sterbende Christus über die Jahrhunderte hinweg erklingen ließ; und erst miteinander verbunden ergeben sie die wunderbare Harmonie der Erlösung der Welt.

Jedes Wort ist Teil der Messe. Das erste Wort „Vergib ihnen" ist das Confiteor; das zweite Wort „Heute im Paradies" ist das Offertorium; das dritte Wort „Siehe, deine Mutter" ist das Sanctus; das vierte Wort „Warum hast du mich verlassen" ist die Wandlung; das fünfte Wort „Mich dürstet" ist die Kommunion; das sechste Wort „Es ist vollbracht" ist das *Ite, missa est*, und das siebte Wort „Vater, in Deine Hände" ist das Schlussevangelium.

Stellt euch also den Hohepriester Christus vor, wie Er die Sakristei des Himmels verlässt, um zum Altar von Golgotha zu gehen. Er hat bereits das Parament unserer menschlichen Natur angelegt, den Manipel unseres Leidens, die Stola des Priestertums, das Messgewand des Kreuzes, Golgotha ist dann Seine Kathedrale; der Felsen von Golgotha ist der Altarstein; die sich rot färbende Sonne ist die Lampe des Heiligtums; Maria und Johannes sind die lebendigen Seitenaltäre; die Hostie ist Sein Leib; der Wein ist Sein Blut. Er steht aufrecht als Priester, doch liegt darnieder als Opfer. Seine Messe beginnt jetzt.[113]

[113] *Calvary and the Mass. A Missal Companion*, P.J. Kenedy & Sons, New York, 1936, S. 5-7; eigene Übertragung.

5. Die Messe ist Schönheit

Der Augenblick des Kreuzesopfers, und damit die Heilige Messe, ist der erhabenste Akt der Verherrlichung Gottes und damit der Herrlichkeit Gottes, die den vollen Glanz übernatürlicher Schönheit in sich trägt. Jesus selbst sagte von Seinem Opfer am Kreuz: „Jetzt ist Meine Seele in Bangigkeit, und was soll Ich sagen? ‚Vater, rette Mich aus dieser Stunde!' Doch darum bin Ich in diese Stunde gekommen[:] Vater, verherrliche Deinen Namen! Da kam eine Stimme vom Himmel: Ich habe verherrlicht und wieder werde Ich verherrlichen!" (Joh 12,27–28); und „Vater! Die Stunde ist gekommen, verherrliche Deinen Sohn, damit Dein Sohn Dich verherrliche. [...] Und jetzt, verherrliche Du Mich, Vater, bei Dir selbst mit der Herrlichkeit, die Ich bei Dir hatte, ehe die Welt war!" (Joh 17,1;5) Über die Passion Christi rief der heilige Augustinus: „Lasst uns den Bräutigam lieben! Je entstellter Er uns dargestellt wird, desto prächtiger, desto lieblicher ist Er für Seine Braut geworden."[114] In Christus, der am Kreuz leidet, finden wir Schätze geistlicher Schönheit. Wie der heilige Bonaventura sagt: „Ein herrlicher Schatz, eine kostbare Perle ist Dein Herz, o gütigster Jesus, eine Perle, die wir gefunden haben, da aufgegraben ward der Acker Deines Leibes."[115]

Unter der Betrachtung von alledem ist immer wieder von neuem zu beten: „Gib wieder mir die Freude Deines Heiles" [Ps 50,14 VUL; Anm. d. Autors], indem du der Biene nach-

[114] *Predigt über Jesaja*, 44,4.

[115] *Des hl. Bonaventura Werke in 8 Bänden*, hg. v. P. Elzear Schulte, Dietrich von Hildebrand u. Siegfried Johannes Hamburger, Theatiner-Verlag, München 1923, Band 1: *Des hl. Bonaventura mystisch-ascetische Schriften – 1. Teil*, S. 44 (*Der mystische Weinstock*, Kap. 3, Nr. 3).

> ahmest, die unter dem Fliegen stets ein gewisses Tönen bewahrt und nicht eher still wird, als bis sie in das Innere der Blüte gedrungen, wo sie des willkommenen Honigs Süßigkeit sammelt und einsaugt. O wie selig wirst du sein, wenn dir Einlass gewährt ist in unseres blühenden und süßesten Paradieses blutige Rosen, in Christi Wunden – wenn vom Lärm dieser Welt und der Versuchungen Ansturm du völlig frei zu werden vermagst und Ihn, zu dem du eingegangen, einzig geöffnet kosten kannst und verstehen, wie gut und wie süß Jesus ist![116]

In einer tiefgründigen Reflexion über die theologische Bedeutung der Schönheit spricht Kardinal Ratzinger über jene Schönheit, die sich in der Passion Christi offenbart. Er sagt:

> Die Erfahrung des Schönen hat [hier] eine neue Tiefe und einen neuen Realitätsbezug erhalten. Derjenige, der die Schönheit selbst ist, ließ sich ins Gesicht schlagen, bespucken, mit Dornen krönen; anhand des Turiner Grabtuchs kann man sich das überaus realistisch vorstellen. Doch in seinem so entstellten Gesicht erscheint die echte, äußerste Schönheit: die Schönheit der Liebe, die „bis zum Ende" geht.[117]

Die Heilige Messe vergegenwärtigt diese unaussprechliche geistliche Schönheit des Opfers Christi, das der heilige Paulus als „Gabe und Opfer, Gott zu lieblichem Wohlgeruch" (Eph 5,2) bezeichnet. Die Heilige Messe verströmt den süßen Duft dieses Opfers, wie es im traditionellen Opferungsgebet heißt: „Wir bringen Dir, Herr, den Kelch des Heiles dar, und flehen Deine Milde an, dass er zum Angesicht Deiner göttlichen Majestät für

---

[116] Ibid., S. 102-103 (*Der mystische Weinstock*, Kap. 24, Nr. 2)

[117] Grußwort von Kardinal Joseph Ratzinger an die *Communione e Liberazione*-Konferenz in Rimini vom 24.-30.8.2002; übersetzt aus dem Englischen.

unser und der ganzen Welt Heil mit süßem Wohlgeruch emporsteige." Der Glanz der wahren Schönheit erstrahlt in diesem höchsten Akt der Liebe, den Christus, der Gottmensch, in Seinem Kreuzesopfer vollbracht hat. Papst Benedikt XVI. betonte die untrennbare Verbindung zwischen dem Erlösungsopfer Christi und der geistlichen Schönheit, als er schrieb:

> Die Gedächtnisfeier des Erlösungsopfers trägt die Züge jener Schönheit Jesu in sich, die Petrus, Jakobus und Johannes uns bezeugt haben, als der Meister Sich auf dem Weg nach Jerusalem vor ihnen verklärte (vgl. Mk 9,2). Die Schönheit ist demnach nicht ein dekorativer Faktor der liturgischen Handlung; sie ist vielmehr ein für sie konstitutives Element, insofern sie eine Eigenschaft Gottes Selbst und Seiner Offenbarung ist. All das muss uns bewusst machen, mit welcher Sorgfalt darauf zu achten ist, dass die liturgische Handlung ihrem Wesen gemäß erstrahlt.[118]

Der heilige Johannes Chrysostomus hat einmal gesagt, dass die Heilige Messe die Schönheit des Himmels auf Erden darstellt. Er nennt das Gebäude der Kirche „einen Ort der Engel, einen Ort der Erzengel, einen Palast Gottes, den Himmel selbst".[119] Er liefert den Gläubigen die folgende Erklärung:

> Wie wenn dir jemand den Himmel öffnete und dich hineinführte, und wenn du dort auch deinen Vater, deinen Bruder erblicktest, und du es nicht wagen würdest, sie anzuspre-

---

[118] Nachsynodales Apostolisches Schreiben *Sacramentum Caritatis*, Nr. 35.

[119] *Ausgewählte Schriften des heiligen Chrysostomus*, Verlag der Jos. Kösel'schen Buchhandlung, Kempten 1881, Band 5: *Homilien über den Ersten Brief an die Korinther*, aus dem Urtext übersetzt von Joh. Chr. Mitterrußner, S. 644 (Homilie 36, Kap. 14, V. 33).

> chen, so soll auch hier nichts anderes gesprochen werden als heilige Dinge; denn auch hier ist der Himmel. [...] So sollst auch du noch vor jener Stunde [der Wandlung], von heiligem Schauer ergriffen, dich zum Himmel erheben, ehe noch die Vorhänge beseitigt sind und du die Chöre der Engel einherschreiten siehst.[120]

Der selige Ivan Merz bestätigt es:

> Die Schönheit der katholischen Riten ist so überwältigend, dass jeder, der nur einmal ihren Zauber gespürt hat, in seiner Seele das Verlangen verspürt, alles hinter sich zu lassen und sein Leben dem liturgischen Gebet zu widmen, Tag und Nacht ohne Unterlass das Lob der Allerheiligsten Dreifaltigkeit zu singen. In der Kirche, während der Heiligen Messe, fühlt man sich wie auf einer Insel inmitten des aufgewühlten Meeres, auf der Insel der Wahrheit und des wahren Lebens.[121]

Der Selige fügt hinzu:

> Die Liturgie ist die größte künstlerische Schöpfung der Welt und sie ist auch die zentrale Kunst, denn sie stellt auf kunstvolle Weise das Leben Christi dar, der ja Mittelpunkt der Geschichte ist. Unsere heilige Liturgie ist der künstlerische Abglanz des inneren Lebens Gottes. Sie ist daher die Kunst schlechthin, denn sie ist lebendig, wie unser Herr es ist. So wie die Theologie die zentrale Wissenschaft ist, so ist die Liturgie die zentrale Kunst. Die Liturgie ist ein kunstvolles Ganzes, an dem alle anderen Künste teilhaben und auf welche sie ihren Einfluss ausübt. Sie

---

[120] Ibid.

[121] *Erwägungen*, vom Postulator für die Causa seiner Seligsprechung veröffentlicht; übersetzt aus dem Englischen.

ist der Ausdruck der Seele der Kirche; man könnte ohne weiteres die Theorie der Kunst auf die Liturgie gründen.

Einer der großen eucharistischen Heiligen, der heilige Peter Julian Eymard, gibt uns dieses leuchtende Zeugnis über den wahren Geist der Liturgie:

> Die Kirche begnügt sich nicht damit, ihren Glauben allein durch die Anbetung zu bezeugen; sie fügt dem noch öffentliche und prächtige Ehrenbezeugungen hinzu.
>
> Die herrlichen Basiliken sind der Ausdruck ihres Glaubens an das Allerheiligste Sakrament. Sie wollte keine Gräber, sondern Tempel bauen, einen Himmel auf Erden, in dem ihr Erlöser und Gott einen Ihm würdigen Thron findet. [...] Alles ist von Wichtigkeit und von Bedeutung, alles ist himmlisch, wenn es um die wirkliche Gegenwart Jesu Christi geht: Sie will alles, was die Welt an Unverfälschtem und Kostbarem zu bieten hat, dem königlichen Dienst Jesu weihen. In ihrer Liturgie ist alles mit diesem Geheimnis verbunden, alles nimmt eine geistliche und himmlische Gestalt an; alles hat eine ihm eigene Beschaffenheit und enthält eine besondere Gnade.
>
> Wie leicht ist es für die Seele, sich in der Einsamkeit und Stille der Kirche zu besinnen! Eine Versammlung von Heiligen, die vor dem Tabernakel knien, lässt uns ausrufen: „Hier ist mehr als Salomo, mehr als ein Engel!" Jesus Christus ist hier, vor Dem jedes Knie sich beugt im Himmel, auf der Erden und unter der Erden. In der Gegenwart Jesu Christi im Allerheiligsten Sakrament verschwindet alle Größe, alle Heiligkeit erniedrigt sich und wird zu nichts. Jesus Christus ist hier![122]

[122] *The Real Presence: Eucharistic Meditations*, Emmanuel Publishing, Cleveland, OH, o. J., „The Testimony of the Church", S. 43-44; hier und weiter aus dieser englischen Fassung übertragen.

Das eucharistische Opfer kann unter einfacheren Bedingungen gefeiert werden, wie es in der Wüste bei den Einsiedlern war, oder heimlich in einer Gefängniszelle oder in einem katholischen Familienhaus oder sogar an bestimmten Orten, wie es war und immer noch ist, wo die Kirche verfolgt wird oder öffentliche Gottesdienste verboten sind. Die höchste geistliche Schönheit des eucharistischen Opfers und seiner Feier erfordert jedoch auch eine äußere Schönheit, einen angemessenen Rahmen von architektonischer Schönheit. Papst Benedikt XVI. hat dies in Erinnerung gerufen:

> Es ist wirklich nicht vermessen, wenn man in einer auf Gott hin konzentrierten Liturgie, in den Riten und Gesängen, ein Abbild des Ewigen sieht. Wie sonst hätten unsere Vorfahren vor Hunderten von Jahren einen so erhabenen Kirchenraum schaffen können wie diesen?! Hier zieht schon die nüchterne Architektur all unsere Sinne hinauf zu dem, „was kein Auge gesehen und kein Ohr gehört hat, was keinem Menschen in den Sinn gekommen ist: das Große, das Gott denen bereitet hat, die Ihn lieben" (1 Kor 2,9).[123]

Das Konzil von Trient erläuterte den geistlichen und seelsorglichen Nutzen, der sich aus der richtig verstandenen Verehrung von Bildern ergibt:

> Durch die in Gemälden oder anderen Abbildungen ausgedrückten Geschichten der Geheimnisse unserer Erlösung wird das Volk darin erzogen und bestärkt, sich der Glaubensartikel zu erinnern und sie unermüdlich zu verehren. Dann aber wird aus allen heiligen Bildern ein großer Nutzen

[123] Ansprache Papst Benedikts XVI. beim Besuch der Abtei Heiligenkreuz am 9.9.2007.

> gezogen, nicht nur, weil das Volk an die Wohltaten und Geschenke erinnert wird, die ihm von Christus erwiesen wurden, sondern auch, weil den Gläubigen durch die Heiligen Gottes Wunder und heilsame Beispiele vor Augen geführt werden, sodass sie Gott für diese Dank sagen, ihr Leben und ihre Sitten auf die Nachahmung der Heiligen ausrichten und dazu angespornt werden, Gott anzubeten und zu lieben und die Frömmigkeit zu pflegen. Wer aber diesen Beschlüssen Entgegengesetztes lehrt oder denkt, der sei mit dem Anathema belegt.[124]

Über die Jahrhunderte hinweg war die Kirche eine große Förderin der Künste, weil sie immer an die Bedeutung der Schönheit in der Liturgie und für die Liturgie geglaubt hat als Mittel, Gott auf sichtbare Weise die größtmögliche Ehre zu erweisen, und als geeignetes Werkzeug zur Unterweisung und zum Trost im Glauben.

Dic sakrale Kunst ist ihrem Wesen nach christologisch und muss die geheimnisvolle Wahrheit der Kirche als mystischer Leib Christi in der Heilsökonomie zum Ausdruck bringen. In einem neueren Werk hat der Kunsthistoriker Tibor I. Szabó diesen Aspekt der sakralen Kunst hervorgehoben, nämlich dass sie die gesamte Heilsgeschichte in christologischer Hinsicht widerspiegeln muss, vom Garten Eden im Buch Genesis bis zum himmlischen Jerusalem in der Apokalypse des Johannes. Szabó schreibt:

> Ist aber der katholische Kirchenbau das Abbild des mystischen Leibes Christi, dann schließt seine Ikonographie diese beiden Orte als Beginn und Ende des Heilsplans mit ein, sprich: Elemente des Gartens Eden und des Himmlischen

[124] Sessio XXV, *Über die Anrufung, die Verehrung und die Reliquien der Heiligen und über die heiligen Bilder* (DH 1824).

> Jerusalem. Und dazwischen natürlich alle etappenrelevanten Meilensteine des Heilsplans wie die Arche, den Opferaltar (des Abraham, des Melchisedek und den jüdischen Opferaltar), das Bundeszelt und den Tempel – weil das alles heilsgeschichtlich aufeinander aufbauen muss, weil der Heilsplan von Gottes Seite her keine Bruchlinie erlaubt. Daher ist es so, dass das Himmlische Jerusalem als Schlussstein des christozentrischen Heilsgebäudes in allen früheren „Bauprojekten" Gottes als ein Vorausbild enthalten sein musste.[125]

Der katholische Glaube und die Liturgie haben einen ausdrücklich inkarnatorischen Charakter, weshalb die katholische Kunst und die Sakralbauten diesen auch zum Ausdruck bringen müssen. Dies unterscheidet einen katholischen Sakralbau deutlich von einem protestantischen, wie Szabó erklärt:

> Für den Protestanten ist das Wichtigste an den biblischen Personen das, was sie wörtlich sagen. Für den Katholiken aber ist das Tun Gottes am Menschen und seine Antwort darauf Vorbild für sein eigenes Verhalten und Handeln. Und so ist es eben gerade das Vorbildhafte, was das liturgische Tun des katholischen Priesters in geistigen Bildern anschaulich vermittelt – so etwa während der unblutigen Erneuerung des Kreuzesopfers Christi am Altar. In diesem Sinne ist der katholische Kirchenbau zugleich Wohnsitz Gottes unter den Menschen wie auch geistige Leiter (in beide Richtungen: auf die Erde herab und in den Himmel hinauf), wie das König Salomo über seinen Tempel richtig erkannte: „Siehe, der Himmel und aller Himmel Himmel können Dich nicht fassen, wie soll es denn dieses Haus tun, das ich für Dich ge-

[125] *Katholische bildende Kunst: Grundlagen–Theorie–Praxis. Studien zur Kunst der römisch-katholischen Kirche.* Sarto-Verlag, Wien 2021, S. 72.

> baut habe? […] Lass Deine Augen offenstehen über diesem Haus Tag und Nacht, von dem Du gesagt hast: Mein Name soll dort sein. O höre das Gebet, das Dein Knecht an diesem Ort vorbringt!" (vgl. 1 Kön 8).[126]

Wahre Kunst spiegelt die Schönheit wider, deren Quelle Gott ist. Er ist der Ursprung dieser Schönheit. Er ist ihr Schöpfer. Die Gesamtheit von Gottes schöpferischem Werk ist Kunst, auf Griechisch sagen wir *kósmos*. Das griechische Verb, das diesem Substantiv entspricht, bedeutet auch „schmücken, schön machen". Deshalb hat Gott alles schön gemacht, auch das Gute und Wahre, wie uns die thomistische Philosophie lehrt. Im Gloria der Messe singen wir *gratias agimus tibi propter magnam gloriam tuam*, „Wir sagen Dir Dank ob Deiner großen Herrlichkeit", d.h. um des Glanzes der Schönheit Gottes willen. Das Ziel der Kunst also muss immer die Verherrlichung Gottes sein. Deshalb bemühen wir uns, diesen Glanz Seiner Schönheit in der Liturgie zur Geltung zu bringen. Eine weltliche oder rein funktionale Wort- oder Kunstsprache sollte nicht zur Anwendung kommen, sondern vielmehr eine Sprache, die versucht, sich jener transzendenten Schönheit zu nähern, die sie zu feiern sucht. Deshalb sind alle Künste, vor allem die Musik, die Architektur, die Malerei und die Bildhauerei, dazu angehalten, Ordnung und Harmonie zu verkörpern und sich so zu Dienern der Liturgie zu machen.

In der Ostkirche haben wir die Ikonen. Die Ikonographen werden angehalten, innig zu beten und zu fasten, bevor sie mit ihrer Arbeit beginnen. Das dient dazu, sie zu inspirieren. In der orthodoxen Kirche spricht man nicht davon, eine Ikone zu „malen", sondern sie zu „schreiben", denn sie ist eine Art „fleischgewordenes Wort". Kunst muss zutiefst geistlich sein. Das Zwei-

[126] Ibid., S. 197-198.

te Konzil von Nizäa erklärt, dass Bilder zunächst eine geistige und erst dann eine materielle Realität darstellen. Die geistliche Realität, die hinter dem Bild steht, muss deswegen unterstrichen werden. Heilige Bilder sind ein Ausdruck des inkarnatorischen Charakters des Glaubens und damit der christlichen Liturgie, wie Kardinal Ratzinger betont hat:

> Die völlige Bildlosigkeit ist mit dem Glauben an die Menschwerdung Gottes nicht vereinbar. Gott ist in Seinem geschichtlichen Handeln in unsere Sinnenwelt hereingetreten, damit sie durchsichtig werde auf Ihn hin. Die Bilder des Schönen, in denen sich das Geheimnis des unsichtbaren Gottes versichtbart, gehören zum christlichen Kult. Gewiss wird es immer ein Auf und Ab der Zeiten geben, Aufsteigen und Absteigen, also auch Zeiten einer gewissen Kargheit in den Bildern. Aber ganz können sie nie fehlen. Ikonoklasmus ist keine christliche Option.[127]

Viele kennen den berühmten Roman *Der Name der Rose* des Schriftstellers Umberto Eco, in welchem er die Kontroverse zwischen dem heiligen Bernhard von Clairvaux und dem Abt Suger von Cluny über den für die Kirchen zu verfolgenden Stil beschreibt – zwischen Sugers Opulenz und Pomp und der Strenge des heiligen Bernhard. Ich persönlich denke, dass der heilige Bernhard in dieser Hinsicht zu extrem war. Auch ich glaube, dass eine gewisse Feierlichkeit und eine gewisse Fülle und Üppigkeit der Kunst wichtig sind.

Dabei müssen wir allerdings darauf achten, dass die Kunst nicht gegen die Schamhaftigkeit verstößt. Wir dürfen nicht vergessen, dass wir von der Erbsünde verwundet sind und an der Begierlichkeit des Fleisches leiden; wir sind keine Engel. Es ist

[127] *Der Geist der Liturgie*, 3. Teil, Kap. 1; S. 113.

nicht hilfreich, Bildern ausgesetzt zu sein, die uns am Beten hindern, oder künstlerischen Ausdrucksformen zu frönen, die zu sinnlich sind und die Fantasie ablenken. Vergessen wir nicht, dass die Kunst für alle da ist, auch für Kinder und Jugendliche sowie für ältere Menschen; wir sollten nicht so tun, als ob die ihrer Natur nach ungeordnete Begierlichkeit uns nicht betreffen würde. Das Konzil von Trient hat die Bischöfe ermahnt, keine sinnlichen und anstößigen Bilder in den Kirchen zuzulassen, da dies eine Gefahr für die Kleinen darstellt: „Ferner soll jeder Aberglaube bei der Anrufung der Heiligen, der Verehrung der Reliquien und dem heiligen Gebrauch der Bilder beseitigt, jeder schändliche Gelderwerb ausgeschaltet und schließlich jeder verführerische Charme beim Malen der heiligen Bilder gemieden werden.“[128]

Der Kunsthistoriker und Künstler Rodolfo Papa hat den Unterschied zwischen religiöser Kunst und sakraler Kunst hervorgehoben und formuliert:

> Die sakrale Kunst ist der Gipfel der religiösen Kunst, d.h. die religiöse Kunst schließt die sakrale Kunst in sich ein, aber nicht umgekehrt. Man könnte also sagen, dass religiöse Kunst und sakrale Kunst dasselbe Verhältnis haben, das ein Gedicht über Gott und ein Gebet verbindet bzw. trennt: Wie das Gedicht ist auch das Gebet schön, aber es hat eine andere spezifische Identität. Das Attribut „sakral“ wird in der Tat in erster Linie dem Gottesdienst, den Riten und entsprechenden Orten zugeschrieben, und ebenso der „sakralen“ Kunst und ihren Werken. Mit anderen Worten: Religiöse Kunst wird „sakral“, wenn sie auf den heiligen Gottesdienst, auf die heiligen Riten, auf die heiligen Orte ausgerichtet ist, so dass

[128] Sessio XXV (DH 1825).

> sie „mit der gebührenden Ehrerbietung und Herrlichkeit den Erfordernissen der heiligen Gebäude und Riten dient".[129]

Die Kunst muss unsere Seelen zu Gott erheben, *elevatio animae ad Deum*. Heute halten wir unsere Betrachtung auch im Westen oft vor Ikonen, die aus der Tradition der Ostkirchen stammen. Vielleicht liegt das daran, dass uns diese Kunstform geistlicher und weniger fleischlich erscheint, als wir es gewohnt sind, zumindest seit der Renaissance, als eine eher naturalistische und anthropozentrische Bewegung dazu führte, dass die Kunst, meiner Meinung nach, zu weltlich geworden ist. Wir sollten zwar nicht in das entgegengesetzte Extrem eines körperlosen Spiritualismus verfallen, aber wir dürfen auch nicht vergessen, dass wir keine reinen Tiere sind und dass der edelste Teil unseres Wesens die vernunftbegabte Seele ist, die Vorrang vor dem Körper haben muss. Sonst verfallen wir dem Heidentum. Durch Seine Menschwerdung hat Christus unsere Körperlichkeit erhöht und vergeistigt, wobei die Seele Vorrang vor dem Körper hat und ihn leitet. Natürlich stellt die orthodoxe Kirche auch Körper dar, aber doch nicht so, wie wir es in der Renaissance in der bildenden Kunst sehen, die von einer gewissen Fleischlichkeit geprägt ist. Betrachten Sie einmal die Kunst vor der Renaissance, z.B. Fra Angelico, Duccio di Buoninsegna, Cimabue und Piero della Francesca. Beispiele aus der Spätgotik sind der *Flügelaltar des Mystischen Lammes* von Jan van Eyck, der für die St.-Bavo-Kathedrale in Gent (Belgien) gemalt wurde, die *Marienkrönung* von Enguerrand Quarton oder Charonton, ein Auftragswerk für den Dreifaltigkeitsaltar in der Kartause von Villeneuve-lès-Avignon (Frankreich) und das *Allerheiligenbild am Landauer Altar* von Albrecht Dürer, ein Auftragswerk für

[129] „Betrachtungen über die Grundlagen der sakralen Kunst", *Euntes docete,* 3 (1999), S. 331; aus der englischen Fassung.

eine der Heiligsten Dreifaltigkeit gewidmete Kapelle in Nürnberg (Deutschland). Diese Gemälde vermitteln eine einzigartige geistliche Schönheit und sind sehr hilfreich für das Gebet sowie für die Betrachtung der Glaubenswahrheiten. Auch die Holzbildhauer der Gotik haben großartige Werke hinterlassen, wie den *Marienaltar* von Veit Stoß, den größten gotischen Altar der Welt, der sich in der Marienkirche in Krakau (Polen) befindet, oder den *Heilig-Blut-Altar* von Tilman Riemenschneider in der Jakobskirche in Rothenburg ob der Tauber (Deutschland). Auch die Glasfenster aus der Gotik haben einen bleibenden religiösen Wert. Die Meisterwerke der gotischen Architektur, die in vielen berühmten europäischen Kathedralen und Kirchen zu bewundern sind, bilden einen eindrucksvollen künstlerischen Ausdruck der Schönheit des Glaubens, der in jedem Zeitalter gültig ist.

Während der Gegenreformation nach dem Konzil von Trient entstand eine andere Art von Kunst, die ich als vergeistigter bezeichnen würde als die Kunst des großen Michelangelo Buonarroti, die zuweilen übermäßig sinnlich erschien. Sogar einige der Gemälde von Michelangelos berühmtem *Jüngsten Gericht* wurden nach seinem Tod auf Wunsch einer Kommission von Kardinälen „abgedeckt", die am 21. Januar 1564 feststellte: „Die Gemälde in der Apostolischen Kapelle sollen abgedeckt werden, wenn sie etwas Unanständiges zeigen." Die Kardinäle setzten damit ein Dekret des Konzils von Trient um. Nach diesem Konzil nahm die Kunst wieder den sakralen und geistlichen Charakter an, der für die kirchliche Tradition in Ost und West typisch war. Zu erwähnen ist auch die Kunst der Jesuiten, z.B. die Werke des Jesuitenbruders Andrea Pozzo in Rom oder die Meisterwerke der sakralen Kunst in den Jesuitenkirchen in Europa und Lateinamerika (z.B. in den Schulen von Quito, Cusco, Chilote) im 16. bis 18. Jahrhundert. Diese Werke wurden auch als „Kunst der Gegenreformation" bezeichnet; in ihnen zeigt sich eine inkarnatorische und doch stärker vergeistigte Form der Kunst. Weltberühmte Künstler malten sakrale Bilder von hohem religiösem Wert, die die Seele zum Gebet und zur Betrachtung der von Gott geoffenbarten Wahrheiten anregten. Beispiele dafür sind das Bild des verlorenen Sohnes des niederländischen Malers Rembrandt oder das Bild der Unbefleckten Empfängnis des spanischen Malers Bartolomé Esteban Murillo.

Mit dem Spätbarock und dem Rokoko kam ein künstlerischer Überschwang, der bisweilen ablenken kann. Sicherlich hatten diese Stile auch ihre positiven Seiten, aber in ihnen ist doch ein gewisser weltlicher Einfluss zu erkennen. Im 19. Jahrhundert kam es erneut zu einer Restaurationsbewegung, aus der talentierte Künstler und Maler hervorgingen, die versuchten, den Vorrang des Geistigen und Göttlichen zu vermitteln. Zu nennen sind hier die Schule der sakralen Kunst der Benediktinerabtei Beuron in Deutschland (Beuroner Kunstschule), die eine mystische, liturgische und klösterlich-benediktinische Kunst pflegte, und die Nazarener-Bewegung, die von einer Gruppe deutscher Maler der Romantik im frühen 19. Jahrhundert übernommen wurde; Letztere wollte Authentizität und Spiritualität in der christlichen Kunst wiederbeleben. Im selben Jahrhundert gab es große katholische Künstler der Sakralarchitektur, die sich vom gotischen Stil inspirieren ließen, wie Augustus Pugin in England und Eugène Viollet-le-Duc in Frankreich, und im 20. Jahrhundert Antonio Gaudí in Spanien. Gaudí, dessen Seligsprechungsprozess im Gang ist, entwarf ein wahres architektonisches Meisterwerk, den „*Sühnetempel der Heiligen Familie*" (spanisch *Templo Expiatorio de la Sagrada Família*) in Barcelona, Spanien, der allgemein als Sagrada Família bekannt ist. 1915 sagte der päpstliche Nuntius, Monsignore Francesco Ragonesi, bei einem Besuch der Baustelle zu Gaudí: „Sie sind der Dante der Architektur und Ihr Werk ist eines der größten christlichen Gedichte in Steinen." Anlässlich der Einweihung dieser Basilika sprach Papst Benedikt XVI. in seiner Predigt über die enge Verbindung zwischen Glaube, Kunst und Gottesdienst und stellte Antonio Gaudí als herausragendes Beispiel eines katholischen Künstlers vor. Er sagte:

> In diesem Raum wollte Gaudí die Eingebung zusammenfassen, die er aus den drei großen Büchern erhielt, aus denen er als Mensch, als Gläubiger und als Architekt Nahrung zog: das Buch der Natur, das Buch der Heiligen Schrift und das Buch der Liturgie. So vereinte er die Wirklichkeit der Welt und die Heilsgeschichte, wie sie uns durch die Bibel berichtet und in der Liturgie vergegenwärtigt wird. [...] Gaudí zeigt uns durch sein Werk, dass Gott der wahre Maßstab des Menschen ist, dass das Geheimnis der wahren Originalität, wie er sagte, darin besteht, zum Ursprung zurückzukehren, der Gott ist. Indem er selbst in dieser Weise seinen Geist für Gott öffnete, konnte er in dieser Stadt einen Raum der Schönheit, des Glaubens und der Hoffnung schaffen, der den Menschen zur Begegnung mit Jenem führt, der die Wahrheit und die Schönheit Selbst ist. Der Architekt brachte seine Empfindungen so zum Ausdruck: „Nur eine Kirche kann die Gesinnung eines Volkes würdig repräsentieren, denn die Religion ist das Erhabenste im Menschen."[130]

Manche Menschen denken, dass die Einhaltung der Normen in der sakralen Kunst eine Einschränkung darstellt. Dem ist aber nicht so, denn das, was hier verfertigt wird, dient nicht der Selbstverwirklichung, sondern dem gemeinsamen Ge-

[130] Predigt von Papst Benedikt XVI. anlässlich der Heiligen Messe und Kirchweihe der Sagrada Família am 7.11.2010.

brauch der Gläubigen, und darüber muss die Kirche als rechtmäßige Hüterin wachen, damit die Seelen sich zur Anbetung aufschwingen können. Antonio Gaudí hat zu Recht festgestellt: „Originalität darf nicht angestrebt werden, denn dann wird sie zur Extravaganz." Die sakrale und liturgische Kunst setzt darum notwendigerweise die Treue des Künstlers zum Glauben voraus, wie Kardinal Ratzinger formuliert hat:

> Die reine Beliebigkeit kann es in der sakralen Kunst nicht geben. Formen der Kunst, die den *Logos* in den Dingen leugnen und den Menschen auf die erscheinende Sinnlichkeit fixieren, sind mit dem Sinn des Bildes in der Kirche unvereinbar. Aus der isolierten Subjektivität kann keine sakrale Kunst kommen. [...] Die Freiheit der Kunst, die es auch im enger umschriebenen Bereich der sakralen Kunst geben muss, ist nicht Beliebigkeit. Die Kunstfreiheit, die auch im enger umgrenzten Bereich der sakralen Kunst vonnöten ist, ist keine Angelegenheit des Mach-was-du-willst. [...] Ohne Glauben gibt es keine der Liturgie gemäße Kunst.[131]

Ein Beispiel für konkrete Regeln, die den wahren Geist der beständigen kirchlichen Tradition in Bezug auf die sakrale Kunst widerspiegeln, ist das Dokument *Instructiones Fabricae et Supellectilis Ecclesiasticae* (Bestimmungen zum Bau und zur Ausstattung von Kirchen), das 1577 vom heiligen Karl Borromäus verfasst wurde. Ein weiterer wichtiger Text ist *Sollicitudini Nostrae* (1745) von Papst Benedikt XIV. Der *Codex des Kanonischen Rechts* von 1917 (can. 1164) spricht von der notwendigen Einhaltung der „aus der christlichen Tradition und den Gesetzen der heiligen Kunst erhaltenen Formen" bei der Errichtung oder Restaurierung von Kirchen.

---

[131] *Der Geist der Liturgie*, S. 115-116.

In der orthodoxen Kirche ist für die Zurschaustellung von Kunstwerken vor den Gläubigen die Zustimmung des Bischofs, quasi ein Imprimatur, erforderlich (erinnern wir uns daran, wie Gott im Alten Testament sehr detaillierte Anweisungen über die Kunst an Seiner Wohnstätte gab). In seinem Motu proprio *Tra le Sollecitudini* kommt Papst Pius X. auf die Qualitäten der sakralen Musik zu sprechen; zu diesen zählt er die *Universalität*. Das heißt, ein bestimmtes Kunstwerk muss gleichsam spontan von allen als heilig und würdig anerkannt werden. Dieser Grundsatz lässt sich auch auf andere künstlerische Werke anwenden. Papst Pius XII. verurteilte bestimmte moderne Kunstwerke, die in Kirchen ausgestellt werden, als Verzerrung der wahren sakralen Kunst und erklärte:

> Wir müssen jedoch im Bewusstsein Unserer Pflicht unbedingt die jüngst da und dort geförderten Bilder und Darstellungen missbilligen und zurückweisen, die eine Entartung und Entstellung gesunder Kunst zu sein scheinen, manchmal in offenem Widerspruch stehen zur christlichen Würde, Zurückhaltung und Frömmigkeit und den echt religiösen Sinn tief verletzen. Derartiges ist von unseren Gotteshäusern durchaus fernzuhalten und daraus zu verbannen, wie „überhaupt alles, was der Heiligkeit des Ortes abträglich ist".[132]

Wir müssen auch über die gegenwärtige Situation nachdenken, in der die Ausbildung vieler Bischöfe auf dem Gebiet der sakralen Kunst eindeutig unzureichend ist. Denken wir z.B. an das Erscheinungsbild vieler Kirchen, die in den letzten Jahrzehnten gebaut wurden, – sie sehen oft mehr aus wie Einkaufszentren

[132] *Mediator Dei*, Nr. 195.

als wie Kirchen. In einer Rede vor Künstlern im Jahr 1964 kommentierte Papst Paul VI. die Krise der sakralen Kunst, die durch einen Mangel an Glaubensgeist in den Künstlern und der daraus resultierenden Unfähigkeit entstanden war, sakrale Realitäten auszudrücken. Er sagte:

> Manchmal vergesst ihr das Grundprinzip, das eure Hingabe an den Ausdruck leiten soll; die Leute verstehen nicht, was ihr sagt, oft kennt ihr nicht einmal mehr euch selbst: Ihr bedient euch der Sprache von Babel, der Verwirrung. […] Und so sind wir sogar auf solche Abwege geraten, auf denen Kunst und Schönheit und – das ist für Uns das Schlimmste – die Gottesverehrung auf der Strecke geblieben sind.[133]

Gott hat die Unterscheidung zwischen dem Schönen und dem Hässlichen in unsere Seele eingeschrieben. Wenn wir abends am Meer stehen, wenn alles ruhig ist und sich die Sonne auf dem Wasser spiegelt, wissen wir alle, dass das wirklich schön ist. Wir könnten es objektive Schönheit nennen. Aber warum scheinen wir dann oft vor der objektiven Schönheit zu fliehen, wenn es um sakrale Kunst geht? Weil der Glaube geschwächt ist und weil das Übernatürliche in einer Zeit, in der der Naturalismus dominiert, fast völlig ausgeschlossen wird. Dies hat gleichsam die Trennung zwischen dem Sakralen und dem Profanen aufgehoben. Es handelt sich hier um eine sehr gefährliche Tendenz, die in den letzten Jahrzehnten die Kultur durchdrungen hat. Wir haben keine Gottesfurcht mehr, wir tauchen in die gefallene Natur ein und der Glaube wird geschwächt oder geht verloren. Wenn wir keine Gottesfurcht haben, verlieren wir den wahren Blick für die Wirklichkeit und den Glauben. Die Heilige Schrift

---

[133] Predigt bei der Messe für die Künstler in der Sixtinischen Kapelle am 7.5.1964; übertragen aus dem Englischen.

sagt uns: *Initium sapientiae timor Domini*, die Furcht des Herrn ist der Anfang der Weisheit (Ps 110,10). Wir brauchen Inseln, beispielsweise Kirchen, in denen die Menschen übernatürliche Luft atmen können. Die Seele sehnt sich nach dem Übernatürlichen, aber so viel von der zeitgenössischen Kunst, die heute in den Kirchen verwendet wird, hat diese Sehnsucht abgewürgt. Leider leben wir in einer Zeit der liturgischen Anarchie in allen Bereichen, auch in der Kunst: Wir können tun und lassen, was wir wollen, und das ist die Schuld der Hierarchie, die in der nachkonziliaren Zeit in ihrer Wachsamkeit nachgelassen hat; und dabei bedeutet das griechische Wort epískopos „Wächter". Die Hierarchie ist einer allgemeinen Tendenz zum Relativismus nachgerannt und hat dem Subjektivismus den Vorrang gewährt; sie hat die Idee der Exaktheit und Klarheit aufgegeben. Klare Vorgaben schränken den Künstler nicht ein, sondern geben ihm den nötigen Freiraum, um seine Kreativität zu entfalten. Künstler können heute wirklich großartige Werke schaffen, zumal die modernen technologischen Fortschritte es ihnen ermöglichen, sich mit so vielen verschiedenen künstlerischen Stilen und Sprachen vertraut zu machen und sie auf höchst würdige Weise für die Liturgie einzusetzen. Aber ein Künstler muss mit Gott als der Quelle seiner Kunst eng verbunden und von der traditionellen Liturgie als ständiger Inspiration durchdrungen sein.

Die Kirchen sollten immer in Schönheit erstrahlen und eine himmlische Atmosphäre hier auf Erden vermitteln. In diesem Tal der Tränen sollten wir sehen und uns daran erfreuen, dass sich in unseren Kirchen „der Himmel öffnet" – durch Kunst, Architektur, Musik und durch den Ritus selbst. In der Tat denkwürdig sind die folgenden Worte von Papst Benedikt XVI.:

> Eure Kathedrale ist ein lebendiger Gesang aus Steinen und Licht zum Lob dieses in der Menschheitsgeschichte einmali-

gen Ereignisses: Das ewige Wort Gottes tritt in der Fülle der Zeiten in die Geschichte der Menschen ein, um sie durch Seine Selbsthingabe im Kreuzesopfer freizukaufen. Unsere irdische Liturgie, die ganz auf die Feier dieses in der Geschichte einmaligen Ereignisses ausgerichtet ist, wird niemals vollständig dessen unendliche Fülle zum Ausdruck bringen können. Die Schönheit der Riten wird sicherlich niemals erlesen, gepflegt und durchdacht genug sein können, weil nichts zu schön sein kann für Gott, der die unendliche Schönheit ist. Unsere irdischen Liturgiefeiern können immer nur ein blasser Abglanz jener Liturgie sein, die im himmlischen Jerusalem, dem Ziel unserer irdischen Pilgerreise, gefeiert wird. Mögen unsere Gottesdienste ihr dennoch möglichst nahe kommen und Vorgeschmack auf sie sein![134]

Der Gebrauch der schönsten und kostbarsten Dinge für den Gottesdienst ist ein unverzichtbarer Ausdruck der Tugend des Glaubens und der Gaben der Frömmigkeit und Gottesfurcht. Nikolaus Gihr erklärt dies in seinem monumentalen Werk:

> [Vom Herrn] selber haben wir ja die Verheißung, dass Er im Neuen Bund das Gotteshaus mit Seiner Herrlichkeit erfüllen werde, und zwar mit einer viel größeren Herrlichkeit, als jene des alten Tempels zu Jerusalem war (Hag 2,8–10): Wenn nun schon das Volk Israel „freudig und aus ganzem Herzen alles geopfert hat" (1 Kön 24,9;24,17), um dem Herrn der Heerscharen einen prächtigen Tempel zu erbauen, dann müssen desto mehr die hochbegnadigten Kinder der Kirche alles tun und alles aufbieten, um den im Sakrament verborgenen Gott und Heiland nach Gebühr zu verherrlichen, da Er ja aus Lie-

[134] Predigt Papst Benedikst XVI. anlässlich der Vesper in der Kathedrale Notre-Dame de Paris am 12.9.2008.

be zu ihnen so tief und so huldreich Sich herablässt auf dem Altar.

Reicher Kultschmuck fördert sodann auch die Erbauung und das Heil der Menschen. Wird nämlich der Gottesdienst mit kostbaren Opfergeräten und Kirchengewändern gehalten, dann tritt die Erhabenheit der göttlichen Geheimnisse den Gläubigen lebendiger vor die Seele: Die Anwesenden werden dadurch mit tiefer Ehrfurcht vor den himmlischen Dingen erfüllt, andächtiger und feierlicher gestimmt, im Herzen erquickt. Auch aus diesem Grund feiert die Kirche ihren Gottesdienst mit großem Aufwand, um im gläubigen Volk die größtmögliche Hochschätzung und Verehrung der wundervollen Opfergeheimnisse zu wecken und zu nähren. „Die schönsten Kunstbauten, die reichsten Prachtbauten sind Seine Tempel; aus kostbarem Stein Seine Altäre, von künstlichem Schnitzwerk sind Seine Weihgefäße; von feinem und sauberem Leinen mit gesticktem Saum Seine Hüllen gefertigt; wie der König von seinem Hof, ist Christus hier von den Bildern der Heiligen umgeben; von Priestern und Ministranten in Feiergewändern wird Er bedient, im Glanz der Lichter, im Farbenschimmer der Blumen und im Duft des Weihrauchs, im Klang des Gesanges, im vielfältigen Getön der Orgel und im Schall des Geläutes" (Laurent).[135]

Die Kirche und so viele Heilige haben für den göttlichen Kult das Kostbarste aufgebracht, was greifbar war, aber gleichzeitig haben sie immer große Sorgfalt und Nächstenliebe gegenüber den Armen und Bedürftigen geübt. Die Liebe zur Würde und Schönheit des Hauses des Herrn (vgl. Sam 25,8) ging Hand in Hand mit der Liebe zu den Armen, wie Gihr bekräftigt:

---

[135] Gihr, *Das Heilige Messopfer*, Lit.-asz. Teil, Abs. 1, §25, Nr. 3-4, S. 196-197.

So liebte die Kirche es allezeit, das Heiligtum des Herrn reich und prächtig auszustatten. Darüber hinaus hat sie jedoch keineswegs die Sorge für Arme und Leidende, diese lebendigen Tempel Christi, vergessen. Sie weiß, dass Christus in diesen Seinen bedürftigen Brüdern beschenkt und gepflegt werden will; darum hat sie milde Stiftungen, Anstalten und Vereine ohne Zahl zur Ausübung aller Werke der Barmherzigkeit ins Leben gerufen. Sie weiß auch, dass ein frommer, sittenreiner und wissenschaftlicher Klerus dem Haus Gottes zur schönsten Zierde gereicht: darum scheut sie kein Opfer und keine Mühe, um einen solchen heranzubilden. Das Vollkommenste ist es, das Eine zu tun und das Andere nicht zu unterlassen. So handelt die Kirche, indem sie Christum nicht bloß in den Armen und Hilfsbedürftigen, sondern auch in Seinem eucharistischen Opfer und Leben nach Kräften verherrlicht, und indem sie nicht nur vom Eifer für die Heiligkeit ihrer Diener, sondern auch vom Eifer für den Glanz ihres Gottesdienstes verzehrt wird. Schon in den ersten Jahrhunderten machte man der Kirche zum Dienst des Altares kostbare Geschenke. Trat aber große Not ein oder drohten Christenverfolger die Schätze des Heiligtums zu rauben, dann wurden dieselben als Almosen und Liebesgaben unter die Armen verteilt, wie z.B. aus der Geschichte des heiligen Laurentius hervorgeht.[136]

Ein leuchtendes Beispiel für den Eifer für den Glanz der Schönheit der heiligen Liturgie, verbunden mit der Liebe zur persönlichen Armut und der Liebe zu den Armen, finden wir im heiligen Franz von Assisi. In seinem Brief an die Oberen des Ordens der Minderbrüder schrieb er:

[136] Ibid., Nr. 4, S. 197.

> Die Kelche, die Korporalien, den Altarschmuck und alles, was zum Opfer gehört, sollen [die Kleriker] in kostbarer Ausführung haben. Und wenn irgendwo der Heiligste Leib des Herrn ganz armselig herumliegt, so soll Er von ihnen nach der Weisung der Kirche an kostbar ausgestatteter Stelle niedergelegt und verschlossen werden; sie sollen Ihn auch mit großer Verehrung zu den Kranken tragen und in rechter Unterscheidung anderen darreichen.[137]

Über Franziskus selbst berichtet einer der Chronisten:

> Einmal wollte er Brüder mit kostbaren Gefäßen durch die Welt schicken, damit überall, wo sie gewahr würden, dass der Preis unserer Erlösung ungeziemend aufbewahrt werde, sie Ihn an würdigem Ort bergen sollen.[138]

Die Verwendung der schönsten und kostbarsten Gegenstände für den Gottesdienst und für den Leib Christi ist ein unverzichtbarer Ausdruck der Liebe zu Gott. Die Frau im Evangelium, die das Haupt des Herrn mit kostbarem Öl salbte, ist ein Beispiel dafür. Im Markusevangelium lesen wir:

> [Als Jesus] zu Tisch saß, kam ein Weib mit einem alabasternen Gefäß voll kostbaren Salböls von echter Narde und zerbrach das Gefäß und goss das Salböl auf Sein Haupt. Es wurden aber einige unwillig und sprachen zueinander: Wozu ist diese Verschwendung der Salbe geschehen? Man hätte diese Salbe um mehr als 300 Denare verkaufen und den Armen

137 *Franziskus-Quellen*, hg. v. Dieter Berg u. Leonhard Lehmann, Verlag Butzon & Becker, Kevelaer 2009, S. 111 („Der erste Brief an die Kustoden").

138 Ibid., S. 408 (Thomas von Celano, Zweite Lebensbeschreibung oder Memoriale, Nr. 201).

geben können. Und sie murrten über sie. Jesus aber sprach: Lasst sie! Warum belästigt ihr sie? Sie hat ein gutes Werk an Mir getan. Denn die Armen habt ihr immer bei euch und könnt ihnen, wann ihr wollt, Gutes tun; Mich aber habt ihr nicht allezeit. Diese tat, was sie konnte; schon zum Voraus hat sie Meinen Leib zum Begräbnis gesalbt. Wahrlich, Ich sage euch, wo immer dieses Evangelium in der ganzen Welt wird gepredigt werden, da wird auch das, was sie getan hat, erzählt werden zu ihrem Gedächtnis (Mk 14,3–9).

Gihr liefert uns hierzu folgende Auslegung:

> Wer keinen Sinn oder kein Herz hat für die Zierde des Heiligtums, dessen religiöses Leben muss sehr verkümmert und lau sein. Wer über den Aufwand schmäht, der zur Verherrlichung des Gotteshauses und Gottesdienstes gemacht wird, ahmt den Judas nach. Dieser unselige Jünger ärgerte sich, als Magdalena mit kostbarer Narde Jesu Haupt und Füße salbte und sprach: „Warum hat man das Salböl nicht um 300 Denare verkauft und den Erlös davon den Armen gegeben?" […] In der Regel haben jene Katholiken, welche die wärmste, tätigste Nächstenliebe besitzen, auch den freigiebigsten, freudigsten Opfersinn für Schmuck und Ausstattung des Gotteshauses.[139]

Eine ähnliche Beobachtung machte der englische Schriftsteller Evelyn Waugh, als er nach der brutalen Christenverfolgung Mexiko besuchte und gleichzeitig mit den Spuren der Verwüstung

---

[139] Gihr, *Das Heilige Messopfer*, Liturg.-asz. Teil, Abs. 1, §25, Nr. 5, S. 198. Im Evangelium des heiligen Markus (6,37) ist zu lesen, dass 200 Denare ausreichen, um mindestens 5000 Menschen zu ernähren; mit 300 Denaren könnte man folglich mindestens 7500 Menschen ernähren.

in den Kirchen auch die Anstrengungen der einfachen Gläubigen sah, die Schönheit des Gotteshauses wiederherzustellen:

> Wozu diese Verschwendung? Die Antwort war ganz einfach auf dem Türsturz eingemeißelt: A.M.D.G., zur größeren Ehre Gottes. Das glanzvolle Zeitalter des geschulten und zielgerichteten Handwerks, von Blattgold, Elfenbein und Majolika, war vorbei; es war nurmehr Sache der Bauern, die Erinnerung daran zu bewahren. Der innige Wunsch, den Geliebten mit Zierde auszustatten, ist nämlich ein Teil der Liebe, und wer in der Pracht der mexikanischen Dekoration nur die Selbstdarstellung einer klerikalen Kaste und die Unterdrückung eines Volkes sieht, der kennt die Liebe nicht.[140]

Der Römische Ritus in seiner traditionellen Form ist auch aus künstlerischer Sicht ein Meisterwerk, da er ein über Jahrhunderte und Jahrtausende organisch gewachsenes Werk darstellt, das weder drastische Neuerungen noch einen offensichtlichen Bruch mit der Vergangenheit aufweist. Martin Mosebach schreibt in seinem berühmten Buch *Häresie der Formlosigkeit*, dass „die alte Liturgie selbst das allergrößte Bild ist und dass, sollte es überhaupt noch einmal eine bedeutungsvolle religiöse Kunst geben, diese Kunst aus der alten Liturgie hervorgehen wird".[141]

Christus Selbst hat die Liturgie der Heiligen Messe mit einem künstlerischen Impuls bedacht, wie Mosebach feststellt:

> Christus [ist] nicht nur nach der Lehre der Kirche der eigentlich Handelnde der Liturgie, sondern [hat] die Liturgie von

[140] *Robbery Under Law: The Mexican Object-Lesson*, Chapman and Hall, London 1939, S. 213; übersetzt aus dem Englischen.

[141] *Häresie der Formlosigkeit. Die römische Liturgie und ihr Feind,* 2. Aufl., dtv Verlagsgesellschaft, München 2016, S. 120 (im Kapitel „Liturgie und Kunst").

> ihren ersten Augenblicken an durch Seine Handlungsweise mit einem künstlerischen Impuls ausgestattet[.] […] Dieser künstlerische Impuls [war es], der die Entwicklung und Ausformung der Liturgie aus ihren Kernhandlungen bis hin zu der großen lebendigen Ikone eines feierlichen Pontifikalamtes bewirkt hat.[142]

Wenn man schon weltliche Kunstwerke ehrfürchtig betrachtet und ihre Details nicht für entbehrlich hält, wieviel mehr muss das für das Kunstwerk des Messrituals gelten! Einer der Väter des Zweiten Vatikanischen Konzils, Bischof Carlos Eduardo de Sabóia Bandeira Melo von Palmas in Brasilien, machte während der Debatte über die Liturgie die folgende markante Bemerkung über den Römischen Ritus und die Schönheit der Kunst: „Die Struktur der Messe, so wie sie ist, stellt in literarischer, liturgischer, kirchenrechtlicher und juristischer Hinsicht ein Kunstwerk ersten Ranges dar. Aus welchem Blickwinkel auch immer sie betrachtet wird, sie ist eine Kunst. Sie ist ein vollkommenes Gedicht!“[143]

1971 richteten 56 prominente Persönlichkeiten aus der englischsprachigen Kulturszene einen historischen Appell an Papst Paul VI. und baten ihn, den Gebrauch des Römischen Ritus in seiner traditionellen Form zu erhalten. Eine der bekanntesten Persönlichkeiten unter den Unterzeichnern war die berühmte Krimiautorin Agatha Christie. Alle Unterzeichner waren Persönlichkeiten des öffentlichen Lebens, darunter Abgeordnete aller großen politischen Parteien, zwei anglikanische Bischöfe und mehrere Schriftsteller, Künstler und Musiker, wie Graham Greene, Colin Davis, Iris Murdoch, Vladimir Ashkenazy, Mal-

---

142 Ibid., S. 104.

143 *Concilii Vaticani II Synopsis*, S. 650.

colm Muggeridge, Yehudi Menuhin, Robert Graves und Nancy Mitford. Der Appell hatte eine – wenn auch bescheidene – Wirkung, später „Agatha-Christie-Indult" genannt. Damit erlaubte Papst Paul VI. eine sehr begrenzte Verwendung des traditionellen Messritus in England und Wales. Der Text des Appells bringt die Tatsache zum Ausdruck, dass der seit langem bestehende traditionelle Ritus nicht nur einen hohen theologischen Wert hat, sondern auch ein ganz außerordentliches kulturelles und künstlerisches Gut darstellt:

> Wenn ein unsinniges Dekret die vollständige oder teilweise Zerstörung von Basiliken oder Kathedralen anordnen würde, dann wären es natürlich die Gebildeten – welchen persönlichen Glauben auch immer sie hätten –, die sich mit Schrecken erheben würden, um sich einer solchen Möglichkeit zu widersetzen.
>
> Nun ist es so, dass Basiliken und Kathedralen gebaut wurden, um einen Ritus zu feiern, der bis vor wenigen Monaten eine lebendige Tradition darstellte. Wir beziehen uns auf die römisch-katholische Messe. […] Wir befassen uns an dieser Stelle nicht mit der religiösen oder spirituellen Erfahrung von Millionen von Menschen. Der fragliche Ritus hat mit seinem prächtigen lateinischen Text auch eine Vielzahl von unschätzbaren Leistungen in der Kunst inspiriert – nicht nur Werke der Mystik, sondern auch Werke von Dichtern, Philosophen, Musikern, Architekten, Malern und Bildhauern in allen Ländern und Zeiten. So gehört er zur universalen Kultur ebenso wie zu Kirchenmännern und bekennenden Christen. In dieser materialistischen und technokratischen Zivilisation, die das Leben des Verstandes und des Geistes in seiner ursprünglichen schöpferischen Ausdrucksform – dem Wort – immer mehr bedroht, erscheint es besonders

unmenschlich, die Menschheit um Wortformen in einer ihrer großartigsten Erscheinungsformen zu berauben.[144]

Die Heilige Messe ist ein Strahl der Schönheit in erster Linie wegen des herrlichen Glanzes, des göttlichen, geistlichen und moralischen Glanzes der höchsten Handlung des Opfers Christi Selbst. Diese Schönheit muss deshalb notwendigerweise im Ritus selbst, in der sakralen Kunst und in den sakralen Bauten zum Ausdruck kommen, da deren letzter Zweck darin besteht, die Schönheit Gottes und die Herrlichkeit Seines Erlösungswerkes in der Heiligen Messe zu offenbaren. Weil das Prinzip der „edlen Einfachheit", welches das Zweite Vatikanische Konzil eingeführt hat, falsch verstanden wurde,[145] leidet der *Novus Ordo Missae* an einem schweren Mangel, wenn es darum geht, den Glanz und die Schönheit der göttlichen Liturgie zum Ausdruck zu bringen. Der reformierte Ritus birgt in sich schlechthin nicht ausreichend jene immense kulturbildende Kraft, die der überlieferte Ritus eindeutig hatte und weiterhin hat. Die folgenden sehr aktuellen und wichtigen Worte von Martin Mosebach stellen eine bewundernswerte Synthese zu diesem Thema dar:

> Niemals wird die reformierte Liturgie und das, was sie schmückend hervorbringt, zu einer kulturellen Grundtatsache im Leben der Völker werden können, dazu ist sie zu blass, zu künstlich, zu wenig religiös, zu formlos. Auf der anderen Seite ist die alte Liturgie für die furchtbare Belastungsprobe, der sie ausgesetzt ist, nicht so schlecht gerüstet,

[144] Für eine kurze Genese und die hier wiedergegebenen Auszüge siehe https://de.wikipedia.org/wiki/Agatha-Christie-Indult; vgl. weiter in englischer Sprache Joseph Shaw, *The Case for Liturgical Restoration*, Angelico Press, Brooklyn (NY) 2019, S. 213-216.

[145] Vgl. *Sacrosanctum Concilium*, Nr. 34.

wie es uns beim Anblick der täglichen Misere scheinen mag. Der Kampf gegen die alte Liturgie hat uns zu größeren Einsichten in ihre Natur verholfen. Zunächst musste man es fast als Todesstoß empfinden, als die Liturgie aus den herrlichen alten Kirchen, die für sie geschaffen waren, vertrieben wurde. Aber dann sah man, dass es die Kirchen waren, die starben, wenn der sakrale Geist aus ihnen schwand – die Liturgie lebte in den kümmerlichsten Umgebungen weiter. Sie ist es ja, die alle Festlichkeit hervorbringt – die Kunst kann ihr wesentlich nichts hinzufügen. [...] [Eine] stille Messe nach dem Alten Ritus in einer Garage gelesen, [ist] feierlicher als das größte Kirchenkonzert mit geistlicher Garnierung. Was wir in einer Zeit ohne heilige Bilder, ohne heilige Räume, ohne heilige Musik begriffen haben, das ist, dass die alte Liturgie selbst das allergrößte Bild ist, und dass, sollte es überhaupt noch einmal eine bedeutungsvolle religiöse Kunst geben, diese Kunst aus der alten Liturgie hervorgehen wird.[146]

[146] *Häresie der Formlosigkeit*, S. 119-120 (Kap. „Liturgie und Kunst").

6. Die Messe ist Heilige Handlung

Auf dem Konzil von Trient wurden sowohl die Priester als auch die Gläubigen nachdrücklich daran erinnert, dass die Feier der Heiligen Messe die heiligste Handlung ist, die hier auf Erden vollzogen werden kann: „Kein anderes Werk kann von den Gläubigen verrichtet werden, das so heilig und göttlich ist wie dieses ehrfurchtgebietende Geheimnis, indem das lebenspendende Opfer, durch das wir mit dem Vater versöhnt werden, täglich von Priestern auf dem Altar geopfert wird."[147]

Das Zweite Vatikanische Konzil hat diese wesentliche Erkenntnis über das Wesen der Liturgie so formuliert:

> Die Liturgie [gilt] als Vollzug des Priesteramtes Jesu Christi; durch sinnenfällige Zeichen wird in ihr die Heiligung des Menschen bezeichnet und in je eigener Weise bewirkt und vom mystischen Leib Jesu Christi, d.h. dem Haupt und den Gliedern, der gesamte öffentliche Kult vollzogen. Infolgedessen ist jede liturgische Feier als Werk Christi, des Priesters, und Seines Leibes, der die Kirche ist, in vorzüglichem Sinn heilige Handlung, deren Wirksamkeit kein anderes Tun der Kirche an Rang und Maß erreicht.[148]

Wir bezeichnen die Messe als heilige Handlung. Handlung bedeutet, etwas zu vollziehen, Bewegungen zu vollführen. Aber in welchem Sinne ist die Messe eine *heilige* Handlung? Das eucharistische Opfer ist die erhabenste Handlung in der Menschheits-

[147] Sessio XXII, Dekret *Über das Messopfer*, hier aus *Canons and Decrees*, S. 150, d.h. aus der englischen Fassung übersetzt.

[148] *Sacrosanctum Concilium*, Nr. 7.

geschichte, denn es ist eine göttlich-menschliche Handlung des Gottmenschen, in Seiner Menschheit vollzogen, der Zweiten göttlichen Person, dem ewigen Sohn Gottes, zugeschrieben. So ist das Kreuzesopfer *die* Handlung der Menschheitsgeschichte *schlechthin*, denn es ist der höchste Akt der Anbetung und des Lobes Gottes; durch ihn vollzieht der Sohn die Verherrlichung des Vaters und der ganzen Dreifaltigkeit. Aus diesem Grund nennen wir die Liturgie „Handlung". In der liturgischen Tradition des Römischen Ritus wurde der Kanon der Messe auch mit dem einfachen Wort „*actio*" (Handlung) bezeichnet, wie an der Rubrik „*infra actionem*" ersichtlich ist. Christus wollte uns durch einen sichtbaren Akt des Opfers retten, auch wenn Er dies durch einen unsichtbaren Akt Seines Willens hätte tun können.

Gott ist der erste Akt, reiner Akt, der aus sich heraus existiert: *ipsum esse subsistens.*[149] Er ist nicht von der Möglichkeit (Potenz) zur Tatsächlichkeit (Akt) übergegangen, sondern ist immer „vollkommen tatsächlich". Wir Menschen hingegen treten von der Potenz in den Akt. Unsere leibliche menschliche Natur erfordert äußere Handlungen, sonst wäre sie nicht ganz menschlich. Äußere Handlungen fließen aus dem Sein, wie das Axiom der scholastischen Philosophie sagt: *agere sequitur esse.*[150] Unsere Kulthandlungen müssen also von etwas Innerem ausgehen, von den inneren Handlungen der Religion. Wie der heilige Thomas erklärt: „Die innerlichen Akte der Religion gehen den anderen vor und gehören wesentlich zu ihr, während die äußerlichen Akte zweitrangig und den innerlichen untergeordnet sind."[151] Zu diesem Thema hat uns Papst Pius XII. diese wertvolle Lektion hinterlassen:

[149] Vgl. *S. th.*, Ia, qu. 2, art. 1; qu. 9, art. 1.

[150] Hl. Thomas Aquinas, *Summa contra Gentiles*, III, cap. 69.

[151] *S. th.*, IIa-IIae, q. 81, art. 7.

Das Hauptgewicht bei der Gottesverehrung ist jedoch auf das Innere zu verlegen. Wir müssen immer in Christus leben und uns Ihm ganz hingeben, damit in Ihm, mit Ihm und durch Ihn dem himmlischen Vater die gebührende Ehre erwiesen werde. Die heilige Liturgie verlangt aber, dass die beiden Elemente aufs Engste miteinander verknüpft seien; sie selbst wird nicht müde, das immer und immer wieder zu empfehlen sooft sie nämlich einen äußeren Akt religiösen Kultes vorschreibt. So mahnt sie uns z.B. beim Fasten, unser sittliches Verhalten möge das, wovon es nach außen Zeugnis gibt, in unserem Inneren verwirklichen.“[152]

Die Seele jeder liturgischen Handlung ist der innere Akt der Hingabe, die völlige Selbsthingabe des Geschöpfes an seinen Schöpfer. Der heilige Thomas erklärt dies so:

> Die Andacht also scheint nichts anderes zu sein, als ein gewisser Wille, sich bereitwillig für das hinzugeben, was der Dienst Gottes verlangt. So heißt es Exodus 35,20–21: „Die ganze Menge der Söhne Israels brachte sehr willig mit hingebendem Herzen die Erstlinge dem Herrn dar.“[153]

Dazu gehören Akte der Anbetung, der Liebe und des Vertrauens, wie uns die Heilige Schrift lehrt. In diesen inneren Handlungen der Hingabe findet eine innige Vereinigung mit Gott statt. Diese Handlungen müssen das Äußere „beseelen“ (in dem Sinne, dass sie ihm eine Form geben), sie müssen unseren leiblichen Handlungen gleichsam eine Seele geben. Aus diesem Grund müssen der wahre Gottesdienst und die Liturgie Hand-

---

[152] *Mediator Dei*, Nr. 24; zitiert wird die Sekret (Stillgebet) vom Donnerstag nach dem 2. Fastensonntag aus dem traditionellen *Missale Romanum*.

[153] *S. th.*, IIa-IIae, q. 82, art. 1.

lungen sein, die von inneren Handlungen ausgehen und von ihnen getragen werden. Damit die äußeren gottesdienstlichen Handlungen vollkommen und für Gott würdig und annehmbar sind, müssen wir innerlich mit Gott verbunden sein. Der heilige Thomas betont diesen wichtigen Aspekt der wahren Frömmigkeit mit den Worten: „Die Betrachtung muss Grundlage für die Andacht sein, insoweit der Mensch dadurch begreift, dass er sich dem Dienst an Gott dem Herrn hingeben soll.“[154]

Es ist wirklich wichtig, dass man innerlich gesammelt ist und Ablenkungen vermeidet, damit alles in der Liturgie mit großer Sorgfalt geschehen kann. Dies setzt voraus, dass der Zelebrant, der die heilige Handlung vollzieht, in seiner Seele gereinigt ist, dass er mit zerknirschtem Geist, mit liebender Reue in die Liturgie eintritt, ohne dass sein Gewissen durch schwere Sünden befleckt ist, sondern durch Akte der Betroffenheit und der Reue gereinigt wird. Papst Pius XII. erinnert uns an diese Wahrheit:

> Während wir also um den Altar versammelt sind, sollen wir unser Inneres derart umformen, dass alles, was Sünde in ihm ist, völlig ausgelöscht, alles jedoch mit Eifer gepflegt und gestärkt werde, was durch Christus das übernatürliche Leben nährt, sodass wir zusammen mit der makellosen Opferhostie ein dem Ewigen Vater wohlgefälliges Opfer werden.[155]

Eine „Aufführung“ zu gestalten ist einfach; selbst ein guter Schauspieler könnte die äußeren Handlungen der Messe elegant ausführen, doch täte er es mit einer leeren Seele, der die Vereinigung mit Gott fehlt. Wenn also die Innerlichkeit des Zelebranten abnimmt, nimmt auch die Qualität seiner äußeren Handlungen ab, selbst

---

154 *S. th*,. IIa-IIae, q. 82, art. 3.

155 *Mediator Dei*, Nr. 100.

wenn er sie perfekt ausführt. Wie heißt es so richtig bei Matthäus (15,7–9): „Ihr Heuchler! Treffend hat Isaias von euch geweissagt, wenn er spricht: ‚Dieses Volk ehrt mich mit den Lippen, aber ihr Herz ist fern von mir. Vergeblich aber ehren sie mich, indem sie Lehren und Satzungen von Menschen lehren.'" Es besteht also durchaus eine Spannung zwischen der Innerlichkeit und der Äußerlichkeit der liturgischen Handlungen. Es muss jedoch immer eine Einheit zwischen der inneren Reinheit der Seele und der genauen Ausführung der äußeren liturgischen Handlungen bestehen. Liturgische Handlungen, die mit wahrer Hingabe vollzogen werden, bewirken geistliche Freude und „gottgefällige Betrübnis" (vgl. 2 Kor 7,9), d.h. sie nähren die wahre Demut vor Gott. Der heilige Thomas führt aus:

> Freilich verursacht die Andacht an und für sich, d.h. hauptsächlich die geistliche Freude im Gemüt, doch als Folge und durch Umstände auch die Betrübnis. Wir haben ja bereits ausgeführt, dass die Andacht aus einer zweifachen Betrachtung hervorgeht: hauptsächlich aus der Betrachtung der Güte Gottes, da diese gleichsam begrifflich zur Willensbewegung dessen gehört, der sich Gott hingibt. Aus dieser Betrachtung selbst fließt natürlicherweise die Freude, wie es in Psalm 76,4 heißt „Ich dachte an Gott und freute mich"; durch Umstände aber verursacht diese Betrachtung eine gewisse Betrübnis in denen, die Gott noch nicht vollkommen [in der Schau] genießen können; so lesen wir beim Psalmisten „Meine Seele dürstet nach Gott, dem Starken, dem Lebendigen" (Ps 41,3), und hernach heißt es „Meine Tränen wurden mir zur Speise Tag und Nacht" (41,4).[156]

[156] *S. th.*, IIa-IIae, q. 82, art. 4.

Wir müssen auch mit unseren Worten vorsichtig sein und die Tiefe ihrer Bedeutung im Auge behalten. Wir sagen, dass wir in der Messe eine „heilige" Handlung vollziehen, und das Wort „heilig" beschreibt sie ganz vortrefflich – das sollten wir uns immer vor Augen halten. Die latreutische Anbetung, die im Messopfer geschieht, richtet sich ausschließlich an Gott. Deshalb müssen wir auf beide Aspekte des Gottesdienstes achten: auf den inneren und den äußeren, und wir dürfen nicht den einen dem anderen opfern, sondern müssen die rechte Harmonie zwischen ihnen anstreben.

Eine beträchtliche Anzahl moderner Liturgiewissenschaftler vertritt ein falsches Verständnis und eine falsche Anwendung des Prinzips der aktiven Teilnahme (*participatio actuosa*) der Laien an der Liturgie, d.h., dass jeder alles während der Messe mitmachen muss. Wir sehen das z.B. bei der Erstkommunion oder der Firmung, wo die Teilnehmer dann irgendetwas *tun* müssen. Dies ist ein weltliches Verständnis von Liturgie, kein christliches oder kirchliches, d.h. übernatürliches. Eine solche Methode des liturgischen „Partizipationismus" hat die Tradition der Kirche nie befürwortet. Die Liturgie ist kein weltliches Ereignis, an dem jeder äußerlich beteiligt sein muss. Deshalb gibt es einen Unterschied zwischen den sakramental geweihten Amtsträgern, die während der Liturgie zusammen mit den nicht sakramental geweihten Dienern im Altarraum bleiben, und den Gläubigen, die sich im Kirchenschiff aufhalten und durch innere und äußere Handlungen (Gesten, Worte, Antworten, Gesänge, andächtige Stille) kraft des allgemeinen Priestertums der Sakramente der Taufe und der Firmung aktiv beteiligt sind.[157] Das Volk im Kirchenschiff repräsentiert die Braut Christi, die Kirche, und verfügt über eine eigene Art des Handelns. Obwohl

[157] Das heißt, der Anteil am Priestertum Christi, der in der Taufe verliehen und in der Firmung bekräftigt wird.

dieser Modus äußerlich als eher passiv wahrgenommen werden kann, vermag er in Wirklichkeit innerlich aktiver zu sein als im Altarraum, da die inneren Akte der Teilnahme uns mehr abverlangen, als die äußeren. Die Gläubigen im Kirchenschiff repräsentieren den weiblichen Aspekt, die Kirche als Braut, während die Kleriker im Altarraum den männlichen Aspekt, Christus als Bräutigam, darstellen. Dabei sind die Christgläubigen im Kirchenschiff gegenüber den mit einer Funktion im Altarraum Betrauten nicht benachteiligt, sie haben nur eine andere Rolle in der gemeinsamen liturgischen Handlung. Der heilige Paulus schreibt, dass die Kirche der mystische Leib Christi ist und dass es demzufolge verschiedene Glieder dieses Leibes gibt, von denen jedes eine spezifische und wichtige Aufgabe hat. Selbst das bescheidenste Glied handelt in Funktion des Ganzen (vgl. 1 Kor 12,13–27). Dies gilt auch für die Liturgie.

Darüber hinaus vollziehen die Gläubigen im Kirchenschiff auch äußere Handlungen: Sie sitzen, stehen, knien, antworten und hören zu. Man täusche sich nicht: Zuhören ist wichtig und ein Akt der liturgischen Teilnahme. Wenn Menschen etwa in ein Konzert oder ins Kino gehen, nehmen sie auch von innen heraus teil, sie hören und sehen zu und so ist auch der Leib beteiligt.

Jeder innerhalb und außerhalb des Altarraums nimmt also an der Liturgie teil, doch jeder auf seine Weise. Sakralität verlangt ihrem Wesen nach nämlich eine bestimmte Ordnung und nicht die Improvisationen von irgendjemandem, nicht einmal des Zelebranten. Wenn man das Heilige und die Symbole, die darauf hinweisen, zerstört, ist man zur Profanität und Trivialisierung verurteilt. In der nachkonziliaren Zeit leiden wir in diesem Punkt an einer großen Krankheit. Wir haben den Sinn für das Heilige verloren, wir haben es zu sehr mit dem Profanen vermischt. Unser Vorbild müssen die Engel sein, die sich vor der Majestät Gottes verneigen. Wir müssen darum die äußeren Handlungen der Liturgie wieder sakralisieren, nicht zuletzt, weil dies eine wichtige psychologische Wirkung hat. Die Gefahr des äußeren Formalismus hat es natürlich immer gegeben und wird es immer geben, aber wir dürfen deshalb nicht darauf verzichten, das Richtige in der richtigen Weise zu tun (*abusus non tollit usum*).

Die Vorstellung, dass jeder alles tun muss, ist nicht mit der heiligen Tradition der Kirche vereinbar. Nehmen wir die Musik: Die Vorstellung, dass alle singen müssen, ist ein großes Missverständnis. Die Dinge werden von denen getan, die sie tun können. Natürlich kann es Gelegenheiten geben, bei denen alle mitsingen können, aber das sollte nicht während der gesamten Messe der Fall sein. Nicht jeder ist immer psychologisch bereit oder in der Lage zu singen oder mit einem Heft den Texten der Messe zu folgen. Papst Pius XII. hat diesen Punkt in weiser Voraussicht hervorgehoben:

> Eine nicht geringe Zahl der Gläubigen ist ja nicht einmal imstande, sich des „Römischen Messbuches“ [d.h. des Volks-Messbuches] zu bedienen, selbst wenn es in ihre Muttersprache übersetzt ist; es sind auch nicht alle fähig, die liturgischen Riten und Formeln recht und gebührend zu verstehen. Geist, Charakter und Anlage der Menschen sind so verschieden und mannigfaltig, dass nicht alle in gleicher Weise beeinflusst und geleitet werden können durch gemeinsam verrichtete Gebete, Gesänge und heilige Handlungen. Außerdem sind die seelischen Bedürfnisse und Anliegen nicht bei allen dieselben noch bleiben sie bei jedem Einzelnen immer die gleichen. Wer möchte darum aus einem solchen Vorurteil heraus behaupten, dass all diese Christen nicht am eucharistischen Opfer teilnehmen noch dessen Segnungen

erfahren können? Sie können es fürwahr auf andere Weise, die manchen leichter fällt, z.B. durch frommes Nachdenken über die Geheimnisse Jesu Christi oder durch andere Andachtsübungen und mit anderen Gebeten, die, obgleich in der Form verschieden von den heiligen Riten, ihrem Wesen nach doch damit übereinstimmen.[158]

In *Sacrosanctum Concilium* (Nr. 30) lesen wir:

> Um die tätige Teilnahme zu fördern, soll man den Akklamationen des Volkes, den Antworten, dem Psalmengesang, den Antiphonen, den Liedern sowie den Handlungen und Gesten und den Körperhaltungen Sorge zuwenden. Auch das heilige Schweigen soll zu seiner Zeit eingehalten werden.

Heiliges Schweigen ist also auch aktive Teilnahme! Ein Konzilsvater, der spätere Kardinal Josef Höffner (damals Bischof von Münster in Deutschland), bemerkte während der Debatte in der Konzilsaula zur Frage nach der Teilnahme der Laien an der Liturgie sehr trefflich:

> Heute heißt es: „Die Heilige Mutter Kirche wünscht sich nichts sehnlicher, als dass die Gläubigen zu einer aktiven (*actuosa*) Teilnahme geführt werden." Diese [Behauptung] ist übertrieben. Die Ehre Gottes und das Heil der Seelen sind gewiss wichtiger als die aktive Teilnahme der Gläubigen an der Liturgie.[159]

---

[158] *Mediator Dei*, Nr. 108.

[159] *Concilii Vaticani II Synopsis*, S. 584.

Die Kirche hat die wahre Bedeutung der sogenannten „aktiven“ Teilnahme der Gläubigen an der Liturgie für uns wie folgt zusammengefasst:

> Die Gläubigen erfüllen ihren liturgischen Dienst, indem sie die vom Wesen der Liturgie selbst verlangte volle, bewusste und tätige Teilnahme leisten, zu der das christliche Volk kraft seiner Taufe berechtigt und verpflichtet ist. Bezüglich dieser Teilnahme gilt:
>
> a) Zunächst soll eine innerliche Teilnahme vorhanden sein, indem die Gläubigen mit dem Herzen bei dem sind, was sie vortragen oder hören, und mit der himmlischen Gnade zusammenwirken.
>
> b) Doch muss die Teilnahme auch eine äußere sein, d.h. die innere Teilnahme in Gesten, in der Körperhaltung, in Akklamationen, in Antworten und im Gesang ausdrücken.
>
> Die Gläubigen sollen auch angeleitet werden, dass sie durch innerliche Teilnahme dahin gelangen, ihr Herz zu Gott zu erheben, wenn sie zuhören, was die Ministri oder der Sängerchor singen.[160]

Wenn der Klerus darauf besteht, dass alle Gläubigen mitsingen, ist das ein Eingriff in die psychologische Sphäre der anderen, von denen einige nicht singen wollen oder können. Erinnern wir uns daran, dass es das innere Selbst ist, welches das äußere Selbst leitet, wie Papst Pius XII. sagt:

[160] Heilige Ritenkongregation, Instruktion über die Musik in der heiligen Liturgie *Musicam Sacram* vom 5.3.1967, Nr. 15 (zitiert nach: *Dokumente zur Kirchenmusik unter der besonderen Berücksichtigung des deutschen Sprachgebiets*, hg. v. Hans Bernhard Meyer SJ u. Rudolf Pacik, Verlag Friedrich Pustet, Regensburg 1981).

Der hohen Würde dieses Gebetes der Kirche müssen auch Andacht und Frömmigkeit unserer Seele entsprechen. Und da ja die Stimme des Betenden die Lieder wiedergibt, die unter dem Hauch des Heiligen Geistes geschrieben wurden und Gottes Vollkommenheit in der ganzen Welt künden und preisen, so muss auch bei uns dieses Wort begleitet sein vom inneren Mitschwingen der Seele, sodass wir diese nämlichen Gesinnungen uns zu eigen machen, auf ihren Fittichen uns zum Himmel erheben, die Heiligste Dreifaltigkeit anbeten, und Ihr gebührend Lob und Dank sagen: „Wenn wir dastehen und Psalmen singen, wollen wir es so tun, dass unser Herz dabei mit unseren Stimmen zusammenklinge" (Benediktus, *Regula Monarchorum*, cap. 19). Es handelt sich also nicht nur um ein Hersagen, nicht nur um ein Singen, das jedoch, mag es auch allen Anforderungen der Kunst und der rituellen Vorschriften noch so vollkommen entsprechen, nur eine Sache des Gehores bliebe; es handelt sich vielmehr darum, dass wir mit Herz und Sinn uns zu Gott erheben, um Ihm uns selbst und all unser Tun in Vereinigung mit Jesus Christus vollkommen hinzugeben.[161]

Mit den folgenden Worten wies Papst Johannes Paul II. auf die Gefahr hin, die durch ein falsches Verständnis und eine falsche Anwendung des Grundsatzes der Laienbeteiligung in der Liturgie entsteht:

Volle Teilnahme bedeutet zweifellos, dass jedem Mitglied der Gemeinschaft eine Rolle in der Liturgie zukommt; in dieser Hinsicht ist in den Pfarreien und Gemeinschaften in Ihrem Land viel erreicht worden. Aber volle Teilnahme bedeutet

[161] *Mediator Dei*, Nr. 145.

nicht, dass jeder alles macht; diese Idee hätte unmittelbar eine *Klerikalisierung* der Laien und eine *Laisierung* des Priestertums zur Folge und das war nicht im Sinne des Konzils. Die Liturgie soll wie die Kirche hierarchisch und vielstimmig sein, indem sie die verschiedenen von Christus zugewiesenen Rollen respektiert und es all den unterschiedlichen Stimmen ermöglicht, zu einem großen Lobgesang zu verschmelzen.

Aktive Teilnahme bedeutet sicherlich, dass alle Mitglieder der Gemeinschaft in Gesten, Worten, Gesängen und Diensten am jeweiligen gottesdienstlichen Akt teilhaben, was keineswegs untätig oder passiv ist. Doch die aktive Teilnahme schließt die aktive Passivität des Schweigens, der Stille und des Zuhörens nicht aus, sondern verlangt sie sogar. Die Gläubigen sind nicht passiv, wenn sie z.B. den Lesungen oder der Predigt zuhören oder den Gesängen und der Musik der Liturgie sowie den Gebeten des Zelebranten folgen. Es sind Erfahrungen der Stille und des Schweigens, aber sie sind auf ihre eigene Weise zutiefst aktiv. In einer Kultur, die meditative Stille weder begünstigt noch fördert, wird die Kunst des inneren Zuhörens nur mühsam erlernt. Hier zeigt sich, dass die Liturgie, obwohl sie immer richtig inkulturiert sein muss, auch gegenkulturell wirken muss.

Die bewusste Teilnahme setzt voraus, dass die gesamte Gemeinschaft in die Geheimnisse der Liturgie eingeführt wird, damit die gottesdienstliche Erfahrung nicht zu einer Form von Ritualismus verkommt. Es bedeutet aber nicht, dass in der Liturgie selbst ständig versucht wird, das Implizite explizit zu machen, denn dies führt oft zu einer Geschwätzigkeit und Formlosigkeit, die dem Römischen Ritus fremd sind und letztlich den gottesdienstlichen Akt trivialisieren.[162]

[162] *Ansprache an die Bischöfe von Washington, Oregon, Idaho, Montana und Alaska* vom 9.10.1998, Nr. 3; übersetzt aus dem Englischen.

In Anbetracht der Tatsache, dass die Feier des eucharistischen Geheimnisses die heiligste und gottgefälligste Handlung ist, hat das Konzil von Trient diese Ermahnung ausgesprochen: „Alle Mühe und Sorgfalt [muss] darauf verwendet werden, dass dies mit der größtmöglichen inneren Reinheit und Lauterkeit des Herzens und der größtmöglichen äußeren Bezeugung der Andacht und Frömmigkeit vollzogen werde."[163]

Nach dem heiligen Alfons von Liguori übertrifft das Messopfer alle denkbaren Handlungen und Opfer, selbst die der heiligsten aller Geschöpfe. Er schrieb:

> Alle die alten Opfer [im Alten Testament; Anm. d. Übers.], durch die Gott doch so sehr geehrt wurde, waren nur der Schatten, waren nur das Vorbild unseres Messopfers. Alle Ehrenbezeugungen, welche Gott je erwiesen worden sind und noch erwiesen werden, sowohl von Seiten der Engel durch ihre Lobgesänge als auch von Seiten der Menschen durch ihre guten Werke, Bußübungen und Leiden haben Gott dem Herrn nicht so viel Ehre gegeben noch werden sie jemals so viel geben können, wie eine einzige Heilige Messe. Denn alle Ehrenbezeugungen der Geschöpfe sind endlich, während die Ehre, die Gott im Messopfer erhält, als von einem Opfer von unendlichem Wert ausgehend, unendlich ist. Die Messe ist darum eine Handlung, die Gott die höchste Ehre gibt, die Ihm nur erwiesen werden kann; sie ist ein Werk, das am meisten die höllischen Mächte niederhält, das den Armen Seelen im Fegefeuer den größten Trost bringt, das am leichtesten den göttlichen Zorn gegen die Sünder

[163] Sessio XXII, Dekret über das, was bei der Messfeier zu beachten und zu vermeiden ist (aus: *Dekrete der Ökumenischen Konzilien*, i. A. der Görres-Gesellschaft hg. v. Josef Wohlmuth, Verlag Ferndinand Schöning, Paderborn 2002; Band 3, S. 736)

besänftig, und das für den Menschen hienieden von größtem Nutzen ist.[164]

Der heilige Alfons beklagte umso mehr die mangelnde Sorgfalt der Priester bei der Vorbereitung auf das Messopfer und seine anschließende Feier. Er musste feststellen, dass viele Priester dieses mit am meisten vernachlässigen, ja dass manche sich sorgfältiger auf das Schauspielern einer Komödie als auf die Feier der Messe vorbereiten würden; manche gingen damals so weit, die Messe in weniger als einer Viertelstunde zu zelebrieren.[165] Wir müssen uns gut auf die Liturgie vorbereiten und dürfen nicht irgendetwas überstürzen oder in Eile geraten, denn wir tun etwas für den König der Könige – jede Heilige Messe muss ein Dienst an Ihm sein. Wenn wir nun einen König oder einen Präsidenten empfangen würden, wäre alles bis ins kleinste Detail durchchoreographiert. Aber wer, welcher König, welcher Präsident ist wichtiger als unser Herr Jesus Christus in der Heiligen Messe? Für diesen großen und so wichtigen Dienst müssen auch die Ministranten und der Chor sorgfältigst vorbereitet sein, da eine heilige Handlung ihrem Wesen nach eine große Sorgsamkeit in der Vorbereitung erfordert.

Was heilig ist, muss durch Zeichen ausgedrückt werden, wie es die menschliche Natur verlangt. Ein Beispiel: Die Urkirche selbst hat uns das Bewusstsein überliefert, dass wir die Heilige Messe in Gemeinschaft mit den heiligen Engeln feiern. Im Bericht über das Martyrium der heiligen Perpetua und Felizitas (Nr. 12,2) lesen wir, dass diese beiden glorreichen Märtyrerinnen der Urkirche, als sie in die himmlische Herrlichkeit ein-

---

[164] Hl. Alfons von Liguori, *Die Heilige Messe und das Officium. Ermahnungen und Gebete für Priester*, aus dem Italienischen übersetzt von einem Priester der Erzdiözese Wien. Heinrich Tissing-Verlag, Köln ^{2}1888, S. 1-2.

[165] Vgl. ibid., S. 16, 26-27.

gingen, die heiligen Engel das „Heilig, heilig, heilig ohne Ende" (im Originaltext: „*Hagios, hagios, hagios sine cessatione*") singen hörten. Die Verwendung einer griechischen Gebetsformel in einem lateinischen Text ist bezeichnend und deutet wahrscheinlich darauf hin, dass es sich um eine liturgische Formel handelt, die in eine lateinische Liturgie eingefügt worden ist, ähnlich wie das *Kyrie eleison* in der heutigen lateinischen Liturgie. Im frühesten Kommentar zum Vaterunser, Tertullians *De oratione*, finden wir einen ähnlichen Vermerk über die Nachahmung der Engel in der Liturgie der Kirche auf Erden:

> Seine aus Engeln bestehende Umgebung hört nicht auf, Ihm zuzurufen: Heilig, Heilig, Heilig! Demgemäß erlernen wir – die zukünftigen Genossen der Engel, wenn wir es verdienen, – schon hier auf Erden jenen Lobruf zu Gott und die Obliegenheit in der künftigen Verklärung.[166]

Die Engel verhüllen ihr Antlitz, wenn sie die Heiligkeit und Herrlichkeit Gottes verkünden. Die Bedeckung des Gesichts, wie sie im sechsten Kapitel von Jesaja und in der Anaphora des heiligen Jakobus beschrieben wird, findet ihre rituelle Entsprechung in einem liturgischen Brauch des Römischen Ritus, nämlich dass der Priester oder Diakon seine Hände mit einem Schultervelum bedeckt, wenn er das Volk mit der Monstranz segnet, die den eucharistischen Christus enthält. Im Alten Römischen Ritus besteht außerdem die Regel, dass der Subdiakon seine Hände beim Tragen der Patene während der Heiligen Messe verhüllt oder dass die Hände des Bischofs beim Pontifikalamt mit Handschuhen bekleidet sind. Die Salbung der Hände während des Ritus der Priesterweihe kann ebenfalls als eine Art der Bedeckung

[166] *De oratione*, Kap. 3, Nr. 3.

oder Verhüllung der Hände verstanden werden. In der östlichen Liturgie wird die Geste der Verhüllung durch den Vorhang und die Ikonostase ausgedrückt, die das Heiligtum (nach der ostkirchlichen Tradition auch als „Altar" bezeichnet) während des Hochgebets verhüllen. In ähnlicher Weise war der Vorhang, der den Altar verhüllte, im ersten Jahrtausend viele Jahrhunderte lang Bestandteil der liturgischen Tradition der römischen Kirche, später erfüllten dann die Lettner eine ähnliche Funktion.[167]

Liturgische Gesten wie die Proskynesis, die Kniebeuge, die tiefe Verneigung des Körpers und die Hinwendung des Blicks zum Herrn, der durch das Kruzifix auf dem Altar dargestellt wird, ähneln den Gesten der anbetenden Engel, wie sie in der Heiligen Schrift beschrieben werden. Die Gesten der Verhüllung (z.B. des Heiligtums oder der liturgischen Gegenstände) während der Liturgie sind ebenfalls ein eindrucksvolles und tiefes Zeichen dieses inneren Aktes, durch den die göttliche Majestät angebetet wird. Ein wahrer Akt der Anbetung während der Liturgie darf die Aufmerksamkeit unter keinen Umständen auf den Zelebranten, sondern muss sie vielmehr auf Christus richten. Deshalb muss sich der Zelebrant verhüllen. Das bedeutet, dass er sein Gesicht den Blicken der Menschen entzieht und gewissermaßen – in aller Demut – in der unaussprechlichen Gegenwart Gottes verschwindet. Dies gilt besonders für die Feier des Heiligen Messopfers, bei der sich die Gläubigen auf Christus konzentrieren müssen, um Ihn zu loben, zu preisen und anzubeten.

Dank der Menschwerdung des Gottessohnes wird das Trisagion (Dreimalheilig), das zuvor nur von den Engeln im Himmel gesungen werden konnte, nun von den Gläubigen auf Erden

---

[167] Vgl. *Dictionnaire d'Archéologie Chrétienne et de Liturgie*, Band 3, S. 1588-1612 sowie J. Braun, *Der christliche Altar in seiner geschichtlichen Entwicklung*, Karl Widmann, München 1924, Band 2, S. 133-148.

im Einklang mit den Himmelsgeistern gesungen. Die Liturgiekonstitution des Zweiten Vatikanischen Konzils spielt darauf an, wo es heißt:

> Als der Hohepriester des Neuen und Ewigen Bundes, Christus Jesus, Menschennatur annahm, hat Er in die Verbannung dieser Erde jenen Hymnus mitgebracht, der in den himmlischen Wohnungen durch alle Ewigkeit erklingt. Die gesamte Menschengemeinschaft schart Er um sich, um gemeinsam mit ihr diesen göttlichen Lobgesang zu singen.[168]

Der heilige Johannes Chrysostomus ermahnt die Gläubigen, dasselbe zu tun, und gibt ihnen konkrete Hinweise, wie sie sich in ihrer Anbetung Gottes geistig mit den Engeln verbinden können. Wir könnten seine Worte folgendermaßen umschreiben: „Singt genauso wie die Engel, singt mit ihnen zusammen. Wenn die Engel aufrecht stehen, müsst auch ihr eine ehrfürchtige Haltung einnehmen; wenn sie ihre Flügel ausbreiten, müsst auch ihr die Flügel eurer Seele ausbreiten; und wie die Engel, die den Thron Gottes umgeben, müsst auch ihr euren Geist zu Gott erheben.“ Hören wir, was der heilige Johannes Chrysostomus sagt:

> Habt ihr vielleicht diese Stimme erkannt? Ist es unsere oder die der Seraphim? In Wahrheit ist es beides, sowohl die unsere als auch die der Seraphim, dank Christus, der die Mauer der Trennung niedergerissen, der Himmel und Erde befriedet und beide zu einer Einheit gemacht hat. Tatsächlich wurde dieser Hymnus einstmals nur im Himmel gesungen, aber als der Herr Sich herabgelassen hat, auf die Erde zu kommen, hat Er auch uns diese Melodie gebracht. Deshalb lädt

[168] *Sacrosanctum Concilium*, Nr. 83.

> auch dieser große Hohepriester, der an diesem heiligen Tisch steht, um einen geistigen Gottesdienst [*logiken latreian*] zu halten und ein unblutiges Opfer darzubringen, uns nicht nur dazu ein, eine solche freudige Anrufung zu singen. Vielmehr fordert Er, nachdem Er zuerst die Cherubim genannt und die Seraphim erwähnt hat, uns alle dazu auf, diese gewaltige Stimme zu erheben. Und indem Er uns daran erinnert, dass wir Teil des Chores [*synchoreuónton*] der Cherubim und Seraphim sind, erhebt Er unseren Geist von der Erde und spornt jeden von uns mit diesen oder ähnlichen Worten an: „Du singst mit den Seraphim, stehst neben den Seraphim, breitest deine Flügel mit ihnen aus und fliegst mit ihnen um den Thron des Herrn."[169]

Nicht eine hochtrabende Idee oder das religiöse Gefühl, sondern die Gabe der heiligen Liebe Gottes, die sichtbar auf den Opferaltar gelegt wird, ist die konkrete und tiefste Grundlage für den heiligen, transzendenten und gewaltigen Charakter der Liturgie: der eucharistische Leib Jesu Christi, erfüllt mit dem Feuer des Heiligen Geistes. In derselben Homilie über das Buch Jesaja, Kapitel 6, spricht der Lehrer der Eucharistie von der „Gabe der Liebe" (*charis tes philanthropías*) als dem „Feuer des Geistes" (*pyr pneumatikón*). Diese sichtbare Gabe der göttlichen Liebe, die jeder Gläubige während der eucharistischen Liturgie erfahren und empfangen kann, erfordert eine Haltung der tiefen Ehrfurcht und Verehrung nach dem Vorbild der Seraphim, wie sie der Prophet Jesaja beschreibt.

Keiner der Engel, nicht einmal der höchste der Seraphim, wagt es, das göttliche Feuer des eucharistischen Leibes Christi direkt zu berühren. In der Vision des Jesaja (6,6) erkennen wir

[169] *Homilie über das Buch Jesaja* 6,3; übersetzt aus dem Englischen.

den Grund dafür im Symbol der Zange, mit welcher der Engel die glühende Kohle vom Altar nimmt. Dennoch kann der schwache und sündige Mensch mit bloßen Händen, ohne Zange, die brennende Kohle vom eucharistischen Leib Christi nehmen. Dies bezieht sich in erster Linie auf den Priester, dessen Hände konsekriert sind, wodurch sie erst Instrument werden, *in persona Christi* zu konsekrieren, den eucharistischen Leib Christi, das Heiligste des Heiligsten (*sancta sanctorum*), zu berühren und auszuteilen. Papst Johannes Paul II. lehrte in seinem Schreiben über das Geheimnis und die Verehrung der Eucharistie, *Dominicae Cenae*: „Wir sollten auch stets daran denken, dass wir zu dieser Amtsgewalt sakramental geweiht und aus den Menschen ‚zum Wohl der Menschen' auserwählt worden sind" (Nr. 11).

Gott hat den Weg der Menschwerdung gewählt; dieser Weg muss aber durch Zeichen zum Ausdruck kommen. Natürlich können wir Ihn in der Seele auch ohne Zeichen und Symbole ehren oder wenn wir krank im Bett liegen. Aber normalerweise muss es Zeichen des Heiligen geben, die auf den Heiligen schlechthin, auf Gott, gerichtet sind. Deshalb wird die Eucharistie Allerheiligstes genannt, *Sanctissimum*. Deshalb ist es auch notwendig, die vielen Zeichen und Gesten, die abgeschafft wurden, in die Messfeier des *Novus Ordo* wieder einzuführen. Schließlich helfen sie dem Zelebranten und den Gläubigen, ein lebendiges und übernatürliches Bewusstsein dafür zu bewahren, dass die Heilige Messe die heilige Handlung *schlechthin* ist. So wird die Eucharistiefeier im Geist der Anbetung und der Liebe gelebt, im Geist und in der Wahrheit, wie Gott es verlangt (vgl. Joh 4,24).

Mögen die folgenden Texte aus der byzantinischen Liturgie der vorgeweihten Gaben (Präsanktifikantenliturgie) ein Ansporn für uns sein, im Geist der Anbetung in der heiligen Handlung zu wachsen. Während der Prozession mit den konsekrierten Gaben wird dieses Canticum gesungen:

> Himmlische Mächte dienen jetzt unsichtbar mit uns. Denn siehe, es naht der König der Herrlichkeit. Siehe, das vollzogene Opfer wird einhergetragen. Gläubig und voll Liebe lasst uns hinzutreten, um teilhaftig des ewigen Lebens zu werden.

Nachdem der Priester die Gaben auf den Altar gelegt hat, verrichtet er dieses Gebet:

> Gott der unaussprechlichen und unsichtbaren Geheimnisse, in denen die Schätze der Weisheit und der Erkenntnis verborgen sind; Du hast uns den Dienst dieser Liturgie geoffenbart. Wegen Deiner großen Menschenliebe hast Du uns geweiht, dass wir Dir Gaben und Opfer darbringen für unsere Sünden und die Unwissenheit des Volkes. Du, unsichtbarer König, wirkst herrliche, unergründliche und ruhmreiche Werke, Wunder, die man nicht zählen kann. Blicke auf uns herab, die wir Deine unwürdigen Diener sind. Wir stehen wie vor Deinem cherubischen Thron vor diesem Altar, auf dem Dein eingeborener Sohn, unser Gott, unter den furchtbaren Geheimnissen ruht, die dort niedergelegt sind. Mach uns frei von jeder Unreinheit, uns und Dein ganzes, gläubiges Volk, heilige unser aller Seelen und unsere Körper durch eine unverlierbare Weihe, damit wir durch die Teilnahme an diesen göttlichen Geheimnissen mit reinem Gewissen, mit einer Stirn, die nicht zu erröten braucht, und erleuchtetem Herzen, von innen belebt, uns mit Deinem Christus selbst, dem wahren Gott vereinigen, der da gesagt hat: „Wer Meinen Leib isst und Mein Blut trinkt, der bleibt in Mir und Ich in ihm." Wenn so Dein Wort in uns wohnt und mitten unter

uns eingeht, werden wir zu Tempeln Deines allheiligen und anbetungswürdigen Geistes, befreit von jedem teuflischen Angriff, der sich in unseren Taten, unseren Worten oder unseren Gedanken auswirkt, und wir erlangen die Güter, die Du uns verheißen hast, mit allen Heiligen, die Dir seit Anbeginn der Zeiten wohlgefallen haben. Amen.[170]

[170] Titularerzbischof Neophytos Edelby, *Liturgikon. „Messbuch" der byzantinischen Kirche*, Aurel Bongers, Recklinghausen 1967, S. 545.

7. Die Messe ist Danksagung

Man kann überhaupt nicht über die Heilige Messe sprechen, ohne auf die Danksagung einzugehen; das wäre gänzlich unvollständig. Das Sakrament der Messe heißt „Eucharistie", was wörtlich übersetzt „Danksagung" bedeutet. Deshalb wird in der Heiligen Schrift und in den liturgischen Texten der frühen Kirche der ersten Jahrhunderte die wichtigste kultische Handlung mit dem Wort „Eucharistie" bezeichnet: die Feier des sakramentalen Opfers Christi am Kreuz, des Opfers der Heiligen Messe.

Ganz grundsätzlich gefragt: Warum danken wir überhaupt? Weil wir Geschöpfe sind, die aus dem Nichts erschaffen wurden. Das Dogma unseres Glaubens sagt:

> Wer nicht bekennt, dass die Welt und alle Dinge, die in ihr enthalten sind – sowohl die geistigen als auch die materiellen –, ihrem ganzen Wesen nach von Gott aus nichts hervorgebracht wurden, oder sagt, Gott habe nicht durch Seinen von jeder Notwendigkeit freien Willen, sondern so notwendig geschaffen, wie Er Sich selbst notwendig liebt, oder leugnet, dass die Welt zur Ehre Gottes geschaffen ist: Der sei mit dem Anathema belegt.[171]

Die Theologen definieren Erschaffen als das Hervorbringen eines Wesens aus dem Nichtsein, sogar ohne vorausgehendes Subjekt (*creatio ex nihilo sui et subiecti*)[172]. Es ist sozusagen ein

---

[171] Erstes Vatikanisches Konzil, *Dei Filius*, Kap. 1, Kan. 5 (DH 3025).

[172] Subjekt hier im Sinne eines Substrats oder einer bereits vorhandenen Maaterie, aus der dann eine Sache gebildet wird. Erschaffen heißt, der *Gesamtheit* des Geschöpfes das Sein zu verleihen.

Übergang vom völligen Nichts zum Sein – und die Kluft zwischen diesen beiden Begriffen ist unendlich. Gott, das höchste Gut, hat uns aber durch die reine Ausgießung Seiner Liebe das Leben geschenkt. In seinem Ersten Brief an die Korinther sagt der heilige Paulus: „Denn wer zeichnet dich aus? Was hast du aber, das du nicht empfangen hättest? Wenn du es aber empfangen hast, warum rühmst du dich, als hättest du es nicht empfangen?" (1 Kor 4,7) Wir müssen Gott darum allezeit Dank sagen.

Dies wird wunderbar zu Beginn des Messkanons in der Präfation, die nach der liturgischen Tradition Teil des Kanons ist, ausgedrückt. Die Kirche singt mit großer Beredsamkeit: *vere dignum et iustum est, aequum et salutare, tibi semper et ubique gratias agere* – in Wahrheit ist es würdig und recht, geziemend und heilsam, dass wir Dir immer und überall danken. Die Heilige Messe ist der höchste Ausdruck der Danksagung in der ganzen Schöpfung.

Christus, der fleischgewordene Sohn Gottes, sagte Dank dem Vater in unserem Namen, als Er das Sakrament der Eucharistie beim Letzten Abendmahl eingesetzt hat. Bei der Brotvermehrung, die das Letzte Abendmahl vorausbildete, hat Jesus ebenfalls Seine Augen zum Himmel erhoben und dem Vater Dank gesagt, wie Er es später in Emmaus tun würde. Danksagung ist also eine Geste, die zu uns vom Herrn selbst kommt. In der Messe ist der Danksagende die Zweite Person der Heiligsten Dreifaltigkeit und deshalb ist es der mächtigste Akt. Beginnend vom Letzten Abendmahl und der ersten, von den Aposteln gefeierten Messe, bis zur letzten auf Erden gefeierten Messe wird alles voll von dieser Danksagung Gottes sein und das soll für uns sehr tröstlich sein. Wir danken freilich für die vielen materiellen und geistigen Gaben, die Gott uns schenkt. Aber am meisten danken wir für die Gabe Seines eigenen Sohnes. Welches größere Geschenk hätte der himmlische Vater uns machen können? Und welches größere Geschenk hätte der Sohn uns machen können, als das Geschenk Seiner Selbst? Er hat uns Seinen eigenen Leib und Seine eigene Seele geschenkt. Er hat Sich Selbst in der Eucharistie, *Christus totus*, in Seiner geopferten und verherrlichten Menschheit, aber auch in Seiner Gottheit, ganz hingegeben. So hat Er uns in diesem Sakrament einen Akt der sich dem Vater hinopfernden Liebe zu unserem Heil hinterlassen. Er hat uns aber nicht nur Seinen Leib und Sein Blut zum Geschenk gemacht, sondern sogar die Wirklichkeit und die Kraft der von Ihm selbst vollzogenen Opferhandlung. Wir sehen in alldem, wie viele Gaben wir erhalten haben, für die wir Dank sagen müssen. Die Heilige Messe bringt all diese Aspekte der Danksagung zum Ausdruck. Wir vereinen uns mit dieser Opferhandlung, um Gott zu danken.

In Seiner Vollkommenheit hat Gott unseren Dank sicherlich nicht *nötig*. Wir fügen Seiner Größe nichts hinzu noch können wir Ihm etwas an Seiner unendlichen Güte entziehen. Die Bedürftigkeit liegt in Wirklichkeit nicht bei Ihm, sondern bei uns: *Wir* sind es, die Ihm danken müssen! Undankbarkeit ist eine große Sünde und eine große Ungerechtigkeit. Mit anderen Worten: Aus Gerechtigkeit und kindlicher Liebe und um unseres Heils willen müssen wir Ihm danken. Als der Herr die zehn Aussätzigen heilte (vgl. Lk 17,11–19), kam nur einer zurück, um Gott zu danken. Nach den Worten Jesu aber ist nur dieser eine, der gedankt hat, an Leib und Seele heil geworden. Wir sehen diese Dynamik auch im Buch der Offenbarung, wo der himmlische Hof Gott und dem Lamm Dank sagt: „Wir danken Dir, Herr, allmächtiger Gott!, der Du bist und der Du warst und der Du kommen wirst, dass Du Deine große Macht ergriffen und Dich als Herrscher gezeigt hast“ (11,17).

Der Dank ist auch dazu erforderlich, die Gaben Gottes und Seine Güte an uns zu bezeugen; es ist nämlich wichtig, dass wir diese Dankbarkeit gegenüber Demjenigen, der uns geschaffen hat, bekunden. In der Präfation kommt dieser Grund, warum wir in der Praxis Dank sagen müssen, sehr deutlich zum Ausdruck: Er liegt im göttlichen Handeln, für das wir dankbar sein müssen.

Im Gloria der Messe singen wir „*gratias agimus tibi propter magnam gloriam tuam*, wir sagen Dir Dank ob Deiner großen Herrlichkeit". Es scheint uns zunächst, dass es einen Widerspruch zwischen Demut und großer Herrlichkeit gibt. Der Herr hat Sich gedemütigt, um uns Demut zu lehren und unseren Stolz zu zügeln, aber wir müssen Ihm für Seine große Herrlichkeit danken, denn darin liegt die Wahrheit und es ist unsere Pflicht, sie zu verkünden. Wir müssen die strahlende Schönheit Gottes kundtun, die in Seiner Herrlichkeit erstrahlt. Und dabei ist selbst die Schönheit, die wir wahrnehmen, nur ein kleiner Teil der unermesslichen Schönheit, die Gott ist! Außerdem danken wir, weil wir uns an Seiner Größe erfreuen. Wenn wir lieben, freuen wir uns über die guten Eigenschaften der anderen, so bei unseren Freunden, Eltern und Verwandten und so weiter.

Das Geheimnis der Eucharistie als Gipfel der Dankbarkeit offenbart auf höchst bewegende Weise die Güte Gottes gegenüber den Menschen. Der heilige Peter Julian Eymard erklärt es so:

> *Quam bonus Israel Deus!* Wie gütig ist Gott gegen Israel! (Ps 72,1)
>
> Das war der Ausruf des jüdischen Volkes, der Ausruf Davids, als sie an die Wohltaten dachten, die Gott ihnen immer wieder zuteilwerden ließ. Was wird dann der Ausruf der Christen sein? Und haben wir nicht viel mehr Gründe als die Israeliten, um laut auszurufen: *Quam bonus Israel Deus*! „Wie gütig ist Gott gegen Israel!" Die Juden hatten damals viel weniger von Gott erhalten als wir. Wir haben die Güter des Himmels erhalten: Erlösung, Gnade, die Eucharistie. Das

Geschenk Gottes an uns ist Jesus selbst, die Eucharistie, das Allerheiligste Altarsakrament.

Jesus umgibt sich im Allerheiligsten Sakrament mit Schwäche. Er lässt es zu, dass Er vor Seinen Augen, in Seiner Gegenwart, am Fuß Seines Altars beleidigt, entehrt, verachtet und geschändet wird! Kein Engel ist da, um diese Judasse, diese neuen Heliodoren zu bestrafen! Keiner. Und der himmlische Vater lässt zu, dass Sein geliebter Sohn beleidigt wird! Das ist schlimmer als auf dem Kalvarienberg. Dort verhüllte sich wenigstens die Sonne vor Entsetzen und das Universum beweinte Seinen Schöpfer; aber hier – nichts!

Dieser Kalvarienberg der Eucharistie erhebt sich überall. Im Abendmahlssaal hat er begonnen, nun bedeckt er die ganze Erde und bis zur letzten Minute des Bestehens der Welt wird er andauern. O Gott! Warum diese Maßlosigkeit? Das ist der Konflikt zwischen der Güte und der Undankbarkeit. Jesus ist es, der den Hass des Menschen durch Liebe übertreffen, den Menschen trotz seiner selbst lieben und ihm aus Freude an der Güte Gutes tun will. Er will Sich lieber alles gefallen lassen, als Sich zu rächen. Er will den Widerstand des Menschen gleichsam mit Seiner Güte erschöpfen.

Das ist die Güte Jesu: ohne Ruhm, ohne Spektakel, voller Schwäche, aber voller Liebe für alle, die [wieder] sehen wollen. *Quam bonus Israel Deus* – Herr Jesus, Gott der Eucharistie, wie gut bist Du![173]

In seinem meisterlichen Werk über das Messopfer erläutert Nikolaus Gihr die innige Verbindung zwischen der Dankbarkeit und der Heiligen Messe:

---

[173] *The Real Presence*, „The God of Goodness", S. 126, 129-130. Die Bezeichnung „Heliodoren" bezieht sich auf die Figur des Heliodor in 2 Makk 3, der den Tempel ausrauben will, aber von Engeln mit Geißeln vertrieben wird.

> Indem wir in der Messe durch und mit Christus Gott Lob, Preis, Anbetung darbringen, erfüllen wir in vollkommener Weise die erste Pflicht, die uns als Geschöpfen gegenüber dem Schöpfer obliegt. Weil Ursprung aller Dinge, ist Gott aber auch Urquell aller Güter, die wir haben, d.h. unser erster und größter Wohltäter, dem gebührender Dank abgestattet werden muss. Diese Dankesschuld bei Gott können wir ebenfalls durch nichts besser abtragen, als durch die Feier des Altaropfers, das ja mit Vorzug und Vorliebe eucharistisches, d.h. Danksagungsopfer genannt wird. [...] Die Messe [ist] das vollkommenste, d.h. ein unendlich wertvolles Opfer des Dankes für alle Gnaden und Wohltaten Gottes.[174]

Er fährt fort:

> Kostbar sind schon die natürlichen Wohltaten, aber noch weit kostbarer sind die übernatürlichen Gaben Gottes; denn alles Wünschenswerte kann damit nicht verglichen werden (Spr 8,11). [...]
>
> Erwäge ich still und ernst, was Gott an mir getan und mir geschenkt hat, dann muss ich aufjubeln und ausrufen: „Was soll ich dem Herrn vergelten für alles, was Er mir gegeben hat?“ (Ps 115,3) Weihe ich mich Ihm auch ganz mit allem, was ich bin und habe, mit Gut und Blut, mit Leib und Seele: Wie kann dies Seiner Wohltaten würdig sein? (Tob 12,2) Wie kann eine irdische Gabe, eine endliche Danksagung ausreichend sein, um die unendlich wertvollen Gottesgaben aufzuwiegen und entsprechend zu vergelten? Herr, zu gering bin ich aller Deiner Erbarmungen (*minor sum cunctis miserationibus tuis* – Gen 32,10) und kann Dir nicht

---

[174] Gihr, *Das Heilige Messopfer*, Dogm.-asz. Teil, Abs. 3, Art. 2, §19, Nr. 1, S. 126-127.

genügend Dank erstatten für Deine grenzenlose Liebe und Freigiebigkeit.

Was unmöglich ist bei den Menschen, hat Gott möglich gemacht: Was unser schwaches Vermögen nicht erreichen kann, können wir durch Christus, unseren Herrn. „Gib dem Allerhöchsten nach der Gabe, welche Er dir gegeben hat" (Sir 35,12): Aber wie können wir dies? Dadurch, dass wir Gott und dem Vater danken durch Christus (Kol 3,17) und stets für alles Gott dem Vater danken im Namen unseres Herrn Jesus Christus (Eph 5,20). In der Messe opfert Christus mit derselben unendlich vollkommenen Dankgesinnung, von der Seine Seele durchglüht war auf Erden – im Leben und Leiden, beim Letzten Abendmahl und auf dem Kalvarienberg; auch die Gegengabe, welche Er Seinem himmlischen Vater für alle dem Menschengeschlecht erwiesenen Wohltaten darbringt, ist dieselbe wie am Kreuz – nämlich Sein edelster Leib und Sein kostbares Blut. Die Messe ist somit ein unendlich wertvolles und angenehmes Dankopfer, das alle Wohltaten Gottes, mit denen Himmel und Erde erfüllt sind, in vollkommenster Weise aufwiegt. Christus aber bringt das eucharistische Opfer dar für uns, d.h. um an unserer statt Gott zu danken und die Mängel unserer Danksagung zu ersetzen.[175]

Mit Ihm und durch Ihn bringen auch wir dieses Opfer dar zur Danksagung; denn Er hat es uns ja zum Eigentum überlassen. Durch Christus und Sein eucharistisches Opfer sind wir so reich geworden, dass wir dem himmlischen Vater eine unaussprechlich hohe und herrliche Gegengabe weihen können zum würdigen Dank für jede gute Gabe und jedes vollkommene Geschenk (Jak 1,17), das aus Seiner Hand uns

[175] Ibid., Nr. 1 u. 2, S. 127-128.

> zuteilwird. Aus uns selber können wir Ihm freilich nicht einmal für die geringste Wohltat nach Gebühr danken, aber durch das Opfer der Heiligen Messe sind wir in den Stand gesetzt, unsere ganze Schuld des Dankes, mag sie auch unendlich groß sein, vollkommen abzutragen. Am Altar können wir „dem Vater der Erbarmungen und dem Gott allen Trostes“ angemessen und würdig danken, indem wir den Kelch des Heiles ergreifen und den göttlichen Namen lobpreisen (Ps 115,4). – In den liturgischen Gebeten und Gesängen, mit denen die Kirche die göttliche Opferhandlung umgeben hat, spricht der Geist innigster Dankesfreude und gehobenster Danksagung auf das Herrlichste sich aus. Diese dankbare Stimmung soll auch unser Herz erfüllen bei der eucharistischen Opferfeier. In Seinem vielgeliebten Sohn hat der himmlische Vater alles uns gegeben; wir sollen Ihm wieder alles zurückgeben, indem wir Ihm Seinen Sohn, an dem Er das innigste Wohlgefallen hat, am Altar als Dankopfer darbringen. Das Dankgebet ist eine reiche Quelle neuer Gaben.[176]

Wenn uns schon die wunderbare Schönheit der Schöpfung zur Dankbarkeit bewegt, um wieviel mehr sollten wir dann von der Opfergabe des Leibes und Blutes Christi bewegt sein, die eine unvergleichliche geistliche Schönheit in sich trägt! Gihr schreibt:

> Blicke hin auf die Beispiele der Heiligen: Wie überströmte ihr Herz von Dankgefühlen, ihr Mund von Dankgebeten! Wenn der abgetötete und gegen sich so strenge Paul vom Kreuz durch Feld und Wald und Wiesen pilgerte, war ihm alles, was er sah, eine Mahnung an Gottes Güte. Von innerem Feuer er-

[176] Ibid., S. 128-129.

glüht, rief er da Blumen und Bäumen zu: „Schweigt! Schweigt! Predigt nicht mehr!" Als er einstmals eine Blume am Weg stehen sah, pflückte er sie und zeigte sie voller Freude seinem Gefährten mit den Worten: „Siehst du nicht, wie die Blumen rufen: ‚Liebe Gott! Liebe Gott!'" Und mit strahlendem Angesicht, wie in Entzückung, wiederholte er mehrmals die Worte: „Und warum liebst du Gott nicht? Warum liebst du Gott nicht?" Genügt schon der Anblick einer Blume, um die Seele eines Heiligen mit ekstatischer Liebe zu entzünden, sollte dann nicht unser Herz aufflammen (Lk 24,32) von dankbarer Liebe und wie Weihrauch in der Glut, wie eine brennende Kerze sich verzehren, wenn wir am Fuß des Altares andächtig erwägen, welch wundervolle Geheimnisse göttlicher Huld und Erbarmung und Herablassung bei der Messfeier sich vollziehen? Denn das eucharistische Opfer ist nicht nur unsere beste und immerwährende Danksagung für Gott, sondern zugleich der lebendige Quell, aus dem wir den Geist der Dankbarkeit unaufhörlich schöpfen können und sollen.[177]

Im zweiten Artikel seines Werkes *De sacramento altaris et de celebratione Missae dialogus* erklärt Dionysius der Kartäuser, warum die Messe „Eucharistie" genannt wird. In diesem Dialog lässt Dionysius den Herrn diese Worte zu Seinem Priester sagen:

> Doch habe Ich durch die Einsetzung und Mitteilung dieses Sakramentes und durch die Anordnung seines regelmäßigen Vollzugs den Quell Meines ganzen Wohlwollens, Meiner ganzen Liebe und Meiner Gebefreudigkeit in reichem Maße über euch aufgetan und strömen lassen. Ja, Ich habe euch

[177] Ibid., Nr. 3, S. 129-130.

sogar den Quell selbst mit all seiner Reichhaltigkeit, Großzügigkeit und Gnade mitgeteilt: nämlich Mich Selbst; und dabei habe Ich nichts Eigenes für Mich zurückbehalten, das Ich euch nicht in irgendeiner Weise mitgeteilt habe. Denn wie Ich Mich am Kreuz ganz für euch als Lösepreis geschenkt, ausgeliefert und dargebracht habe, so habe Ich Mich euch in diesem Sakrament überaus gnädig, freigiebig und mit größter Willensbereitschaft als Speise, als Heilmittel, als Unterhalt und Rettung ganz geschenkt und dargebracht[.] [...] Wie ist es dann erstaunlich, wenn Ich, der Ich aus unaussprechlicher Liebe vom Himmel zur Erde herabgestiegen bin und die menschliche Natur zur Rettung der Menschheit angenommen habe, euch eben diese angenommene Natur auch im Sakrament mitteile?[178]

Eine der Wirkungen und geistlichen Früchte des eucharistischen Opfers ist die Gnade, in ständiger Dankbarkeit zu leben. Diese Wahrheit wird in der *Oratio super oblata* der Messe *Pro uno martyre tempore paschali* des neuen Römischen Messbuchs ausgedrückt,[179] wo es heißt: „*Suscipe, Domine, sacrificium placationis et laudis, quod in commemoratione beati martyris N. tuae offerimus maiestati, ut nos perducat ad veniam, et in perpetua gratiarum constituat actione.*[180] – Herr und Gott, am Gedenktag des heiligen N. bringen wir das Opfer des Lobes und der Versöhnung dar. Es erwirke uns die Vergebung der Sünden und die Gnade, Dir immer zu danken."

---

[178] *Messerklärung – Dialog über das Altarsakrament und die Messfeier*, S. 202 (Dialog über das Altarsakrament).

[179] Messe für einen Märtyrer in der Osterzeit: Gebet über die Gaben (Editio typica tertia 2008).

[180] Dieses Gebet findet sich bereits im *Sacramentarium Gelasianum*, vgl. Leo Cunibert Mohlbergs Ausgabe, *Liber sacramentorum Romanae Ecclesiae ordinis anni circuli*, Herder, Rom 1960.

Während der Messe gibt es verschiedene Akte der Danksagung. Ein Moment von enormer geistlicher Bedeutung ist die Danksagung nach der Heiligen Kommunion. Sie ist überaus wichtig, damit diese fruchtbar wird. Eine häufige Kommunion ohne Danksagung dagegen degeneriert zur bloßen Gewohnheit. Die Kirche empfiehlt uns also, nach der Heiligen Kommunion persönlich zu danken, weil Jesus in diesem Moment im Leib des Gläubigen verweilt, der Ihn empfangen hat. Nach der katholischen Theologie verbleiben die eucharistischen Gaben im Körper, bis sie sich auflösen; Wissenschaftler schätzen dies auf 10 bis 15 Minuten. Danach ist Christus nicht mehr sakramental, sondern nur noch geistig im Leib gegenwärtig. Wir können also verstehen, wie kostbar die Zeit nach der Kommunion ist, in der wir eine Art lebendiger Tabernakel sind. Wir müssen diese Momente, diese intimsten und kostbarsten Momente des ganzen Tages, angemessen würdigen. Aus diesem Grund wird empfohlen, nach der Kommunion mindestens zehn Minuten lang Danksagung zu halten. Auf diese Weise können wir die verwandelnde, tröstende und stärkende Kraft der Vereinigung mit dem Herrn erfahren. Wer die Danksagung konsequent praktiziert, wird auch die Wirkungen der Gnade aus der Heiligen Kommunion erleben. Denken wir doch einmal nach! Es wäre weder angemessen noch vernünftig, wenn wir einen Gast in unserem Haus hätten, ihn aber nicht ansprechen oder gar allein lassen würden, während er bei uns ist. Natürlich kann es Ausnahmen geben, Situationen, in denen man sofort nach dem Ende der Messe gehen muss, aber normalerweise sollte man eine Danksagung halten, um die entsprechenden Früchte zu empfangen.

Im überlieferten Messritus verbirgt sich eine große pädagogische Weisheit. Der Segen kommt nach dem *Ite missa est*, als wolle er den Gläubigen sagen: „Geht nicht sofort, bleibt noch etwas, um den Segen zu empfangen.“ Auch der Priester verlässt den Altarraum nicht sofort nach dem Segen, sondern begibt sich an die Seite des Altars, um den Prolog des heiligen Johannes zu lesen; so erhalten die Gläubigen gewissermaßen eine Einladung Christi, in der Kirche zu bleiben und sie nicht überstürzt zu verlassen. In diesen Momenten ist Er noch im Leib des Priesters und derer, die Ihn sakramental empfangen haben, gegenwärtig. Deswegen sollten sowohl der Priester als auch die Gläubigen beim Hören dieses schönen Textes aus dem Prolog des Johannesevangeliums, insbesondere seiner zentralen Worte *Et verbum caro factum est*, bedenken, dass sich das Geheimnis der Menschwerdung Gottes auch in ihnen selbst auf individuelle und persönliche Weise durch die sakramentale Kommunion erfüllt hat. Die Heilige Mutter Kirche aber weiß, dass es Oberflächlichkeit geben kann, besonders beim zelebrierenden Priester. Darum zwingt sie ihn, zum Lesen des Johannesprologs am Altar zu verharren und mit den letzten Worten „*Deo gratias*" zu enden. Ich hoffe aufrichtig, dass das Beten des Johannesprologs auch im *Novus Ordo* wieder eingeführt wird, wo die letzten Worte ebenfalls „Dank sei Gott dem Herrn" lauten. Immerhin enden also beide Formen der Messe mit einem Dankgebet, obwohl es in der Alten Messe zweimal erklingt: einmal nach dem *Ite missa est* und noch einmal am Ende des Johannesprologs.

Von Gihr haben wir die folgenden tiefgründigen Überlegungen über die besondere geistliche Bedeutung der Danksagung nach dem Empfang der Heiligen Kommunion:

> Die Augenblicke unmittelbar nach der Kommunion sind überaus selig und kostbar und gnadenreich: In erstaunlicher Herablassung wohnt dann der huldreichste Jesus mit allen Himmelsschätzen im Heiligtum des Menschenherzens. Da tut es besonders not, alle Welt und Weltlust zu vergessen, alle Zerstreutheit und Flatterhaftigkeit zu meiden, in Ein-

gezogenheit, Sammlung, Stille die Sinne und Kräfte der Seele auf den himmlischen Gast zu richten, mit voller Andachts- und Liebesglut den eucharistischen Herzenskönig zu empfangen, zu verherrlichen, anzubeten, zu benedeien, zu bitten – kurz, eine *freudige* und *innige Danksagung* zu verrichten für die unaussprechlich hohe Gnade des eucharistischen Opfermahles.[181]

In den *Fioretti* des heiligen Franziskus (Kapitel 13) wird erzählt, wie der heilige Franziskus in Begleitung von Bruder Masseo Gott für eine köstliche Mahlzeit pries, die aus hartem, altem Brot und frischem Quellwasser bestand. Wieviel mehr sollten die Gläubigen Gott danken, die das unvergleichlich köstliche Mahl des Leibes Christi in der Heiligen Kommunion empfangen haben! Lesen wir die Erzählung bei Gihr:

> Einstmals ging Franziskus von Assisi in Begleitung seines Ordensbruders Massäus [it. Masseo] bei glühender Sonnenhitze über Feld. Schmachtend nach einem kühlen Trank kamen sie an einen Ort, wo frisches Quellwasser sprudelte und ein hoher Baum ringsum wohltuenden Schatten warf. Hier setzten sie sich nieder, zogen einige Stücklein harten Brotes hervor, tauchten sie ins Wasser, aßen und tranken. Dem Heiligen flossen dabei Tränen über die Wangen. Erstaunt fragte ihn der Bruder:
>
> „Guter Vater, warum weinst du denn?"
>
> „Ach, Bruder", entgegnete ihm Franziskus, „sollte ich denn nicht Tränen der Freude und des Dankes weinen, da der himmlische Vater uns hier so eine köstliche Mahlzeit bereitet hat?"
>
> Massäus konnte über diese Worte kaum des Lächelns sich

[181] Gihr, *Das Heilige Messopfer*, Lit.-asz. Teil, Abs. 2, Art. 3, §71, Nr. 3, S. 664; Hervorhebungen im Original.

erwehren, da ihm dies Essen nichts weniger als köstlich vorkam. Aber ernst fuhr der Heilige fort:

„Bedenke, Bruder, wie gütig der Herr für uns arme Geschöpfe sorgt. Von Ewigkeit sah Er voraus, dass wir einst erschöpft und dürstend hierherkommen würden, und aus vorsorglicher Liebe setzte Er einen schattigen Baum mit einer frischen Quelle an diesen Ort, damit wir ausruhen und unser Brot, das gute Menschen um Seiner Liebe willen uns gegeben, in angenehmer Kühle verzehren könnten. Wodurch haben wir denn eine so väterliche Liebe und Fürsorge verdient? Soll die große Güte Gottes uns nicht Tränen der Gegenliebe und des Dankes uns entlocken?“

So dachte und dankte der seraphische Franziskus für einige Stücklein harten Brotes, für einen Trunk frischen Wassers. Was ist aber diese Gabe im Vergleich zur Süßigkeit und Gnadenfülle des geheimnisvollen Mahles, das der Herr auf dem Altar täglich uns bereitet? Nicht irdische, vergängliche, sondern himmlische, unvergängliche Speise und Erquickung bietet Er uns dar – Seinen hochheiligen Leib und Sein kostbares Blut. Da „die Seele hier wie mit Mark und mit der Fülle“ geistlicher Güter und Tröstungen „gesättigt“ wird, soll sie von Dank überströmen und mit jubelnden Lippen den Herrn lobpreisen (Ps 62,6). Die Kirche wollte diese Danksagung, durch welche der eucharistische Gnadenstrom reichlich in das Herz übergleitet sowie auch sorglich darin bewahrt werden soll, dem Eifer und der Andacht des Einzelnen überlassen: Darum hat sie für den öffentlichen Gottesdienst nur eine ganz kurze und einfache Feier nach der Kommunion angeordnet. Diese liturgische Nachfeier wird mit Recht als Danksagung betrachtet und bezeichnet.[182]

---

[182] Ibid., S. 606-607.

Dionysius der Kartäuser spricht in seiner Erläuterung der Messriten diese hilfreiche Warnung aus:

> Es ist auch ungeziemend, bald nach der Kommunion auszuspucken, vielmehr soll man sich in allem geistig wie körperlich unter Kontrolle haben und Beherrschung zeigen. Nicht weniger Sorge soll man dafür tragen, sich gegenüber Christus dankbar zu erweisen, als vorher, Ihn würdig zu empfangen. Daher scheinen jene reichlich Kritik zu verdienen, die sich nach der Kommunion und dem Ende der Messe so schnell nach draußen stürzen und sich mit äußeren Angelegenheiten beschäftigen, es sei denn, irgendeine Notwendigkeit macht ein solches Verhalten erforderlich.[183]

An anderer Stelle erteilt er uns diesen geistlichen Rat:

> Nach der Messfeier halte deine Danksagung mit brennendem und andächtigem Herzen, sei dankbar und aufmerksam in all deinen Gesprächen, sodass du nicht sündigst; trage Sorge und sei wachsam, damit du die empfangene Gnade nicht verlierst, damit du die erworbene Frucht nicht einbüßt und damit dein ganzes Leben eine ununterbrochene Vorbereitung auf die [nächste] Messfeier sei.[184]

Auch der heilige Peter Julian Eymard hat uns eine wunderbare Betrachtung über diesen Moment des Dankes nach dem Kommunionempfang hinterlassen:

---

[183] *Messerklärung – Dialog über das Altarsakrament*, S. 194 (Erklärung der Heiligen Messe: Art. 38).

[184] *De sacramento Eucharistiae*, Predigt 3; übersetzt aus der englischen Fassung.

Die feierlichsten Augenblicke deines Lebens sind die, die du in der Danksagung verbringst, wenn der König des Himmels und der Erde, dein Erlöser und dein Richter, bei dir ist und bereit ist, alles zu gewähren, worum du Ihn bittest. […] Es gibt keinen heiligeren, keinen heilsameren Augenblick für dich, als wenn Jesus in deinem Leib und in deiner Seele Wohnung genommen hat.

Die Versuchung ist oft groß, unsere Danksagung zu verkürzen. Der Teufel kennt deren Wert und unsere Natur, unsere Eigenliebe schreckt vor ihrer Wirkung zurück. Setze daher die Dauer deiner Danksagung fest und verkürze sie nicht einen Augenblick ohne einen wirklich triftigen Grund.

Die Danksagung ist absolut notwendig, wenn der so heilige Akt der Kommunion nicht zu einer bloßen frommen Gewohnheit verkommen soll. „Seid gewiss", sagte einmal der heilige Johannes Baptist de la Salle zu seinen Ordensleuten, „dass es in eurem ganzen Leben keine wertvollere Zeit gibt, als die der Heiligen Kommunion und die Augenblicke unmittelbar danach, in denen ihr das große Glück habt, von Angesicht zu Angesicht, von Herz zu Herz mit Jesus sprechen zu können."

Beim Danken findet die Seele also Gelegenheit, sich des Erlösers zu erfreuen, Den sie empfangen und zu eigen genommen hat, Ihm für Seine Liebe zu huldigen und gleichzeitig die wohltuende Süße dieses glücklichen Eigentums zu kosten. Seid versichert, dass diese Handlung weder geistliche Selbstsucht noch das Schwelgen in einer mehr oder weniger mystischen Sinnlichkeit ist; sie ist vielmehr die Erfüllung einer zweifachen Pflicht. Zum einen schulden wir nämlich unserem göttlichen Gast in dieser Kommunion, dieser Gemeinschaft, Wertschätzung und Wohlgefallen an Seiner Gegenwart; zum anderen müssen wir an diesem Tisch, den der Himmlische König für uns mit so reichen Gaben beladen hat, die Stärke, die heilige Freude und die Fröhlichkeit schöpfen, derer unsere Seelen bedürfen. [...]

Vielleicht wirst du einwenden, dass du wesensmäßig nicht zur Beschaulichkeit neigst und darum unfähig bist, dich so innerlich zu unterhalten. Verstehe mich jetzt richtig! Dieses innere Gespräch nach der Kommunion erfordert kein besonders hohes geistliches Niveau. Wenn du nur guten Willens bist, wird Sich Jesus mit dir unterhalten und du wirst Ihn auch verstehen. Er spricht nämlich die Sprache des Herzens und die ist für jedermann verständlich.[185]

Das Geheimnis der Eucharistie verlangt von der Kirche und von den einzelnen Gläubigen unablässiges Danken. Der heilige Peter Julian Eymard erinnerte an diese Wahrheit in einer leidenschaftlichen Ermahnung, als er von unserer Pflicht sprach,

> Jesus unablässig für die Liebe zu danken, die Er uns durch die Einsetzung des Allerheiligsten Sakraments erwiesen hat.
>
> 1. Feierliche Danksagung für alle Entbehrungen, die Seine Liebe bei der Einsetzung dieses heiligen Sakraments auf sich genommen hat: das Opfer Seiner Herrlichkeit, Seiner Majestät, Seiner Macht und Seiner Freiheit, ja sogar Seiner strahlenden Heiligkeit, die noch immer der Verachtung, den Beleidigungen und Lästerungen, ja den abscheulichsten Sakrilegien ausgesetzt ist. Er kannte sie im Voraus und Seine Würde hatte sie abgewogen; aber die Liebe obsiegte.
> 2. Stetige Danksagung für die Fortdauer Seines sakramentalen Daseins. Wie viele Opfer in 1900 Jahren! Welche

[185] *How to Get More Out of Holy Communion*, Sophia Institute Press, Manchester, NH, 2013, ch. 18, „Be thankful for the gift of the Eucharist", S. 133-134.

immer neuen Beweise der Liebe! Welch reiche Früchte, die eine so verschwenderische Liebe hervorgebracht hat! Welch ein Strom von Gnaden vom Letzten Abendmahl bis zum heutigen Tag! Ist es nicht angebracht, diesen lieben Erlöser zu loben und Ihm für Seine Güte zu danken? [...]

3. Öffentliche Danksagung. Man muss Gott für all jene danken, die Ihm nicht selbst danken, für Verwandte, Freunde und Brüder in Adam und im Glauben. [...] Man muss für all die Wohltaten danken, die der Kirche zuteilgeworden sind. [...] Ohne die Sonne würde die Welt in eine unfruchtbare und gefängnisartige Dunkelheit fallen; sie wäre nichts als ein einziges Bild des Todes. Ohne die Heilige Eucharistie wäre die Welt nur eine trockene Wüste, ein düsteres Grab; sie hätte den Anschein des Jüngsten Tages, dem Jüngsten Gericht vorausgehend.

   Welch ein Segen ist es da, sein Leben zu Füßen des Thrones des Lammes zu verbringen und Ihm vereint mit dem himmlischen Chor zuzurufen: „Würdig bist Du, o Jesus, zu empfangen Preis, Ehre, Herrlichkeit und Macht in Ewigkeit!“ (vgl. Offb 5,12–13)[186]

Eines der schönsten Dankgebete nach der Heiligen Kommunion ist das folgende Gebet des heiligen Bonaventura, das von der Kirche im *Römischen Messbuch* empfohlen wird:

> Durchbohre, o süßester Herr Jesus!, das innerste Mark meiner Seele mit der lieblichsten, Heil ausströmenden Wunde

[186] *Eucharistic Retreats*, trans. Clara Morris Rumball, Emmanuel Publishing, Cleveland, OH, o. J., Fourth Retreat, Second Day, Second Meditation, „Second Aim: Thanksgiving“, S. 261-263; hier und nachfolgend aus dem Englischen.

Deiner Liebe, mit wahrer, freudiger, heiliger und großmütiger Liebe, auf dass meine Seele schmachte und zerfließe allein und immerdar von der Liebe und dem Verlangen nach Dir; auf dass sie sich selbst verzehrend sich sehne nach Deinen Vorhöfen und wünsche, aufgelöst zu werden und bei Dir zu sein. Gib, dass meine Seele hungere nach Dir, dem Brot der Engel, der Erquickung heiliger Seelen, nach unserem täglichen übernatürlichen Brot, das alle Süßigkeit und allen Geschmack und alle Lieblichkeit der Anmut in sich enthält. Nach Dir, welchen die Engel zu schauen gelüstet, hungere und verlange mein Herz immerdar, und von der Süßigkeit Deine Geschmacks soll erfüllt werden das Mark meiner Seele. Nach Dir möge sie dürsten, dem Quell des Lebens, dem Quell der Weisheit und Wissenschaft, dem Quell des ewigen Lichtes, dem Strom der Lust, der Überfülle des Hauses Gottes: Nach Dir soll sie stets verlangen, Dich suchen, Dich finden, nach Dir streben, zu Dir gelangen, von Dir betrachten, von Dir reden und alles tun zum Lob und Ruhme Deines Namens, mit Demut und Bescheidenheit, mit Leichtigkeit und Innigkeit, mit Beharrlichkeit bis zum Ende. Sei Du allein immerdar meine Hoffnung, mein ganzes Vertrauen, mein Reichtum, meine Ergötzung, meine Fröhlichkeit, meine Freude, meine Ruhe und Stille, mein Friede, meine Lieblichkeit, mein Wohlgeruch, meine Süßigkeit, meine Speise, meine Erquickung, meine Zuflucht, meine Hilfe, meine Weisheit, mein Anteil, mein Besitztum und mein Schatz, in welchem fest und dauerhaft und unbeweglich mein Geist und mein Herz immerdar begründet sein möge. Amen!

8. Die Messe ist Hinhören

Auf die Stimme Gottes zu hören, der durch Seine Offenbarung zu den Menschen spricht, ist ein göttliches Gebot. Gott gebietet uns, Ihn zu hören, damit wir Seinen heiligen Willen in rechter Weise erfüllen und so unsere Liebe zu Ihm bekunden können. Im Alten Testament wiederholt Gott so oft: „Höre Meine Stimme!" Von zentraler Bedeutung für das Volk Israel waren die folgenden Worte Gottes im Buch Deuteronomium, die „Shema Israel" genannt werden:

> Höre Israel, der Herr, unser Gott, ist allein der Herr. Du sollst den Herrn, deinen Gott, lieben aus deinem ganzen Herzen und aus deiner ganzen Seele und aus allen deinen Kräften. Und diese Worte, die Ich dir heute gebiete, sollen in deinem Herzen bleiben und du sollst sie deinen Kindern mitteilen und sie betrachten, wenn du in deinem Hause sitzt und wenn du auf der Reise bist, wenn du dich niederlegst und wenn du aufstehst. Und du sollst sie als Zeichen auf deine Hand binden und zwischen deinen Augen schwebend haben und sollst sie an die Pfosten und Türen deines Hauses schreiben (Dtn 6,4–9).

Der heilige Paulus sagt: *„fides ex auditu"*, der Glaube kommt vom Hören (vgl. Röm 10,17). Diesem Satz liegt die Tatsache zugrunde, dass unsere Religion die einzige ist, die ihren Ursprung in der göttlichen Offenbarung hat, welche im Alten und Neuen Testament gegeben ist. Das heißt, Gott hat Sich geoffenbart, indem Er Sich zu erkennen gegeben und Sich an uns gewandt hat. Gott hat Sich an uns gewandt, und zwar nicht nur durch sinnenfällige Zeichen, sondern auch mit Worten. Die Fülle der Offenbarung ist schließlich Jesus Christus, der das Wort ist: „Und das Wort war Gott" (Johannes 1,1). Im Prolog des Johannesevangeliums heißt es weiter: „Gott hat niemand je gesehen; der eingeborene Sohn, der im Schoße des Vaters ist, Er hat es uns kund etan" (Joh 1,18).

Gott, der Vater, hat uns befohlen, auf Sein Wort zu hören: „Dieser ist Mein Sohn, der geliebte, an welchem Ich Mein Wohlgefallen habe; Ihn sollt ihr hören" (Mt 2,17;17,5). Dem Handeln Gottes, der Sich offenbart und spricht, entspricht es, dass der Mensch auf dieses göttliche Wort hinhört und es im täglichen Leben in die Tat umsetzt. Von diesem Hören hängt die Kraft des gesamten geistlichen Lebens und sogar das ewige Heil ab, wie uns der Herr im Evangelium sagt:

> Jeder also, der diese Meine Worte hört und sie tut, ist mit einem weisen Mann zu vergleichen, der sein Haus auf einen Felsen gebaut hat. Es fiel der Regen und die Ströme brachen herein, es wehten die Winde und stürmten ein auf jenes Haus, aber es fiel nicht zusammen; denn es war auf einen Felsen gegründet. Und jeder, der diese meine Worte hört und sie nicht vollbringt, wird einem törichten Mann gleich sein, der sein Haus auf den Sand gebaut hat. Es fiel der Regen, die Ströme brachen herein, es wehten die Winde und stürmten ein auf jenes Haus und es stürzte ein und sein Fall war groß (Mt 7,24–27).

Die Kirche lehrt uns sodann, wie wichtig der Gehorsam ist, den wir dem geoffenbarten Wort Gottes schulden:

> Dem offenbarenden Gott ist der „Gehorsam des Glaubens" (Röm 16,26; vgl. Röm 1,5; 2 Kor 10,5–6) zu leisten. Darin

> überantwortet sich der Mensch Gott als Ganzer in Freiheit, indem er sich „dem offenbarenden Gott mit Verstand und Willen voll unterwirft“ und Seiner Offenbarung willig zustimmt. Dieser Glaube kann nicht vollzogen werden, ohne die zuvorkommende und helfende Gnade Gottes und ohne den inneren Beistand des Heiligen Geistes, der das Herz bewegen und Gott zuwenden, die Augen des Verstandes öffnen und „es jedem leicht machen muss, der Wahrheit zuzustimmen und zu glauben“.[187]

Die Kirche existiert, um allen Völkern das Wort der Wahrheit zu verkünden. Deswegen hat unser Herr zu den Aposteln gesagt: „Wer euch hört, hört Mich, und wer euch verachtet, verachtet Mich“ (Lk 10,16); deswegen sandte Er die Apostel: „Geht also hin und lehrt“ (vgl. Mt 28,19). „Ich bin dazu geboren und dazu in die Welt gekommen, dass Ich der Wahrheit Zeugnis gebe. Jeder, der aus der Wahrheit ist, hört Meine Stimme“ (Joh 18,37). Wir haben in diesem Zusammenhang bereits das *Shema Israel* in Erinnerung gerufen. Zum *Shema Israel* gehört jedoch auch das göttliche Gebot, dass Israel auf Christus, den Sohn und das fleischgewordene Wort Gottes, hören soll. Heutzutage gibt es dagegen Gemeinschaften in der Kirche, die diese alttestamentlichen Worte, das *Shema Israel*, d.h. das Bekenntnis zu dem einen Gott, als einen Hymnus ihrer Selbstidentität nehmen. Für einen Christen ist aber der zentrale Punkt des Glaubensbekenntnisses das ausdrückliche Bekenntnis zur Allerheiligsten Dreifaltigkeit! Es nützt uns nicht das Geringste zu bekennen, dass Gott Einer ist, wenn wir nicht glauben und bekennen, dass Gott Vater, Sohn und Heiliger Geist ist. Der eine wahre Gott ist nicht einfach das, was gewisse monotheistische Religionen bekennen;

[187] *Dei Verbum*, Nr. 5; es werden das Erste Vatikanische Konzil (*Dei Filius*, Kap. 3) und das Zweite Konzil von Orange (Kanon 7) zitiert.

Er ist der eine und Dreifaltige Gott, die Heiligste Dreifaltigkeit, der Gott, der Sich uns durch das fleischgewordene Wort Gottes geoffenbart hat, und Er muss als solcher verehrt werden. Es gibt eine bewegende Episode im Alten Testament nach dem babylonischen Exil, als sich das Volk vom göttlichen Gesetz abgewandt hatte. Der Priester Esdras findet das Buch mit dem mosaischen Gesetz und versammelt das Volk, um dieses Gesetz zu verlesen. Ergriffen von Gottes geoffenbartem Wort, weint das Volk und wirft sich in Anbetung nieder.

> Und Esdras öffnete das Buch vor dem ganzen Volk, denn er ragte über das ganze Volk empor; und als er es öffnete, stand das ganze Volk. Dann lobte Esdras den Herrn, den großen Gott und das ganze Volk antwortete: Amen, Amen, indem sie ihre Hände aufhoben und sich verneigten und Gott anbeteten, das Angesicht zur Erde gebeugt. [...] Nehemias aber (das ist der Athersatha) und Esdras, der Priester und Schriftgelehrte, und die Leviten, welche dem ganzen Volk die Auslegung gaben, sprachen: Dieser Tag ist dem Herrn, unserem Gott, geheiligt! Seid nicht traurig und weint nicht. Denn das ganze Volk weinte, als es die Worte des Gesetzes hörte (Neh 7,5–6;7,9).

Auch wir müssen unsere Haltung erneuern, damit das Wort Gottes uns in der Heiligen Messe tatsächlich berühren kann.

Die Kirche hat die beiden Aspekte des alttestamentlichen Gottesdienstes in einer einzigen heiligen Handlung vereint: die Darbringung des Opfers, wie es im Tempel geschah, und die Verkündigung und das Hören des Wortes, wie es in den Synagogen geschah. Es besteht hierbei eine enge Verbindung zwischen der Verkündigung des Wortes Gottes in der Heiligen Schrift und der Feier des eucharistischen Opfers: „Es ist gut, sich vor Augen zu halten: Das Wort Gottes, das die Kirche im Gottesdienst liest und verkündet, zielt geradezu darauf ab, zur Eucharistie, dem Opfer des Bundes und dem Gastmahl der Gnade, hinzuführen."[188] Papst Benedikt XVI. fasste diese Tatsache so in Worte:

> Wort und Eucharistie gehören so eng zueinander, dass eines nicht ohne das andere verstanden werden kann: Das Wort Gottes wird im eucharistischen Geschehen sakramentales Fleisch. Die Eucharistie öffnet uns für das Verständnis der Heiligen Schrift, ebenso wie die Heilige Schrift ihrerseits das eucharistische Geheimnis beleuchtet und erklärt.[189]

Die Verkündigung des Wortes Gottes während der Feier der Heiligen Messe offenbart seine eindeutig christologische Zielrichtung: Die gesamte Heilige Schrift hat ihren Zweck in Jesus Christus. Der heilige Augustinus fasste dies überaus geistreich zusammen: „Das Neue Testament verbirgt sich im Alten und das Alte offenbart sich im Neuen" – *In Vetere Novum lateat, et in Novo Vetus pateat.*[190] In seiner Abhandlung über die Bedeutung der Symbolik in Kirchenbau und Liturgie, *Rationale divinorum officiorum*, spricht William Durandus von einer dreifachen Bedeutung der Verkündigung der Heiligen Schrift während der Messe. Er schreibt:

> Der Dienst am Wort Gottes ist aber von dreifacher Art: Erstens gibt es den Dienst der Vollmacht, der Christus zusteht, der nach Röm 15,8 „Diener" genannt wird: Er lehrte nämlich mit der Vollmacht bekleidet (vgl. Mt 7,29); zweitens gibt es

---

188 *Pastorale Einführung* zum *Lektionar*, Nr. 10.

189 Papst Benedikt XVI., Nachsynodales Apostolisches Schreiben *Verbum Domini*, Nr. 55.

190 *Quaestiones in Heptateuchum* 2,73.

den Dienst der offenkundigen Wahrheit, der den Predigern des Neuen Testaments zusteht, von denen es heißt: „Er hat auch uns zu geeigneten Dienern bestellt" (2 Kor 3,6); drittens gibt es den Dienst der Vorausbedeutung, was den Predigern des Alten Testamentes zusteht; deshalb stellt die Lehre Christi auch der Diakon vor, wird aber die Lehre der Prediger des Alten Testaments durch die Subdiakone vorgestellt. Auch steht nichts im Weg, dass zuweilen von ihnen anstelle der Epistel etwas aus dem Alten Testament gelesen wird, weil die Prediger des Neuen Testaments auch das Alte predigen.

Übrigens wird die Lehre der Prediger des Alten Testaments nicht immer gelesen, sondern nur an jenen Tagen, an denen in besonderer Weise die Übereinstimmung des Neuen mit dem Alten Testament bildlich dargestellt wird; das ist der Fall z.B. an den Fasttagen der Quatemberzeiten und wenn etwas gefeiert wird, was wie die Passion, die Geburt, die Taufe und etwas dieser Art im Alten Bund vorgebildet worden ist, und weil die Lehre beider Testamente und derer, die vorausgingen, und derer, die folgten, sich auf Christus hinordnet; deshalb wird die Lehre Christi [das Evangelium] gleichsam als Endpunkt hingestellt.[191]

Unser Herr Jesus Christus ist Selbst die innige Verbindung zwischen dem geoffenbarten und verkündeten Wort Gottes und dem eucharistischen Geheimnis, denn Er ist das fleischgewordene, vom Himmel herabgekommene Wort, das wahre Brot, das durch Seinen Leib und Sein Blut, die im eucharistischen Ge-

---

[191] Wilhelm Durandus, *Rationale divinorum officiorum*, Buch IV, Kap. 16, Abs. 8. Übersetzung und Verzeichnisse von Herbert Douteil, mit einer Einführung hg. und bearb. von Rudolf Suntrup, Aschendorff Verlag, Münster 2016, Teilband I, S. 357; Band 107 in der Reihe *Liturgiewissenschaftliche Quellen und Forschungen* des Abt-Herwegen-Insitutes der Abtei Maria Laach.

heimnis geopfert werden, den Menschen Leben gibt. Papst Benedikt XVI. erläuterte diese innige Verbindung zwischen dem Wort Gottes und der Eucharistie folgendermaßen:

> Jesus bringt in sich selbst das uralte Zeichen zur Erfüllung: „Das Brot, das Gott gibt, kommt vom Himmel herab und gibt der Welt das Leben. [...] Ich bin das Brot des Lebens" (Joh 6,33–35). „Das Gesetz ist *Person* geworden. In der Begegnung mit Jesus nähren wir uns sozusagen vom lebendigen Gott selbst, essen wir wirklich ‚Brot vom Himmel'". In der Rede von Kafarnaum wird der Prolog des Johannes vertieft: Während dort der *Logos* Fleisch wird, wird hier dieses Fleisch zu *„Brot"*, das für das Leben der Welt hingegeben wird (vgl. Joh 6,51), in Anspielung auf die Selbsthingabe Jesu im Geheimnis des Kreuzes, bestätigt durch das Wort über Sein Blut, das Er zu *„trinken"* gibt (vgl. Joh 6,53). Auf diese Weise zeigt sich im Geheimnis der Eucharistie, welches das wahre Manna ist, das wahre Himmelsbrot: Es ist der fleischgewordene *Logos* Gottes, der Sich Selbst im Ostergeheimnis für uns hingegeben hat.[192]

Im Byzantinischen Ritus beginnt das Pontifikalamt in der Mitte des Kirchenschiffs, nicht dem Volk, sondern der Apsis zugewandt. Dort findet der erste Teil der Messe statt, nämlich die sogenannte Messe der Katechumenen (das griechische Verb *katecheín* bedeutet „in den Ohren klingen lassen", also „informieren", „eine Botschaft bringen"). Nach dieser Zeit des Zuhörens gehen der Zelebrant und die Altardiener vom Kirchenschiff in den Altarraum, wo die Opfermesse beginnt.

---

192 *Verbum Domini*, Nr. 54, seinerseits J. Ratzinger (Benedikt XVI.), *Jesus von Nazareth*, Freiburg i. Br., 2007, S. 312 zitierend; Hervorhebungen im Original.

Nach dem Zweiten Vatikanischen Konzil dagegen hat man eine neue Terminologie eingeführt, die in gewisser Weise vom Protestantismus beeinflusst wurde: Der erste Teil der Messe wird im *Novus Ordo* als „Wortgottesdienst" bezeichnet, der zweite Teil als „Eucharistiefeier".

In der liturgischen Tradition der Kirche wurde der erste Teil der Messe nie als „Wortgottesdienst" bezeichnet, sondern als „Messe der Katechumenen", und der zweite Teil wurde „Opfermesse" oder „Messe der Gläubigen" genannt. In den östlichen Riten wird dieser zweite Teil als *„Anáphora"* bezeichnet, was „Opferdarbringung" bedeutet. Tatsächlich ist nämlich die *gesamte Liturgie* eine „Liturgie des Wortes", denn Christus ist das Wort, das durch die heilige Wandlung in der Eucharistie Fleisch geworden ist. Der erste Teil der Messe, in dem das Wort Gottes in der Heiligen Schrift verkündet wird, muss dem Opferteil der Messe untergeordnet sein, so wie die rein geistliche und symbolische Gegenwart Gottes in der Heiligen Schrift der realen und leibhaftigen Gegenwart Gottes im Sakrament der Eucharistie untergeordnet ist. In gewisser Weise können wir den ersten Teil der Messe, die Messe der Katechumenen, mit dem Alten Testament und den Opferteil, die Messe der Gläubigen, mit dem Neuen Testament vergleichen. Die Liturgie des Wortes im Sinne des *geschriebenen* Wortes Gottes, der Heiligen Schrift, verwirklicht sich als solche vor allem im Offizium, d.h. im Brevier bzw. Stundengebet. Daher sollte der erste Teil der Messe nicht als „Wortgottesdienst" bezeichnet werden, wie er jetzt im *Novus Ordo Missae* genannt wird. Aus Ehrfurcht vor der jahrhundertealten und universalen Tradition der Kirche sollte vielmehr die Bezeichnung „Messe der Katechumenen" beibehalten werden.

Die Heilige Messe in ihrer Gesamtheit ist die Liturgie des Wortes, des fleischgewordenen Wortes, das zur Eucharistie, zum Opfer geworden ist. Nur den ersten Teil der Messe als „Liturgie des Wortes“ zu bezeichnen, ist ein theologischer und liturgischer Reduktionismus, denn er beschränkt die Dimension des Wortes Gottes auf den ersten Teil der Messe und reduziert damit den Ausdruck „Wort Gottes“ auf seine schriftliche Form. Wäre es wirklich notwendig gewesen, die Begriffe zu ändern (was nicht der Fall war), dann hätten die Liturgiereformer den ersten Teil der Messe „Liturgie des geschriebenen Wortes“ oder „Liturgie der Heiligen Schrift“ oder „Liturgie der Bibel“ nennen müssen. Die Liturgie des WORTES *schlechthin* ist die Liturgie des eucharistischen Opfers, denn sie ist die Liturgie des fleischgewordenen Wortes. Am Kreuz wurde das fleischgewordene Wort zum universellen Erlösungsopfer und Sein geopferter Leib und vergossenes Blut werden auf dem Altar unter dem Schleier der sakramentalen Gestalten wahrhaftig und leiblich gegenwärtig gesetzt. In diesem Zusammenhang tun wir gut daran, uns den präzisen theologischen Ausdruck des heiligen Thomas in seinem Hymnus *Pange lingua* in Erinnerung zu rufen: „Das Wort, das Fleisch geworden, wandelt wahres Brot durch das Wort zu Fleisch“ – *Verbum caro panem verum verbo carnem efficit.*

Das Wort muss immer in Ehren gehalten werden, weswegen die Kirche unangemessene Improvisationen in der Liturgie stets vermieden hat. Sicherlich haben die heiligen Väter in den ersten Jahrzehnten die Gebete freier formuliert, aber im zweiten oder dritten Jahrhundert waren diese Gebete bereits in festen Formeln verfasst. Wir müssen uns also heute vor der Versuchung einer „verbalen Selbstdarstellung“ hüten.[193] Die Kirche hat zu jeder Zeit darauf geachtet, dieses Risiko zu vermeiden, um uns vor möglichen Irrlehren oder sogar der Gefahr einer möglichen Ungültigkeit der Sakramente zu schützen.

---

193 Im Sinne der Selbstdarstellung des Vortragenden: improvisierte Kommentare, Umschreibungen, Versuche, die zu vollziehende Handlung für die jeweils aktuelle Situation aufzubereiten usw.

Um auf das Wort hinzuhören, brauchen wir Stille und Betrachtung. Nicht zuletzt aus diesem Grund müssen wir die Art und Weise, wie wir die Heilige Messe zelebrieren, verbessern. Den Menschen muss zur richtigen Haltung verholfen werden, um auf die Worte, Gebete und Gesänge hören zu können. Genauer gesagt dürfen sie sich nicht ausschließlich auf die Lesungen im ersten Teil der Messe beschränken, sondern müssen auch auf die anderen Teile horchen, die im Laufe von 2000 Jahren zusammengetragen wurden: die Präfation, die verschiedenen Gebete und Gesänge. Das Zuhören ist ein wesentlicher Aspekt der aktiven Teilnahme der Gläubigen. Man nimmt erst voll und ganz teil, wenn man wirklich zuhört. Für den heiligen Hieronymus beispielsweise kam die Vernachlässigung des ehrfürchtigen Hörens auf das verkündete Wort Gottes einer Missachtung des eucharistischen Leibes Christi gleich. Er schrieb:

> Wenn wir dem [eucharistischen] Geheimnis nahen, gereicht es uns zur Pein, wenn ein Krümel auf den Boden fällt. Aber wenn wir das Wort Gottes hören, wenn Gottes Wort und Christi Fleisch und Blut in unsere Ohren ausgegossen werden, wir aber nicht darauf hören – o welcher Gefahr setzen wir uns dadurch aus?[194]

Papst Benedikt XVI. erinnert uns daran, dass die Selige Jungfrau Maria, die Mutter Gottes, das erhabenste Beispiel für das fruchtbare Hören auf Gottes Wort ist:

> Durch die Betrachtung des Lebens der Mutter Gottes, das völlig vom Wort geprägt ist, entdecken wir, dass auch wir berufen sind, in das Geheimnis des Glaubens einzutreten, durch das

[194] *Anmerkungen zum Psalter*, Ps. 147, in *Corpus Christianorum: Series Latina* (Turnhout: Brepols, 1953), 78,337-378; aus dem Englischen.

Christus in unserem Leben Wohnung nimmt. Jeder gläubige Christ, so der heilige Ambrosius, empfängt und gebiert gewissermaßen das Wort Gottes in sich: Wenn es auch nur eine Mutter Christi dem Fleisch nach gibt, so ist doch dem Glauben nach Christus die Frucht aller. Was an Maria geschehen ist, kann daher in jedem von uns täglich beim Hören auf das Wort und bei der Feier der Sakramente wieder geschehen.[195]

Die Haltung des Hinhörens und der Sammlung ist eine unabdingbare Voraussetzung für die fruchtbare Teilnahme an der Heiligen Messe. Die Seele muss sich danach sehnen, in das Haus Gottes zu gehen, um Christus in Seinem Wort, Seinem Opfer und in der Heiligen Kommunion zu begegnen. Romano Guardini hat es so formuliert:

> Wenn wir von draußen herkommen, sind unsere Ohren vom Lärm der Stadt erfüllt; von den Reden derer, mit denen wir gekommen sind; vom Arbeiten und Hadern der eigenen Gedanken; von der Unruhe des Herzens, seiner Wünsche und Sorgen, Schmerzen und Freuden – wie sollen wir da vernehmen können, was Gott spricht? Da ist es schon viel, wenn wir überhaupt hinhören, und wie so mancher tut nicht einmal das! Mehr ist es schon, wenn wir aufmerken und unser Verstand sich bemüht. Das alles ist aber noch nicht jenes Lauschen, worin das Wort Gottes Seine Stätte findet. Dazu braucht es eine innere Stille, die zum mindesten kurz vor dem Gottesdienst hergestellt werden muss; wenn möglich, schon durch das Schweigen auf dem Weg oder, noch besser, durch eine Zeit der Sammlung am Abend vorher.[196]

---

195 *Verbum Domini*, Nr. 28; vgl. hl. Ambrosius, *Expositio Evangelii secundum Lucam*, 2,19: PL 15,1559-1560.

196 Romano Guardini, *Betrachtungen vor der Feier der Heiligen Messe* (*Erster*

Die Stille ist ein grundlegendes Prinzip der Liturgie. Oder mit den Worten von Guardini: „Wenn mich [...] jemand fragte, womit liturgisches Leben beginnt, würde ich antworten: dass man die Stille lernt."[197]

Vielerorts ist es üblich, ein Faltblatt mit den Lesungen der Messe auszulegen. Ich halte dies für wertvoll, da es den Menschen das Zuhören und Verfolgen des Textes so erleichtert, dass etwaige Ablenkungen vermieden werden. Sogar zu Zeiten, als die Messe ausschließlich auf Latein abgehalten wurde, gab es zweisprachige Volksmessbücher, und solche Hilfsmittel sind mit der wachsenden Beliebtheit der Alten Messe wieder im Gebrauch. Diese visuellen Behelfe unterstützen die Gläubigen dabei, der Messe zu folgen und sich in der Kunst des Zuhörens zu üben, sowohl äußerlich als auch innerlich.

Im Leben des französischen Schriftstellers und gläubigen Katholiken Georges Bernanos zeigt sich eindrucksvoll, welche Wirkung das aufmerksame innere Hören auf die Texte der heiligen Liturgie in der Seele entfaltet. Pater Raymond Leopold Bruckberger OP sagt über Bernanos:

> Jeden Morgen hielt er, koste es, was es wolle, eine ihm allein vorbehaltene, heilige halbe Stunde. Noch bevor das Haus erwachte, noch bevor der Lärm einsetzte, las er in lateinischer Sprache die Texte der Tagesmesse aus seinem abgenutzten alten Messbuch, mit aller Konzentration des Geistes und der Seele, zu der er fähig war, – diese dazu vorherbestimmte Seele hatte das göttliche Privileg dieser Aufmerksamkeit erhalten. Er verschlang begierig die stets unveränderten Formeln der Liturgie und entdeckte in ihnen jeden Morgen den Glanz

Teil: Die Haltung), Matthias-Grünewald-Verlag, 1. Aufl., Mainz 1939, S. 34.

[197] Ibid., S. 22.

> des Neuen: Jeden Morgen wurden diese Worte zum ersten Mal in der ganzen Weltgeschichte nur für ihn gesprochen, es war sein tägliches übernatürliches Brot. Auf diese Weise begann er seinen Tag. Sonntags ging er mit der ganzen Familie zur Messe und empfing gewöhnlich die Kommunion.[198]

Beim Besuch eines Konzerts hört man zwar nur zu, ist aber trotzdem voll miteingebunden. Wenn hierin also kein Widerspruch liegt, muss man sich einmal ernsthaft die Frage stellen: Ist es wirklich angebracht, von allen Gläubigen das Mitsingen während der gesamten Messe zu verlangen? Wo bleibt da das Zuhören? Wenn alle bei einem Konzert singen und spielen würden, wo bliebe dann der Aspekt des Zuhörens? Die Kirche hat in weiser Voraussicht einer Gruppe von Christgläubigen – der *schola cantorum* bzw. dem Chor – die Verantwortung für den Gesang übertragen, um den anderen die Möglichkeit des Zuhörens zu geben. Höchst anschaulich werden die Vorteile dieses Ansatzes im Leben des heiligen Augustinus, der in seinen *Bekenntnissen* berichtet:

> Wie weinte ich bei den Hymnen und Gesängen auf Dich, mächtig bewegt vom Wohllaut dieser Lieder Deiner Kirche! Die Weisen drangen an mein Ohr und die Wahrheit flößte sich ins Herz und fromminniges Gefühl wallte über: Die Tränen flossen und mir war wohl bei ihnen.[199]

Wenn wir von der Heiligen Messe als Akt des Hinhörens sprechen, müssen wir daher auch die sakrale, d.h. liturgische Musik berücksichtigen. Die klassische Doktrin des Lehramtes zu

---

198 *Bernanos Vivant*, Albin Michel, Paris 1988; aus dem Englischen übertragen.

199 *Bekenntnisse* IX, 6, Nr. 14 (übers. v. Joseph Bernhart, hg. v. Jörg Ulrich, Verlag der Weltreligionen im Insel-Verlag, Frankfurt a. M. 2007, S. 197).

diesem Thema hat uns Papst Pius X. in seinem Motu Proprio *Tra le Sollecitudini* vorgelegt, wo Wesen und Zweck der sakralen Musik wie folgt beschrieben werden:

> Die Kirchenmusik ist ein wesentlicher Bestandteil der feierlichen Liturgie. Daher nimmt sie an deren allgemeinem Zweck teil, der da ist die Ehre Gottes und die Heiligung und Erbauung der Gläubigen. Sie trägt dazu bei, die Zierde und den Glanz der kirchlichen Zeremonien zu erhöhen. Ihre Hauptaufgabe besteht darin, den liturgischen Text, der den Gläubigen vorgetragen wird, mit passenden Melodien auszuschmücken. Deshalb ist es ihr eigentlicher Zweck, eben diesem Text eine größere Wirksamkeit zu verleihen, damit die Gläubigen dadurch leichter zur Frömmigkeit angeregt und für die Gnadenfrüchte empfänglicher werden, welche die Feier der hochheiligen Mysterien in sich birgt (Nr. 1).

Die Kirchenmusik hat wie die Liturgie drei Hauptqualitäten: Heiligkeit, Güte und Universalität ihrer Form. Der heilige Papst Pius X. erklärt das Wesen dieser Qualitäten:

> Die Kirchenmusik muss heilig sein; daher muss alles Weltliche nicht allein von ihr selbst, sondern auch von der Art ihres Vortrages ferngehalten werden. Sie muss wahre Kunst sein, sonst vermag sie nicht jenen Einfluss auf die Zuhörer auszuüben, den sich die Kirche verspricht, wenn sie die Tonkunst in ihrer Liturgie aufnimmt. Sie soll auch allgemein sein, d.h. die einzelnen Völker dürfen wohl in den kirchlichen Kompositionen besondere Formen anwenden, die gewissermaßen die Eigentümlichkeit ihrer Musik bilden; diese Formen müssen aber dem allgemeinen Charakter der Kirchenmusik derart untergeordnet sein, dass niemand aus

einem anderen Volk beim Anhören derselben einen unangenehmen Eindruck empfängt (Nr. 2).

Damit folgte Papst Pius X. treu der ständigen Tradition der Kirche, wie sie das Konzil von Trient formuliert hatte. In einem Entwurf für den entsprechenden Kanon auf der 22. Sitzung des Konzils wurden folgende Kriterien für die Kirchenmusik festgelegt:

> In den Heiligen Messen, in denen die Musik und die Orgel gewöhnlich maßvoll eingesetzt werden, soll nichts Profanes beigemischt werden, sondern es sollen nur Hymnen und göttliches Lob erklingen. Die ganze Art und Weise des Gesangs in den musikalischen Formen soll so beschaffen sein, dass sie dem Ohr keine eitle Freude bereitet; vielmehr sollen die Worte von allen verstanden und die Herzen der Zuhörer von der Sehnsucht nach himmlischen Harmonien und der Betrachtung der Freuden, die den Seligen zuteilwerden, ergriffen werden.[200]

In der Form, die das Konzil schließlich angenommen hat, lautet der Kanon kurz und bündig:

> [Die Bischöfe mögen] von den Kirchen jede Musik fernhalten, wo in Orgelspiel oder Gesang etwas Laszives oder Unreines anklingt; ebenso alle weltlichen Geschäfte, nichtiges und profanes Geschwätz, Herumrennerei, Lärm und Geschrei, damit das Haus Gottes wirklich als ein Haus des Gebetes erscheint und so heißen kann.[201]

---

[200] *Concilium Tridentinum: Diariorum, actorum, epistolarum, tractatuum nova collectio*, ed. Societas Goerresiana; Herder, Freiburg i. Br. 1901-2001, Band 8, S. 927; aus dem Englischen.

[201] Sessio XXII, Dekret über das, was bei der Messfeier zu beachten und was

Heute ist der Zustand der sakralen Musik in der Liturgie durch eine fast allgegenwärtige Anarchie gekennzeichnet. Weltliche Unterhaltungsmusik, Popmusik und Folklore sind in die Kirchen eingedrungen und üben einen starken Einfluss auf die Zeremonien der heiligen Liturgie aus. Papst Johannes Paul II. hat auf diese Gefahr mit großer Klarheit hingewiesen:

> Es ist also notwendig, die Schönheit des Gebets und der Liturgie ständig neu zu entdecken und zu leben. Man soll nicht nur mit theologisch korrekten Formeln, sondern auch in schöner und würdevoller Weise zu Gott beten. In dieser Hinsicht muss die christliche Gemeinschaft eine Gewissenserforschung vornehmen, damit in die Liturgie noch mehr die Schönheit der Musik und des Gesangs zurückkehren. Es ist notwendig, den Gottesdienst von Missständen des Stils, von nachlässigen Ausdrucksformen, von banalen Musikstücken und Texten zu reinigen, die der Größe des Aktes, der gefeiert wird, wenig entsprechen.[202]

In einem weniger bekannten, aber durchaus bedeutsamen Dokument hat derselbe Papst die immerwährende Lehre der Kirche über die Kirchenmusik bekräftigt:

> In der Linie der Lehraussagen des heiligen Pius X. und des Zweiten Vatikanischen Konzils muss vor allem hervorgehoben werden, dass die für die heiligen Riten bestimmte Musik als Bezugspunkt die *Heiligkeit* haben muss: Sie wird in der Tat „umso heiliger sein, je enger sie mit der liturgischen Handlung verbunden ist" [*Sacrosanctum Concilium* 112].

---

zu vermeiden ist (zitiert nach Wohlmuths *Dekrete der Ökumenischen Konzilien*, Band 3, S. 736-737)

[202] Generalaudienz vom 26.2.2003, Nr. 3.

Eben deshalb „ist nicht unterschiedslos alles das, was außerhalb des Tempels (*profanum*) ist, geeignet, dessen Schwelle zu überschreiten", sagte weise mein verehrter Vorgänger Paul VI., als er ein Dekret des Trienter Konzils kommentierte, und er präzisierte, dass „die – instrumentale und vokale – Musik, wenn sie nicht zur selben Zeit den Sinn fürs Gebet, für die Würde und Schönheit besitzt, sich von selbst ausschließt vom Eintritt in die Sphäre des Heiligen und Religiösen". Andererseits hat ebendiese Kategorie „Kirchenmusik" heute eine Bedeutungserweiterung derart erfahren, dass sie auch ein Repertoire umfasst, das nicht in die Liturgie eingehen kann, ohne den Geist und die Normen der Liturgie selbst zu verletzen.

Die vom heiligen Pius X. geleistete Reform zielte ganz spezifisch darauf ab, die Musik der Kirche von der Befleckung durch profane Theater-Musik zu reinigen, die in vielen Ländern das Repertoire und die musikalisch-liturgische Praxis befallen hatte. Auch in unseren Zeiten ist, wie ich in der Enzyklika *Ecclesia de Eucharistia* deutlich machte, aufmerksam darauf zu achten, dass nicht alle Ausdrucksweisen der darstellenden Künste und der Musik fähig sind, „das Mysterium angemessen zum Ausdruck zu bringen, und zwar in Übereinstimmung mit dem ganzen Glauben der Kirche". Folglich können nicht alle musikalischen Formen als geeignet für liturgische Feiern gelten. [...] Doch gilt es darüber zu wachen, dass die Instrumente für den gottesdienstlichen Gebrauch geeignet sind, der Würde des Gotteshauses entsprechen, den Gesang der Gläubigen zu unterstützen in der Lage sind und deren geistliche Erbauung begünstigen.[203]

[203] Chriograph von Papst Johannes Paul II. zum 100. Jahrestag der Veröffenntlichung des Motu Proprio *Tra le Sollecitudini*, 22.11.2003, Nr. 4 u. 14; die

Vor einigen Jahren hat sich ein großer Experte für Kirchenmusik, Professor Giacomo Baroffio, der von 1982 bis 1995 Dekan des Päpstlichen Instituts für Kirchenmusik war, eine Ansprache ausgedacht, die Papst Johannes Paul II. zum Fest der heiligen Cäcilia im Jahr 2003 anlässlich des100-jährigen Bestehens von *Tra le Sollecitudini* gehalten hätte. Es lohnt sich, ein paar Zeilen aus dieser imaginären Ansprache zu zitieren, die auch heute noch überraschend hohe Relevanz besitzt. Diese Ansprache sollte ein zukünftiger Papst eines Tages wirklich einmal halten, da die Anarchie in der liturgischen Musik der Kirche heute offensichtlich weit verbreitet ist. Professor Baroffio lässt den Heiligen Vater in dieser fiktiven Ansprache sagen:

> Geliebte Mitbrüder im Bischofsamt! Liebe Christen, die ihr an Unseren Herrn Jesus Christus glaubt! […] Im Laufe meines langen Pontifikats habe ich mehrmals das dringende Bedürfnis verspürt, um Vergebung für die Sünden zu bitten, die die Kirche im Laufe der Jahrhunderte befleckt haben. […] Im Bereich der Musik habe ich in den letzten Jahrzehnten und auch während meines Pontifikats ein Phänomen beobachtet, das der ganzen Kirche schadet. […] Auch ich war bestürzt – und deshalb bitte ich heute Gott diesbezüglich um Vergebung und Nachsicht – über die verweltlichte Mentalität, die in so vielen Bereichen des kirchlichen Lebens lauert. […] Ich habe die Moden der Welt in [Gottes] Tempel eindringen lassen durch Änderungen, die von der Furcht vor einem Mangel an Anhängern getragen und dem Bedürfnis nach sofortigen und angenehm klingenden Ergebnissen angetrieben wurden. Ich habe

Zitate innerhalb des Textes stammen aus der *Ansprache an die Teilnehmer bei der Generalversammlung der „Associazione Italiana Santa Cecilia“* von Papst Paul VI., gehalten am 18.9.1968, ital. in: *Insegnamenti* VI (1968), S. 479.

in allem die Mode der Banalität begünstigt und zugelassen, dass eine Flut von bizarrem Lärm die gregorianischen Melodien erstickt, welche ja, noch bevor sie Gesang, ein Gebet sind. Ich habe unter anderem zugelassen, dass der Gregorianische Choral aus der Liturgie gestrichen wurde, und ich habe die Verbreitung von lauten und rührseligen Liedern begünstigt, die, ganz abgesehen von ihrer künstlerischen Ungereimtheit, unfähig sind, die Herzen zu Gott zu führen.

Indem ich nur leere Worte über die Herrlichkeiten des Gregorianischen Chorals ausgesagt habe, habe ich mich des Diebstahls mitschuldig gemacht, von dem ich nur hoffen kann, dass er nicht unumkehrbar ist. Ich habe das Volk Gottes eines Gutes beraubt, das ihm vom Heiligen Geist geschenkt wurde durch die Sendung und die Arbeit so vieler Dichter und Sänger, die im Laufe der Jahrhunderte dieses Denkmal für Gott im Zeichen der Schönheit errichtet haben. Das ist auch der Grund, warum so viele Gottesdienste, wie mir gesagt wurde, Momente der Entfremdung bis hin zu Langeweile und Trostlosigkeit sind, die eine legalistische Praxis nicht zu retten vermag. Ein Wort also an euch, ihr jungen Menschen aus aller Welt, die ihr mir am Herzen liegt. Ich denke mit Wehmut an die Euphorie, die so viele unserer Massenbegegnungen durchdrungen hat, nur um dann oft wie Seifenblasen zu zerplatzen, die sich in Luft auflösen und bittere Tränen der brennenden Enttäuschung hinterlassen. […]

Abschließend möchte ich die Seelsorger auffordern, die zentrale Bedeutung des liturgischen Lebens und der Kirchenmusik für das Christenleben von neuem und mit Nachdruck zu bekräftigen. Die Gleichgültigkeit gegenüber der Kirchenmusik ist umso verwerflicher, als sich hinter einer solchen Haltung in Wirklichkeit ein völliges Desinteresse an der Liturgie als solcher verbirgt. Ich spreche hier wohlgemerkt von der Liturgie und der Sakralmusik – und nicht von deren ruchlosen Ersatzprodukten. Die Echtheit einer liturgischen Erfahrung wird nicht durch einen momentanen enthusiastischen Empfang oder durch eine Menge, die sich um den alternden Papst schart, bestätigt. Die Liturgie erweist sich als wahrhaftig durch die Liebe, die im Verborgenen wirkt und von der Stille der Anbetung genährt wird. Die Stille, aus der vor mehr als 1000 Jahren der Gregorianische Choral hervorging, diese Stille, in der auch heute noch als Einzigem der immer neue Choral für die Liturgie von morgen Gestalt annehmen kann. […]

Vergebt mir, meine Brüder und meine Kinder! Möge Gott mir den kindlichen Mut geben, mich Ihm zuzuwenden, gestützt auch durch den Choralgesang in euren Gemeinden. Sucht in der Furcht und dem Zittern der Anbetung nach Wegen, den Gregorianischen Choral wiederzuerlangen.[204]

Nach dem Lehramt der Kirche ist der Gregorianische Choral also „der der Römischen Kirche eigene Gesang“ und muss als das „höchste Vorbild der Kirchenmusik“ angesehen werden.[205] Eine spezifische musikalische Form ist umso sakraler und damit für den Gottesdienst geeignet, je näher sie dem Gregorianischen Choral kommt, wie Papst Pius X. dargelegt hat: „Eine Kirchenkomposition ist umso heiliger und liturgischer, je mehr sie sich in Verlauf, Eingebung und Geschmack der gregorianischen Melodik nähert; und sie ist umso weniger des Gotteshauses würdig, als sie sich von diesem höchsten Vorbild entfernt.“[206] Nach der

[204] Besagte fiktive Ansprache hat der Vatikanist Sandro Magister am 9.10.2006 auf http://chiesa.espresso.repubblica.it/articolo/88063.html publiziert; übertragen aus dem Englischen. Das Wort „Kirche“ im ersten Absatz meint die Mitglieder der Hierarchie, nicht den mystischen Leib Christi als solchen.

[205] Papst Pius X., Motu Proprio *Tra le Sollecitudini*, Nr. 3.

[206] Ibid., Nr. 3.

Lehre desselben Papstes „berührt sich [die klassische Polyphonie] ganz nahe mit dem höchsten Vorbild aller Kirchenmusik, mit dem gregorianischen Gesang. Deshalb wurde sie für würdig befunden, zusammen mit dem gregorianischen Gesang […] zur Verwendung zu gelangen".[207] Und man täusche sich hier nicht: Das Zweite Vatikanische Konzil hat von neuem verlangt, dass der Gregorianische Choral „in den liturgischen Handlungen […] den ersten Platz [*principem locum*] einnehmen soll".[208]

Die katholische Kirche verfügt über einen einzigartigen musikalischen Schatz. Benoît Neiss, ein zeitgenössischer Spezialist für geistliche Musik, stellt darum zu Recht fest:

> Wir dürfen nicht vergessen, noch einmal den unvergleichlichen Reichtum des von der Kirche für alle Situationen des öffentlichen Gebets zusammengetragenen musikalischen Bestandes zu erwähnen, vor allem aber jenes Geschenk der Braut Christi an die gesamte Menschheit: ein Klanguniversum, wie es kein anderes gibt. Diese Musik bildet den Höhepunkt aller von den alten Griechen gemachten Entdeckungen, die in jahrhundertelanger Arbeit zu fruchtbaren Erfindungen herangereift sind, die dann durch regionale oder fremde Repertoires bereichert wurden – das ambrosianische, das mailändische, das hispanische, das gallikanische, das mozarabische usw. –, die sich vollkommen in das gemeinsame Fundament einfügen und schlussendlich ein organisches Ganzes bilden, das nicht anders kann, als ein unerschöpfliches Staunen hervorzurufen.[209]

---

[207] Ibid., Nr. 4.

[208] *Sacrosanctum Concilium*, Nr. 116.

[209] *Science et Foi* 138 (Januar 2021), S. 41–42.

Ein alter liturgischer Kodex mit dem Titel *Instituta patrum de modo psallendi sive cantandi*, der im 12. Jahrhundert für die Abtei St. Gallen in der Schweiz geschrieben wurde, lehrt uns, was das Hören von geistlicher Musik bewirken soll:

> Die Form des Gesangs und der Psalmodie soll auf unser Lobopfer hin wohlgefällig und den Engeln angenehm und erbaulich sein. Sie soll alle Menschen erbauen, die dem Gesang zusehen und zuhören, sie soll Andacht und Reue erwecken, die Seele zur Erforschung des Sinnes der Heiligen Schrift anregen und den Geist zur Betrachtung der höheren Dinge, der göttlichen und himmlischen Wirklichkeiten erheben.[210]

Es liegt in der Natur des heiligen Gesangs und seiner Rolle innerhalb, dass der Mensch besser mit dem Herzen als mit dem Mund singt, wie der heilige Augustinus sagt: „Wenn man mit dem Herzen lobt, lobt man mit der Stimme des inneren Menschen. Die Stimme, an Menschen gerichtet, ist ein Laut; die Stimme, die sich an Gott richtet, ist die Wärme der Liebe."[211]

Der gregorianische Gesang hat die einzigartige Eigenschaft, im eigentlichsten Sinne des Wortes katholisch zu sein, denn alle katholischen Völker erkennen sich in ihm wieder und betrachten ihn als ihr Eigen; unzählige Missionare in verschiedenen Ländern und Kulturen haben davon Zeugnis abgelegt. So haben wir beispielsweise das folgende wertvolle und bewegende Zeugnis von Kardinal Francis Xavier Nguyễn Văn Thuận, der 13 Jahre in einem kommunistischen Gefängnis in Vietnam verbringen musste:

---

[210] *Instituta Patrum*, ed. Martin Gerbert, *Scriptores ecclesiastici de musica sacra potissimum* (Sancti Blasii, 1784), vol. I, 5. Repr. Olms Verlag, Hildesheim 1963, übersetzt aus dem Original.

[211] *Sermo* 257, Nr. 1.

Ich liebe es auch, aus dem ganzen Wort Gottes meine Gebete zu schöpfen, aus den liturgischen Gebeten, den Psalmen, den Cantica. Ich liebe den Gregorianischen Choral sehr, den ich zum großen Teil auswendig singen kann. Dank meiner Ausbildung im Priesterseminar sind diese liturgischen Gesänge tief in mein Herz eingedrungen! Dann gibt es die Gebete in meiner Muttersprache, die mich so bewegen, weil meine ganze Familie sie jeden Abend in unserer Hauskapelle gemeinsam gebetet hat und sie mich an meine Kindheit erinnern. Vor allem sind es die drei Ave Maria und das *Memorare*, das morgens und abends zu beten mir meine Mutter beibrachte.

Wie ich bereits sagte, verbrachte ich insgesamt neun Jahre in Einzelhaft und hatte dabei nur mit zwei Wärtern Kontakt. Um Krankheiten wie Arthritis zu vermeiden (eine ernsthafte Gefahr, wenn man seine Zelle nie verlassen darf), ging ich den ganzen Tag hin und her, massierte meine Muskeln, machte Leibesübungen usw., während ich mit Gesängen wie dem *Miserere*, *Te Deum*, *Veni Creator* und dem Hymnus der Märtyrer, *Sanctorum Meritis*, betete. Diese kirchlichen Hymnen, die vom Wort Gottes inspiriert sind, haben mir viel Mut gegeben, Jesus zu folgen. Um diese schönen Gebete schätzen zu lernen, war es notwendig, die Dunkelheit des Gefängnisses zu erleben und sich bewusst zu werden, dass wir unsere Leiden für die Treue der Kirche zu Ihrem Bräutigam aufopfern können! Ich empfand diese tiefe Absicht, die ich in Gemeinschaft mit dem Heiligen Vater und der ganzen Kirche an Jesus richtete, auf eine überwältigende Weise, als ich den ganzen Tag über wiederholte: „Durch Ihn und mit Ihm und in Ihm (*per ipsum et cum ipso et in ipso*)…“[212]

---

212 *Five Loaves and Two Fishes*, Pauline Books & Media, Boston 1997, S. 28-29; übersetzt aus dem Englischen.

> In dieser Zeit kam mir zu Ohren, dass eine Gruppe von 20 jungen Geheimpolizisten bei einem ehemaligen Katecheten Latein lernte, um kirchliche Dokumente lesen zu können. Einer meiner Wärter gehörte zu dieser Gruppe und fragte mich eines Tages, ob ich ihm ein Lied auf Latein beibringen würde. „Es gibt so viele lateinische Hymnen und einer ist schöner als der andere", antwortete ich. „Singen Sie sie mir vor und ich suche mir einen aus", meinte er. Also sang ich das *Salve Regina*, *Veni Creator*, *Ave Maris Stella*. [...]
>
> Können Sie sich vorstellen, welchen Hymnus er sich ausgesucht hat? Das *Veni Creator*! Ich kann gar nicht wiedergeben, wie ergreifend es war, diesen jungen kommunistischen Polizisten zu hören, wenn er jeden Morgen um sieben Uhr die Holztreppe hinunterging, um Gymnastik zu machen, und dann in sein Zimmer zurückkehrte, um zu duschen, während er das *Veni Creator* sang, – dort, im Gefängnis![213]

Wie der heilige Thomas sagte, erfordert das andächtige Hören der liturgischen Gesänge keine intellektuelle Analyse und schon gar nicht die Kenntnis eines jeden Wortes: „Wenn auch von ihnen [den Zuhörern, Anm.] manche nicht verstehen, was gesungen wird, so verstehen sie doch, *wozu* gesungen wird, nämlich zum Lobe Gottes, – und das genügt zum Anfachen der Andacht."[214]

Im Laufe der Geschichte hat sich gezeigt, dass das Hören von wirklich heiliger Musik, von Gebeten, die während der Liturgie gesungen werden, eine übernatürliche Kraft besitzt, um eine Seele geistig zu verwandeln, das heißt, sie wirklich zu Gott zu bekehren. Ein berühmtes Beispiel dafür ist Paul Claudel (1868-

---

[213] Ibid., S. 46-47.

[214] *S. th.*, IIa-IIae, q. 91, art. 2, ad 5.

1955), ein französischer Dichter und Dramatiker und glühender Katholik, der sich am 25. Dezember 1886 bekehrte, als er während der Vesper in der Kathedrale Notre-Dame in Paris das Magnifikat hörte. Paul Claudel selbst beschreibt es wie folgt:

> In einem Nu wurde mein Herz ergriffen, *ich glaubte.* Ich glaubte mit einer so mächtigen inneren Zustimmung, mein ganzes Sein wurde geradezu gewaltsam emporgerissen, ich glaubte mit einer so starken Überzeugung, mit solch unbeschreiblicher Gewissheit, dass keinerlei Platz auch nur für den leisesten Zweifel offenblieb, dass von diesem Tage an alle Bücher, alles Klügeln, alle Zufälle eines bewegten Lebens meinen Glauben nicht zu erschüttern, ja auch nur anzutasten vermochten.[215]

John Henry Newman hat uns in seinem Roman *Loss and Gain* ein Zeugnis für die außerordentliche geistliche Kraft hinterlassen, die der traditionelle Römische Ritus und insbesondere der Gregorianische Choral auf diejenigen ausstrahlt, die mit Glauben und Hingabe der heiligen Feier folgen, indem sie zusehen und zuhören:

> Allein die katholische Kirche ist wunderschön. Sie würden sehen, was ich meine, wenn Sie in eine ausländische Kathedrale oder sogar in eine der katholischen Kirchen in unseren großen Städten gingen. Der Zelebrant, der Diakon und der Subdiakon, die Akolythen mit den Leuchtern, der Weihrauch und der Gregorianische Choral – alles vereint sich zu einem einzigen Zweck, zu einem Akt der Anbetung. Man

[215] Paul Claudel, *Gesammelte Werke*, Band 6: *Religion*. Hg. v. Edwin Maria Landau, F. H. Kerle Verlag, Heidelberg 1962, S. 10-11; Hervorhebung im Original.

spürt, dass es sich *wirklich* um einen Gottesdienst handelt; Augen, Ohren, Nase, allen Sinnen wird bewusst gemacht, dass hier Gott verehrt wird. Die Laien, die Rosenkranz betend auf dem Boden knien oder andere fromme Gebete verrichten, der Chor, der das *Kyrie* singt, und der Priester und seine Leviten, die sich tief verneigen und sich gegenseitig mit dem Confiteor die Sünden bekennen. Das ist Gottesdienst und er geht weit über die Vernunft hinaus.[216]

[216] *Loss and Gain: The Story of a Convert*, Burns, Oates & Co., London 1874, S. 43-44; eigene Übertragung.

9. Die Messe ist das Leben der Kirche

Die Heilige Schrift lehrt uns, dass Gott die Kirche mit Seinem eigenen Blut erworben hat (vgl. Apg 28,28). Nach dem *Katechismus der Katholischen Kirche*:

> Die Kirche ging jedoch vor allem aus der Ganzhingabe Christi für unser Heil hervor, die in der Einsetzung der Eucharistie vorweggenommen und am Kreuz in die Tat umgesetzt wurde. „Der Anfang und das Wachstum [der Kirche] werden zeichenhaft angedeutet durch Blut und Wasser, die aus der geöffneten Seite des gekreuzigten Christus heraustreten." „Denn aus der Seite des am Kreuz entschlafenen Christus ist das wunderbare Sakrament der ganzen Kirche hervorgegangen." Wie Eva aus der Seite des schlafenden Adam geformt wurde, so ist die Kirche aus dem durchbohrten Herzen des am Kreuz gestorbenen Christus geboren.[217]

Jedes Mal, wenn die sakramentale Vergegenwärtigung des Kreuzesopfers – die Heilige Messe – vollzogen wird, erhält die Kirche neue Kraft an übernatürlichem Leben. Daher können wir die Heilige Messe als das Leben der Kirche bezeichnen. Das Zweite Vatikanische Konzil hat festgehalten, dass die Teilnahme am eucharistischen Opfer „die Quelle und der Höhepunkt des ganzen christlichen Lebens" ist.[218] Das gesamte übernatürliche Leben, d.h. das gesamte geistliche Gut der ganzen Kirche, ist wesentlich im Sakrament der Eucharistie enthalten, wie der heilige Thomas

---

[217] *KKK* 766, wo *Lumen Gentium* 3 und *Sacrosanctum Concilium* 5 sowie der hl. Ambrosius *in Luc.* 2,85-89 zitiert werden.

[218] *Lumen Gentium*, Nr. 11.

von Aquin sagt.[219] Gihr legt eine wohlbegründete Erklärung für diese Wahrheit vor:

> *Das Christentum gründet und wurzelt im Opfer des Kreuzes*: Dies ist der Quell, aus dem der Neue Bund mit seinen Segnungen und Gnadengütern entsprungen ist. Wie der Neue Bund durch ein Opfer geschaffen und besiegelt wurde, so muss er durch ein *dauerndes* Opfer gestützt und getragen werden; denn da die Erhaltung einer Sache einer fortgesetzten Schöpfung gleichkommt, ist sie auch von der nämlichen Ursache abhängig wie die Schöpfung selber. Es genügt darum nicht, dass die christliche Religion und Kirche ein Opfer, das einmal dargebracht worden, zur *Grundlage* habe: Sie muss auch ein Opfer, das ständig wiederholt wird, als *Grundlage ihrer Fortdauer* haben.[220]

Das Messopfer verleiht der Streitenden Kirche in ihrem Kampf gegen die Sünde und in der Nachfolge Christi fortwährend die notwendige geistliche Kraft, wie Gihr ausführt:

> Solange die Kirche hienieden in Streit und Leid, in Mühsal und Trübsal pilgert, bleibt Christus bei ihr als immerwährendes Opfer; denn Er Selber will das leuchtende Vorbild und die unversiegliche Quelle des Opferlebens sein, welches die Streitende Kirche als wahre und würdige Braut des Gekreuzigten auf Erden führt und führen wird, bis der himmlische Hochzeitstag voll nie endenden Sieges- und Freudenjubels anbricht und allem Leid ein Ende macht. Mitten in des Kampfes Not dürfen wir daher stets getrost und hoffnungs-

---

219 Vgl. *S. th.*, III, q. 65, art. 3, ad 1.

220 Gihr, *Das Heilige Messopfer*, Dogm.-asz. Teil, Abs. 3, Art. 1, §11, Nr. 1c, 1d, S. 62-63; Hervorhebungen im Original.

> voll zum heiligen Altar uns flüchten, um von dem göttlichen Opferlamm Kraft, Mut und Sieg zu erflehen.[221]

Das Sakrament der Eucharistie und insbesondere das Heilige Messopfer offenbaren auf die erhabenste und vollkommenste Weise das Geheimnis der Kirche selbst, wie es Papst Leo der Große in einem an Christus adressierten Wort in seiner Predigt ausführte:

> Das eine Opfer Deines Leibes und Deines Blutes ist die Erfüllung aller der verschiedenen [bisherigen] Opferhandlungen, denn Du bist das wahre „Lamm Gottes": Du nimmst die Sünden der Welt hinweg. In Dir Selbst bringst Du alle Geheimnisse zur Vollendung, sodass es, wie es ein einziges Opfer anstelle aller anderen Opfergaben gibt, auch ein einziges Reich gibt, aus allen Völkern versammelt – die Kirche.[222]

Bereits in einem der ältesten Dokumente der Kirche, die sich mit der Feier der Heiligen Messe befassen – der *Didache* aus dem ersten Jahrhundert – wird die innige Verbindung aller Mitglieder der Kirche bekräftigt. Diese Einheit wird durch das eucharistische Opfer, insbesondere durch die Heilige Kommunion, symbolisiert und verwirklicht. „Wie dieses gebrochene Brot auf den Bergen zerstreut war und zusammengebracht eins wurde, so möge Deine Gemeinde von den Enden der Erde zusammengebracht werden in Dein Reich" (Kapitel 9).

Die organische Entfaltung des Ritus und seine geschichtliche Entwicklung, vor allem in Zeiten der Verfolgung, sind ein starkes und bewegendes Zeugnis für die lebenspendende übernatürliche

---

[221] Ibid., Nr. 3, S. 64.

[222] Predigt 8 *de passione Domini.*

Kraft, welche die Kirche aus dem Heiligen Messopfer geschöpft hat. Gihr gab uns diese wertvolle Zusammenfassung:

> Diese herrlichen Zeugnisse für das eucharistische Opfer sind umso kostbarer, weil sie aus Zeiten stammen, in denen die Lage der Christen eine so schwere und bedrängnisvolle war, wie sie in der Grabschrift des Märtyrers Alexander in den Katakomben des heiligen Kallistus geschildert wird. „Alexander ist nicht tot, sondern über den Sternen, und sein Leib ruht in diesem Grab. Kniend, um dem wahren Gott zu *opfern*, wurde er zum Tod geführt. O Jammerzeiten, wo wir nicht einmal die heiligen Geheimnisse und unser Gebet in den Höhlen sicher darbringen können! Was ist armseliger, als das Leben?“
>
> In den dunklen Räumen dieser unterirdischen Totenstadt erklang geheimnisvoll die erhabene Psalmodie der Gläubigen; hier an den Gräbern der Märtyrer wurde das Heilige Opfer gefeiert; hier empfingen die Gläubigen das Brot der Starken und *stark im Glauben* eilten sie hinaus auf den Kampfplatz, um für Christus zu bluten und zu sterben. Noch heute weht der Duft der Heiligkeit, der Wohlgeruch des Opfers, der Geist des Martyriums uns entgegen aus den stillen Grüften und Kammern der Katakomben, in denen die ehrwürdigen Spuren altchristlichen Glaubens und Lebens jahrhundertelang bis auf die Stunde sich erhalten haben – uns zum Trost und zur Freude.[223]

Geissel zitierend fährt er fort:

> Die heilige Kirche hat das ihr überkommene hochheilige Erbe des eucharistischen Opfers aufgenommen und treu

[223] Gihr, *Das Heilige Messopfer*, Dogm-asz. Teil, Abs. 3, Art. 11, §14, Nr. 6, S. 93.

bewahrt, eingedenk des göttlichen Auftrages: „*Tut das zu Meinem Andenken.*“ Als die Wogen der Verfolgungen am höchsten gingen, stieg sie in die unterirdischen Katakomben herab, zog sich in einsame Täler und verborgene Berghöhlen zurück, beging dort in der Stille der Nacht und tief unter der Erde auf einfachen Altären die geheimnisvolle Feier des Opfertodes des Herrn und entließ ihre dadurch gestärkten Bekenner, um draußen unter dem Schwert, auf Scheiterhaufen, unter wilden Tieren, in den Fluten Zeugnis abzulegen für den Herrn und ihr Zeugnis nach Seinem Beispiel mit ihrem Blut zu besiegeln. Ihr Tod führte dem Kreuz stets neue Bekenner zu, und wie vordem der Herr Selbst im Grab gelegen und machtvoll von den Toten erstanden und glorreich in den Himmel aufgefahren war, so stieg auch die Kirche nach langer Verfolgung aus dem Schoß der Erde, den Katakomben und Berghöhlen, herauf, trat, über alle Welt- und Höllenmacht triumphierend, in die Städte und Dörfer und Täler und hoch auf die Bergeshöhen, zog ein in die Basiliken, in die Marmortempel, in die hehren Kathedralen und Dome, in die Kirchen und Kapellen ohne Zahl, erbaute darin den Altar und feierte darauf, wie früher in der stillen Nacht, nunmehr in Tageshelle vor versammeltem Volk das Vermächtnis des Herrn, das *immerwährende Opfer* Seines Kreuzestodes. Auch fuhr sie von da an fort, zu allen Zeiten ihre Weltsendung erfüllend, dieses ihr allerheiligstes Erbgut in alle Länder der Erde zu tragen. Sie versammelte alle Völker um ihren Altar, feierte mit ihnen den Opfertod des Erlösers, reichte ihnen den Leib des Herrn [und den Kelch Seines Blutes] und verwirklichte dadurch den Neuen und Ewigen Bund: „Tut das zu Meinem Andenken.“ Sie brachte, wie es vom Propheten geweissagt war, das *neue* und *reine*, das *wahre* und *vollkommene Opfer* des Neu-

> en Bundes *überall* dar und machte den Namen des Herrn groß in allen Weltteilen vom Aufgang der Sonne bis zum Niedergang.[224]

Das Messopfer ist die Quelle, aus der eine wirksamere Gleichgestaltung mit Christus in Seinem Opfer hervorfließt, und zwar sowohl im Lebensalltag als auch in den Augenblicken großer Opfer eines Christenlebens:

> Mit Christus, in Christus und durch Christus bringt die Kirche täglich dem Allerhöchsten sich selber dar „als heiliges, lebendiges, gottgefälliges Opfer“ (Röm 12,1). – *Mit* Christus: Denn der Anblick des göttlichen Opferlammes, Dessen Leib auf dem Altar täglich gebrochen und Dessen Blut täglich vor ihren Augen geheimnisvoll vergossen wird, ermutigt und begeistert sie, mit Ihm den Kelch der Bitterkeit, der Mühen und Leiden, der Verfolgungen und Verleumdungen opferfreudig zu trinken. – *In* Christus: Denn in Ihm als ihrem Haupt, d.h. in der innigsten Verbindung und Verschmelzung mit Seinem Opfer bietet die Kirche Gott sich selber an, den rauen und steilen, bedrängnisvollen und schmerzensreichen Weg des Kreuzes zu wandeln, bis sie im himmlischen Jerusalem ankommt. – *Durch* Christus: Denn der wirkliche und geheimnisvolle Leib Christi [*corpus verum et mysticum*] bilden mitsammen eine Opfergabe, welche lieblich duftend zum Himmel aufsteigt, *„durch Christus unseren Herrn“*, durch Den wir allein Gott nahen und gefallen können.[225]

---

[224] Ibid., S. 93-94; die Schlussphrase ist ein Zitat aus Mal 1,11.

[225] *Das Heilige Messopfer*, Dogm-asz. Teil, Abs. 3, Art. 2, §16, Nr. 5, S. 109; Hervorhebungen im Original.

Die Heilige Messe ist somit für die Kirche wahrhaftig der Baum des Lebens:

> Der von Gott in den Garten der Kirche gepflanzte *Lebensbaum des eucharistischen Opfers* hebt seinen blühenden Wipfel hoch gen Himmel empor und breitet seine schattigen Äste weithin über die Erde aus, um Gnadensegen auf die Menschen niederzutauen.[226]

Als Kirche sind wir aufgerufen, an der Messe teilzunehmen, aber auch die Kirche ist ein Geheimnis unseres Glaubens. Damit kommt zum Ausdruck, dass die Messe in ihrem Wesen kirchlich ist, nicht subjektiv oder privat oder nur ortsgebunden; sie ist im weitesten Sinne des Wortes allgemein („katholisch"). Hier sehen wir den bemerkenswerten Unterschied zur Auffassung der Protestanten über den Gottesdienst, da sie diesen oft viel mehr als individuell und subjektiv wahrnehmen. Psalm 21 bezeugt in dieser Hinsicht den kirchlichen Charakter des Messopfers, wie Gihr ausführt:

> Vers 23 [Verkünden will ich Deinen Namen meinen Brüdern, inmitten der Gemeinde Dich preisen.] Alle, die durch den Opfertod des Kreuzes erlöst wurden, sind „Brüder" Christi und Kinder Gottes: Als solche bilden sie eine große Familie, d.h. die Kirche, welche aus allen Völkern gesammelt wird. „Inmitten dieser Kirche" lebt Christus, der Erstandene, geheimnisvoll fort als Urheber und Quell der Freudenbotschaft, durch die den erlösten „Brüdern" Christi der „Name" des Dreieinigen Gottes „verkündet" wird: Im Allerheiligsten dieser Kirche wohnt und lebt der verklärte Heiland für uns

[226] Ibid., §17, Nr. 1, S. 112; Hervorhebungen im Original.

> als ewig nie versiegender Grund des „Lobpreises“, der Gott ohne Ende dargebracht wird.[227]

In Anlehnung an Dionysius den Kartäuser und den heiligen Robert Bellarmin legt Gihr Psalm 21 aus; nach ihm stellt dieser Gesang Davids uns vor Augen, wie Christus Sein Opfer inmitten Seiner Kirche darbringt:

> Vers 26 [Von Dir und zu Dir, o Herr, ertönt mein Lobgesang in großer Volksgemeinde; meine Gelübde werde ich erfüllen angesichts derer, die Ihn fürchten.] So verspricht der Herr, Seinen Vater zu verherrlichen „mit Lobgesang in der ganzen Gemeinde“ der katholischen Kirche. Die Krone dieses Lobes soll darin bestehen, dass Er Seine Gelübde [*vota mea*] „einlösen“, d.h. Tag für Tag ein öffentliches Dankopfer darbringen will. Damit ist das eucharistische Friedopfer gemeint, welches dargebracht wird „vor denen, die den Herrn fürchten“, d.h. die Seine Majestät durch Glaube, Liebe und Andacht verehren. Der Heiland verkündet hier, dass Er zum Dank für Seine Rettung aus Leiden und Tod beständig das Heilige Messopfer darbringen werde, dass dies nicht bloß die ewige und unblutige Erneuerung, sondern auch die süße Frucht des bitteren Kreuzesopfers ist.[228]

Diese Auslegung zeigt unzweideutig den wahrhaft katholischen und kirchlichen Charakter der Messe:

> Vers 28 [Gedenken werden und zum Herrn sich bekehren alle Enden der Erde und vor Ihm anbetend sich niederwer-

[227] Ibid., Abs. 3, Art. 1, §12, Nr. 3, S. 70.

[228] Ibid.

fen alle Stämme der Heiden.] In diesem Opfer und Mahl des Heils wird nicht nur Israel gerufen, sondern „alle Enden der Erde“ werden dazu geladen. Durch den Schall der apostolischen Predigt geweckt, werden die heidnischen Nationen, welche gottvergessen und gottentfremdet wie verlorene Schafe in die Irre gingen, im Glauben „Gottes sich erinnern“ und durch Buße zu Gott „sich bekehren“: Die Heiden, einst „nicht im Besitz der Gnade, jetzt aber der Gnade teilhaftig geworden“ (1 Petr 2,10) und dem Gottesreich angehörig, werden den Herrn „anbeten“ im Geist und in der Wahrheit.

Vers 29 [Ist doch des Herrn das Reich und Er herrscht über die Völker.] Die Kirche Gottes, das Gnadenreich, das der Herr mit Seinem Blut erstritten hat, umfasst alle Grenzen und „Völker“ der Erde; denn „Christus hat gesiegt, Christus herrscht, Christus regiert“ aufgrund Seines Opfertodes. *Regnavit a ligno Deus.*[229]

In der Urkirche war der Begriff „katholisch“ fast ein Synonym für „wahr“ oder „authentisch“. Schon Tertullian erklärte Psalm 21 – über die Kirche als das „katholische Jerusalem“ – folgendermaßen:

> Bei diesem Zeichen handelt es sich aber nun um den griechischen Buchstaben TAU, also um den lateinischen Buchstaben T, welcher die Gestalt eines Kreuzes hat; der Prophet sagte voraus, dass sich dieser auf unserer Stirn befinden werde im wahren und universalen Jerusalem [*Ierusalem catholicam*]; und im 21. Psalm singt Christus höchstpersönlich Seinem Vater zu, dass in diesem Jerusalem die Brüder Christi, also die Söhne Gottes, ihrem Gott Ehre erweisen würden.[230]

---

[229] Ibid., S. 71; „Gott herrscht vom Holze.“

[230] *Gegen Markion*, Buch III, Kap. 23 (zitiert nach *Fontes Christiani*, Band 63/2, S. 463). In Ez 9,4 befiehlt Gott einem „Mann, der in Linnen gekleidet war

Das Markenzeichen der katholischen Kirche ist die *Universalität*, also dass sie alle Katholiken und alle Glieder der Kirche umfasst – sogar das erste Glied der Kirche, das im römischen Kanon erwähnt wird: Abel. Bei Augustinus finden wir die Auffassung von der *Ecclesia ab Abel*, d.h., dass die Kirche bereits mit Abel dem Gerechten ihren Anfang nahm:

> Wir alle zusammen sind die Glieder Christi und Seines Leibes; nicht nur diejenigen von uns, die an diesem Ort sind, sondern in der ganzen Welt; und nicht nur diejenigen von uns, die zu dieser Zeit leben, sondern – was soll ich sagen? von Abel, dem Gerechten, bis zum Ende der Welt, solange noch Menschen gebären und geboren werden; alle Gerechten, die durch dieses Leben hindurchgehen; alle, die jetzt – d.h. nicht an diesem Ort, sondern in diesem Leben –, und alle, die nach uns geboren werden, bilden den einen Leib Christi, während sie alle einzeln Glieder Christi sind. Wenn also alle den Leib bilden und jeder für sich ein Glied ist, dann gibt es natürlich ein Haupt, zu dem dieser Leib gehört. Und Er Selbst, so heißt es, ist das Haupt des Leibes, der Kirche, der Erstgeborene, der Selbst den Vorrang hat (Kol 1,18). Und weil von Ihm auch gesagt wird, dass Er allezeit das Haupt aller Gewalten und Mächte ist (Kol 2,10), so ist diese Kirche, die jetzt auf ihrer Pilgerschaft ist, mit jener himmlischen Kirche verbunden, in der die Engel unsere Mitbürger sind. Nach der Auferstehung unseres Leibes werden wir Gleichheit mit diesen beanspruchen – eine überaus schamlose Tat, wenn uns die Wahrheit nicht dieses verheißen hätte, indem sie sagt: „Sie werden den Engeln Gottes

---

und das Schreibzeug an der Seite hatte", durch die Stadt zu gehen und ein Zeichen auf die Stirn der Gläubigen zu malen. Dieses Zeichen, im Hebräischen *tav*, hat die Form eines Kreuzes.

gleich sein“ (Lk 20,36); so entsteht eine einzige Kirche, die Stadt des großen Königs (Mt 5,35).[231]

Die Feier der Heiligen Messe schließt die Engel mit ein und öffnet den Weg in die Ewigkeit. Ja, die Messe mündet in die Ewigkeit, denn Christus ist der Ewige Hohepriester und Sein Opfer bleibt für immer. Tertullian sprach darum von Christus als dem „*catholicus sacerdos Patris*“: Er ist der universelle Priester Gottes des Vaters.[232]

Die Messe ist auch in dem Sinne kirchlich, dass sie alle Orte und alle Völker einbezieht: „Du [...] hast uns, Gott, mit Deinem Blut erkauft aus allen Stämmen und Sprachen und Völkern und Nationen“ (Offb 5,9). Die Messe ist sozusagen überall auf der Erde gegenwärtig. Der französische Dichter Paul Claudel sagte, dass das Messbuch für die katholische Messe ausreichend ist. Denn wo auch immer er hinkam, überall sah er das gleiche Buch und vernahm die gleichen Worte. In seinem Gedicht *La Messe là-bas* schildert er ergreifend:

War es zu Notre-Dame, damals in der dunklen Messe, morgens um Sieben,
Wenn Genoveva sie segnet, die Stadt, von der Schlepper gelbem Schrei aus dem Schlaf getrieben?
War es in jener schmierigen Gasse von Boston? War es in China, dem Land,
Wo der Priester auf seinem Kopf noch den Scheffel trägt, den der Letzte der Ming erfand?
War es in Prag, in einer der schönen Barockkirchen, goldlachend und warm,

[231] *Sermon* 341, 11; aus dem Englischen.

[232] *Gegen Markion* III, 7.

> Voller Engel, die sich überall lagerten gleich einem Vogelschwarm?
> Im schneeverstopften Frankfurt? In Hamburg, wo die Bö an die Scheiben pocht?
> Oder in einer vergessnen Kapelle zwischen zwei Zügen, hinter finstern Krambuden verlocht?
> In Rauchschwaden wie von schwelendem Teer oder im durchsichtig güldenen Morgen:
> Immer steht auf dem Altar ein Buch; darin ist alle Kunde vom Leben und Tod geborgen.[233]

Auch das ist ein Element der Kirchlichkeit und Katholizität der Messe, ihrer Objektivität.

Die Messe ist das größte und wichtigste Werk der Kirche; sie kann absolut nichts Größeres tun. Die Messe bringt ihr Wesen und ihr Geheimnis aufs Tiefste zum Ausdruck, wodurch alle Glieder der Kirche aufgerufen werden, von neuem in dieses Geheimnis des Opfers Christi, *hic et nunc*, hier und heute einzutreten. Die Messe ist also wesentlich das Opfer Christi auf Golgotha und das Opfer der Kirche. In dem Wort „Kirche" ist so gesehen jeder enthalten, der an der Messe teilnimmt. Deshalb wird die Messliturgie äußerlich auch als eine Versammlung – griechisch *ekklesia* und hebräisch *qahal* – verstanden. Denn Gott ist es, der uns aufruft, in Sein Heiligtum, d.h. in den wahren Gottesdienst der Messe, einzutreten und an der heiligsten Handlung teilzunehmen. So wie Gott im Alten Testament Sein Volk an den Fuß des Berges Sinai gerufen hat, um den Alten Bund zu feiern, so ruft Er uns im Neuen Testament zur Feier des Neuen Bundes. Wir lesen im Brief an die Hebräer:

---

233 Paul Claudel, *Gesammelte Werke*, Band 1: *Gedichte*. hg. v. Erwin Maria Landau, F. H. Kerle-Verlag, Heidelberg 1962, S. 309 (*Die Messe fernab*: Lesungen).

> Vielmehr seid ihr hinzugetreten zu dem Berg Sion und zu der Stadt des lebendigen Gottes, dem himmlischen Jerusalem, und zu der Versammlung vieler Tausender von Engeln und zu der Gemeinde der Erstgeborenen, welche im Himmel aufgezeichnet sind, und zu Gott, dem Richter aller, und zu den Geistern der vollendeten Gerechten und zu dem Mittler des Neuen Bundes, Jesus, und zu einer Blutbesprengung, die besser redet als Abel (Hebr 12,22–24).

Die Liturgie ist folglich nicht unser, sondern Gottes Eigentum, der uns zur Teilnahme an etwas einlädt, das Ihm zu eigen ist. Wir sehen diese Wahrheit in der Antwort der Gläubigen auf das *Orate fratres: „Suscipiat Dominus sacrificium de manibus tuis, ad laudem et gloriam nominis sui, ad utilitatem quoque nostram, totiusque ecclesiae suae sanctae*" – Der Herr nehme das Opfer an aus deinen Händen zum Lob und Ruhme Seines Namens, zum Segen für uns und Seine ganze heilige Kirche! Die ganze Kirche ist gemeint, oder anders gesagt, die Messe schließt die ganze Kirche ein. Die katholische Perspektive ist also universell, wie wir schon bei der Geburt der Kirche zu Pfingsten sehen, als die Allerseligste Jungfrau Maria und die Apostel im Abendmahlssaal versammelt waren. Diese Eigenschaft ist ein Wesensmerkmal des katholischen Gottesdienstes.

Die Kirche hat ihr Dasein bereits als universelle Kirche begonnen. Auch wenn sie sich dann an verschiedenen Orten in Form von Teilkirchen etabliert hat, ist ihr ursprüngliches Merkmal ihre Universalität, d.h. ihre Katholizität. Wie haben die Missionare in fernen Ländern die *plantatio ecclesiae*, die Einpflanzung der Kirche in neue Gebiete, umgesetzt? Ganz einfach: Sie haben die Messe zelebriert. Die Heilige Messe war der Same. Der heilige Peter Julian Eymard beobachtete, dass die Missionare, wenn sie zu einem heidnischen Volk kamen, zuallererst den Tabernakel – die Gegenwart Christi – sozusagen als Kommandoposten aufstellten, um die heidnischen Seelen für Gott zu gewinnen:

> Wo immer Er ein Land erobert, stellt Er Sein eucharistisches Königszelt auf; mit der Errichtung eines Tabernakels hält Er ein Land dann offiziell besetzt. Auch heute noch zieht Er zu wilden Volksstämmen, und gleich wohin die Missionare die Heilige Eucharistie tragen, bekehren sich die Völker zum Christentum.[234]

Die Messe gehört nicht uns – auch wenn heute viele Kleriker meinen, sie nach Belieben gestalten zu können. Eine solche Auffassung ist von Grund auf verkehrt. In ihr spiegeln sich die moderne Zeit und ihre größte Krankheit wider, nämlich der Anthropozentrismus, der Geist der Eigenmächtigkeit und der Wegfall der übernatürlichen Sicht. Aus dieser Krankheit entsteht die Idee, dass wir es sind, die die Liturgie machen, und die Unfähigkeit einzusehen, dass Christus immer der Hauptprotagonist ist. Wir sind eingeladen, an etwas teilzunehmen, das uns von Christus geschenkt wurde und das die Tradition der Kirche organisch zum Ausdruck bringt. Wir sind nicht diejenigen, die die Liturgie animieren.[235] Der wahre Animator der Liturgie ist Christus: Er ist der Hauptzelebrant, Er gibt der Liturgie in Wahrheit ihre wahre Seele, ihren wahren Geist und ihre

---

234 *The Real Presence*, „The Triumph of Christ through the Eucharist", S. 156.

235 Hierin steckt ein Wortspiel. Animieren bedeutet buchstäblich, etwas zum Leben zu erwecken. Europäische Liturgiewissenschaftler verwenden den Begriff „animieren" aber auch im Sinne von „eine liturgische Funktion dirigieren oder leiten", z.B. ein Kantor, der die Gemeinde „animiert", indem er in ein Mikrofon singt und mit einem Arm gestikuliert. Auf diese Weise kann der Eindruck entstehen, dass die menschlichen Akteure die Hauptpersonen sind, die den Gottesdienst „auf die Beine stellen".

geistliche Haltung, damit eine bestimmte liturgische Handlung gottgefällig sein kann. Aus diesem Grund ist beispielsweise eine Heilige Messe, die von einem einzelnen Priester zelebriert wird, mitnichten weniger „geistlich animiert" als eine, die von vielen Priestern konzelebriert wird. Die wichtigste Handlung in der Messe ist das Handeln Christi. Selbst wenn der Priester die Messe allein zelebriert, kann man – theologisch gesagt – feststellen, dass er mit Christus „konzelebriert", der der Hauptzelebrant ist.

Unsere Würde besteht in der Teilnahme an dem, was uns gegeben wurde, und nicht im Aktionismus. Eine weitere geistliche Krankheit unserer Tage, die mit dem Anthropozentrismus eng zusammenhängt, ist der Neo-Pelagianismus. Derselbe macht uns glauben, dass das Heil von unserem Handeln, unseren Aktivitäten oder unserer „liturgischen Betätigung" abhängt. Diese beiden Krankheiten sollten wir durch eine Reform der Reform heilen. Unsere Teilnahme an der Messe bedeutet nicht, dass wir etwas erfinden müssen. Die tiefste Form der liturgischen Teilnahme besteht darin, sich dem Wirken Christi anzuschließen mit der Stimme der Kirche, welche die Jahrhunderte umspannt. Für die katholischen Gläubigen besteht das größte Tun in der geistigen Aufopferung ihrer selbst, einschließlich aller Kreuze des alltäglichen Lebens, als einer Opfergabe mit Christus. Darin besteht der größte Aktivismus: fähig zu sein, während der Heiligen Messe die eigenen Kreuze und Enttäuschungen in liebevoller Verbundenheit mit Christus anzunehmen. Das ist wahre liturgische Betätigung, nicht das Eingreifen in den Ablauf des äußeren Ritus, die oft als „Teilnahme" verkauft wird. Das ist das Handeln, das Gott von uns erwartet! Seine Vollendung findet es dann im würdigen und fruchtbaren Empfang der Heiligen Kommunion. In diesem Zusammenhang betonte Kardinal Charles Journet, dass die Vereinigung mit Christus durch den liturgischen Ritus auf die Vereinigung der heiligmachenden Liebe hingeordnet ist:

> Die angemessene Form des Gottesdienstes und das Feuer Seiner Liebe, das Gefäß und sein Inhalt, sind im Heiligen Messopfer untrennbar miteinander verbunden; der Ritus aber dient der Liebe und nicht umgekehrt. Wichtiger als die gottesdienstliche Vollgültigkeit ist die erlösende Liebe; und daher werden (im Sinne der Umkehrung der Wertverhältnisse im Evangelium) die Letzten die Ersten sein und die Niedrigsten im Gottesdienst werden die Erhabensten in der Liebe sein. Unter diesem einen – und nichtsdestotrotz entscheidenden – Aspekt ist die Messe durch die Wiederholung des unblutigen Opfers der existenzielle Eintritt jeder Generation von Christen in das Drama der erlösenden Liebe, jener Liebe nämlich, die in ihrer Quelle gegenwärtig ist und deren Stellenwert im Voraus festgesetzt wurde.[236]

Die Kirche lebt vom Heiligen Messopfer, denn dieses Opfer ist die einzige Quelle der Liebe, und ohne Liebe können die Kirche und die Seelen kein wahres übernatürliches Leben empfangen. Diesbezüglich sind besonders die Worte der heiligen Theresia vom Kinde Jesus zu erwähnen:

> Ich begriff, die Kirche hat ein Herz und dieses Herz brennt vor Liebe. Ich begriff, allein die Liebe lässt die Glieder der Kirche wirken, und wenn die Liebe erlöschen würde, würden die Apostel nicht mehr das Evangelium verkünden und die Märtyrer sich weigern, ihr Blut zu vergießen. Ich begriff, die Liebe schließt alle Berufungen in sich ein, die Lie-

---

236 Charles Journet, *La Messe. Présence du sacrifice de la Croix;* ins Englische übertragen von Victor Szczurek OPraem als *The Mass. The Presence of the Sacrifice of the Cross*, St. Augustine's Press, South Bend, IN, 2008, Kap. 5, Abs. 6, S. 102. Da das Werk noch nicht ins Deutsche übersetzt wurde, hier wiederum aus dem Englischen.

be ist alles, sie umfasst alle Zeiten und Worte … mit einem Wort, sie ist ewig! Da rief ich in meiner überschäumenden Freude aus: O Jesus, meine Liebe … Endlich habe ich meine Berufung gefunden. Meine Berufung ist die Liebe! Ja, ich habe meinen Platz gefunden, den Platz in der Kirche, und diesen Platz hast Du, mein Gott, mir gegeben. Im Herzen der Kirche, meiner Mutter, werde ich die Liebe sein … so werde ich alles sein … so wird mein Traum Wirklichkeit werden![237]

Johannes Tauler (+1361) bietet eine beeindruckende Erklärung der Bedeutung der übernatürlichen Liebesakte und der geistigen Vereinigung der Teilnehmer der Liturgie mit dem eucharistischen Opfer:

> [Die Priester] können den Leib unseres Herrn konsekrieren und segnen und sonst niemand, außer Geistlichen, weil sie Priester sind; und was zu dem Amt gehört, das ist das Opfer. In geistlicher Weise aber kann es sowohl eine Frauens- als auch eine Mannsperson tun, und [zwar] wann sie will, bei Tag oder bei Nacht. Wie [soll man] nun eingehen in das Allerheiligste und soll das gemeine Volk [ganz] draußenbleiben?
>
> [Man] soll allein eingehen, d.i. mit einem gesammelten Gemüt soll [man] in sich selbst gehen und alle sinnlichen Dinge draußen lassen und das [wohlgefällige] Opfer opfern, dem himmlischen Vater nämlich Seinen lieben Sohn, mit allen Seinen Worten und Werken und allem Seinem Leiden und heiligen Leben, für alles, [was man] begehrt, und alles, wofür man beten will, und soll mit Andacht alle Menschen,

[237] *Geschichte einer Seele*, Manuskript B, Abs. 3v, S. 372.

> die armen Sünder und die Guten und die Gefangenen des Fegefeuers [in diese Meinung miteinschließen].[238]

Als höchster Akt der Gottesverehrung ist die Heilige Messe das Leben der Kirche. Doch wird auch das Gebäude, in dem das eucharistische Opfer gewöhnlich dargebracht wird, mit Recht „Kirche" genannt. Die wirkliche Gegenwart des hingeopferten Leibes Christi im Tabernakel der katholischen Kirchen gewährt den Menschen etwas ganz und gar Einzigartiges: einen dauerhaften Ort, an dem die Quelle des übernatürlichen Lebens sprudelt, d.h. den sakramentalen Leib Christi. Kardinal Journet erklärt diese Tatsache in der folgenden eingehenden Betrachtung:

> Mehr noch als das Haus des christlichen Volkes, ist die Kirche das Haus Christi. Ein Mysterium, eine Gegenwart durchdringt selbst die ärmste aller katholischen Kirchen: Jemand wohnt in dieser Kirche. Sie lebt nicht in erster Linie von der Dynamik des Kommens und Gehens, welche die Menschenmassen mit sich bringen. Eine Kirche ist vielmehr die eigentliche Quelle des Lebens und der Lauterkeit für diejenigen, die in ihre Mauern eintreten. Denn in ihr herrscht eine reale Gegenwart, die leibliche Gegenwart Christi – hat doch die höchste Liebe unsere menschliche Natur berührt, um mit ihr eine ewige Ehe einzugehen, Brennpunkt eines neuen Glanzes zu werden, der das ganze Drama der Zeit und der menschlichen Belange licht zu durchstrahlen vermag! Jeder kann hier eintreten und dem Jesus des Evangeliums persön-

[238] *Johannes Tauler's Predigten nach den besten Ausgaben in die jetzige Schriftsprache übertragen*. Neue Bearbeitung der Ausgabe von 1926 v. Julius Hamberger, Joh. Christ. Hermann'sche Verlagsbuchhandlung, 2. Aufl., Frankfurt a. M. 1864, *Dritter Theil. Auf die Feste der Heiligen*, S. 54 (Nr. 118: „Auf St. Johannis Baptistä Geburt. Erste Predigt"). Der Text wurde der Leserlichkeit wegen behutsam dem heutigen Deutsch angenähert.

lich begegnen. Jeder, auch wenn er noch so unwissend ist, wenn das Wissen um seine Sünden und seine geheimen, persönlichen Prüfungen ihn schier erdrücken mögen, – jeder darf es wagen, sich Ihm zu nähern, wie es die Sünderin im Haus des Pharisäers Simon tat. Jeder darf zu Ihm rufen wie der Blinde aus Jericho: „Herr, dass ich sehen kann!"

Wenn ein Mensch guten Willens uns fragt, was er tun muss, um die Wahrheit zu finden, können wir ihn, noch bevor wir ihm den Katechismus und die Mysterien des Christentums sinnvoll vermitteln können, noch bevor wir ihm die Schar der Gläubigen zumuten, in der er sich zunächst fremd fühlen wird und in der ihm die Kirche, die er noch nicht kennt, als gleichwertig mit allen anderen erscheinen könnte, einmal einladen, sich jeden Tag eine Weile in eine leere Kirche zu setzen, nur er allein mit dem Evangelium dabei. Später, wenn er begreift, dass die Realpräsenz die Daseinsberechtigung der Kirche in Raum und Zeit bis zum Ende der Welt begründet, werden sich seine Augen für die Katholizität des Mysteriums Kirche öffnen.[239]

Die Heilige Messe ist die Quelle des übernatürlichen Lebens der Kirche, denn sie enthält eine Kraft, die den sündigen Menschen verwandelt und ihn des göttlichen Lebens teilhaftig werden lässt. Im Jahr 1913 schrieb Paul Claudel ein bewegendes persönliches Zeugnis über den Einfluss, den die Liturgie der Kirche und insbesondere die Heilige Messe auf seine Bekehrung, auf seine Wiedergeburt zu einem wahren geistlichen Leben hatte:

Das große Buch aber, das vor mir aufgeschlagen war und in dem ich in die Lehre ging, war die Kirche. Gelobt sei auf

[239] Journet, *La Messe*, Kap. 9, Abs. 6, S. 238.

ewig die große, majestätische Mutter, auf deren Knien ich alles gelernt habe! Alle meine Sonntage verbrachte ich in Notre-Dame, so oft wie irgend möglich ging ich unter der Woche dorthin. In Fragen des Glaubens war ich damals nicht weniger unwissend als in denen des Buddhismus; hier nun entfaltete sich das heilige Drama vor meinen Augen mit einer Pracht, die alle meine Vorstellungen übertraf. Ach, das war nicht die armselige Sprache der Andachtsbücher! Das war die tiefste, großartigste Dichtung, das waren die erhabensten Gesten, die je menschlichen Wesen anvertraut worden sind. An dem Schauspiel der Messe konnte ich mich nicht genügend sattsehen, jede Bewegung des Priesters schrieb sich mir tief in Geist und Herz ein. Die Lesung des Totenamtes, der Weihnachtsmesse, das Schauspiel der Karwochentage, der erhabene Gesang des *Exsultet*, neben dem die berauschendsten Klänge eines Sophokles und eines Pindar mir schal vorkamen, das alles warf mich zu Boden vor Ehrfurcht und Freude, vor Dankbarkeit, Reue und tiefster Verehrung![240]

[240] *Gesammelte Werke*, Band 6, S. 13-14.

10. Die Messe ist die Quelle der Erlösung

Der eigentliche Zweck der Menschwerdung ist die Erlösung der Menschheit. Wie es im Glaubensbekenntnis heißt: *Propter nos homines et propter nostram salutem descendit de caelis et incarnatus est*: Für uns Menschen und zu unserem Heil ist Er vom Himmel herabgestiegen und hat Fleisch angenommen. Jesus Christus vollbrachte unser Heil als Ewiger Hoherpriester nach der Ordnung des Melchisedek. Das Wort Gottes lehrt uns:

> Christus aber erschien als Hoherpriester der zukünftigen Güter und ging durch das höhere und vollkommenere Zelt, das nicht mit Händen gemacht, d.h. nicht von dieser Schöpfung ist, auch nicht durch Blut von Böcken und Kälbern, sondern durch Sein eigenes Blut, ein für allemal in das Allerheiligste ein, nachdem Er eine ewige Erlösung gefunden. Denn wenn das Blut von Böcken und Stieren und die Asche des Rindes die Verunreinigten besprengend, heiligt, so dass sie leiblich rein werden, um wieviel mehr wird das Blut Christi, der durch den Heiligen Geist Sich Selbst als ein unbeflecktes Opfer Gott dargebracht hat, unser Gewissen reinigen von toten Werken, damit wir dem lebendigen Gott dienen! (Hebr 9,11–14)

Der heilige Thomas erklärt weiter:

> Die hauptsächliche Wirkursache des menschliches Heiles ist Gott. Weil aber die Menschheit Christi „Werkzeug der Gottheit" ist, wirken folgerichtig alle Tätigkeiten und Leiden Christi in der Kraft der Gottheit instrumental auf das

menschliche Heil hin. Demnach verursacht das Leiden Christi als Wirkursache das menschliche Heil.[241]

Die Menschwerdung Christi, Sein königliches Priestertum und Sein Erlösungsopfer für die Rettung der Menschheit bilden eine untrennbare Einheit. Charles de Condren (+1641), der zweite Generalobere des Französischen Oratoriums, fasste es eindrucksvoll zusammen:

> Das Meisterwerk Jesu Christi sind Seine Kirche und Seine Religion. Aber das Größte, Heiligste und Erhabenste in Jesus Christus, in der Kirche und in der christlichen Religion ist das Priestertum und das Opfer unseres Herrn. Sein Priestertum ist das Ziel Seiner Menschwerdung, so wie Seine Menschwerdung die Grundlage Seines Priestertums ist. Denn der Sohn Gottes wurde nur Mensch, um der Priester Seines Vaters und der Hohepriester der wahren Religion zu sein. [...] Daraus ergibt sich, dass der Sinn unseres Verständnisses der christlichen Religion in der Kenntnis der Menschwerdung, des Priestertums und des Opfers Jesu Christi besteht. Diese drei Geheimnisse sind nämlich dergestalt miteinander verbunden, dass es unmöglich ist, sie voneinander zu trennen oder eines von ihnen vollkommen zu kennen, wenn man nicht auch die beiden anderen vollkommen begriffen hat.[242]

Die Messe ist die Quelle des Heils, denn sie setzt das Erlösungsopfer Christi am Kreuz auf sakramentale Weise gegenwärtig.

---

[241] *S. th.*, III, q. 48, art. 6. Als Wirkursache wird das bezeichnet, was in einem anderen Ding eine Veränderung hervorruft, wie z.B. eine Hand einen Stift bewegt oder Feuer das Wasser zum Kochen bringt.

[242] *L'idée du sacerdoce et du sacrifice de Jésus-Christ*, E. Hurault, Vitry-le-François 1849, IX.

Bei der Kreuzverehrung am Karfreitag singt die Kirche: *Ecce, lignum crucis, in quo salus mundi pependit!* – Seht, das Holz des Kreuzes, an dem das Heil der Welt gehangen! In jeder Feier des Heiligen Messopfers wird dieser unermessliche Schatz der Gnade erschlossen und über die Menschheit ausgegossen. Wir müssen jegliche Tendenz zur Gnosis vermeiden, nämlich zu glauben, dass wir auf eine unsichtbare und unhistorische Weise gerettet werden. Diese beiden Tendenzen, die protestantische und die gnostische, sind gefährlich; wir müssen uns daher vor ihnen hüten. Es gibt eine Verbindung zwischen der Erlösung, den konkreten historischen Ereignissen und der sichtbaren öffentlichen Gottesverehrung, nämlich die Heilige Messe!

Das Kreuzesopfer, der höchste Akt der Gottesverehrung, der von Christus, dem Gottmenschen, vollzogen wurde, hat uns die Erlösung gebracht. In der Liturgie des Kreuzesopfers ist das erste Ziel die Anbetung des Dreieinigen Gottes. Das sekundäre und untergeordnete Ziel ist dann unsere Rettung. In der Kirche unserer Tage erleben wir die Versuchung, diese Ordnung auf den Kopf zu stellen. Jesus sagt im Johannesevangelium: „Vater! Die Stunde ist gekommen, verherrliche Deinen Sohn, damit Dein Sohn Dich verherrliche!“ (Joh 17,1) Das Opfer des Kreuzes impliziert also die Verherrlichung des Vaters und des Sohnes. Diese Hierarchie der Zwecke muss in der Struktur der Messe deutlich werden. Je mehr wir Gott verherrlichen, je mehr wir Ihm geben, was Ihm gebührt, desto mehr empfangen wir die Erlösungsgnaden. Die Messe dient zuallererst der Verherrlichung Gottes – und dann dem Heil und der Heiligung der Menschen. Der römische Theologe Antonio Piolanti legte einmal wunderbar dar:

> [Das fleischgewordene Wort] war der einzige wahre Priester, war immer und überall Priester, denn Seine Weihe war nicht ein vorübergehender und zufälliger Akt, eine Salbung,

die Er an einem der Tage Seines Daseins empfing, sondern sie besteht in der Gottheit Selbst, jener menschlichen Natur mitgeteilt, die Er zu Beginn Seiner Tage annahm. Deshalb war Jesus Seinem Wesen nach Priester und alle Seine Handlungen waren notwendigerweise priesterlich: Er konnte nur ein Wort aussprechen – ein Wort der sühnenden Anbetung; Er konnte nur eine Handlung vollziehen – das priesterliche Opfer; nur ein Bild erfüllte Seine Seele – das Kreuz; nur eine Bewegung belebte Seine Existenz – der Aufstieg zum Kalvarienberg. Im Leben Jesu waren all die einzelnen Ereignisse nicht durch eine zufällige Konvergenz, sondern durch eine innere Absicht mit dem Kreuzesopfer verbunden. [...] Das Opfer, auf das der Weg Jesu steiler und steiler werdend hinführt, ist in der Tat eine Poesie entschiedener Vereinigung.[243]

Das Opfer Christi bewirkt die Rettung der Menschheit mittels der Erlösung, also des Loskaufs. Der Mensch ist darum nicht nur gerettet, sondern auch erlöst. Kardinal Journet gibt die folgende Erklärung:

Konnte Gott nach dem Sündenfall, der den Urzustand der Menschheit endgültig beendete, anderes tun, als verzeihen? Das aber hätte er zweifellos auf unterschiedlichste Weise tun können. Er hätte z.B. vorgeben können, das Verbrechen der Sünde vergessen zu haben, um uns dann wieder das Leben der Gnade zu gewähren. Damit wäre jedoch dieses erste Verbrechen ohne Wiedergutmachung geblieben und die Beleidigung Gottes durch Seine Schöpfung wäre im Ganzen in Ewigkeit größer gewesen als die Liebe, die Er von ihr empfangen hat. Genau an diesem Punkt kommt Sein Heilsplan ins Spiel. Da

[243] *Il Mistero Eucaristico*, S. 367-368.

Gott durch das Fleisch beleidigt wurde, sollte Gottes Sohn auch Fleisch werden; Er sollte im Schoß der Jungfrau einen menschlichen Leib annehmen. Dadurch wäre Er in der Lage, von der Erde eine Liebe und Verehrung von ganz außerordentlicher Kraft – zweifellos geschaffen, aber doch außerordentlich – gen Himmel zu entflammen. Doch welche Liebe! Aufgrund der Gottheit der Person wäre diese Liebe göttlich-menschlich, ja wahrhaft gottmenschlich, mit einer unendlichen Macht erfüllt und in der Lage, über jedes Maß hinaus das Gräuel all jener Sünden zu tilgen, welche die Menschheit begangen hat und noch begehen wird. Von da an gibt die Welt – durch Christus, der eine menschliche Natur annimmt – Gott die Ehre in einer Weise, die unvergleichlich größer ist als das Vergehen, das sie verursacht hat. „Wirklich wiedergutgemacht hat man eine Beleidigung, wenn man etwas schenkt, das der Beleidigte so sehr oder sogar noch mehr liebt, als er die Beleidigung verabscheut hat. Indem aber Christus aus Liebe und Gehorsam gelitten hat, hat Er Gott mehr dargeboten, als notwendig war, um die Beleidigung des ganzen Menschengeschlechts wiedergutzumachen."[244]

Das Kreuzesopfer, das in sich die gesamte Heilsgeschichte zusammenfasst, führt unweigerlich zu Auferstehung und Himmelfahrt. Durch dieses Opfer dringen auch die Auferstehung und die Himmelfahrt bis zu uns vor und bewirken in Verbindung mit dem Kreuz unsere Erlösung.[245]

Da die Messe die Anwendung der Früchte des Kreuzesopfers ist, ist sie auch die Quelle aller Gnaden, die Gott uns geben

[244] Kardinal Journet, *Das Messopfer*, Kap. 1, Abs. 2, S. 12; zitiert wird der hl. Thomas in: *S. th.*, III, q. 46, art. 3.

[245] Vgl. Kardinal Journet, *Das Messopfer*, Kap. 1, Abs. 3, S. 17.

kann. Ja, sie ist ein großer Ozean von Gnaden, aus dem wir immer wieder aufs Neue schöpfen können. Deshalb ist es in der Kirche üblich, dass Messen in bestimmten Anliegen gefeiert werden. Der Quelle des Heils entspringen in der Messe unermessliche Fluten, sodass wir so viele Anliegen in die Messe hineinlegen können. Wie der heilige Thomas im *Adoro Te devote* vom Blut Christi singt: „*Cujus una stilla salvum facere / totum mundum quit ab omni scelere* - Schon ein kleiner Tropfen sühnet alle Schuld / bringt der ganzen Erde Gottes Heil und Huld." Es handelt sich hierbei um einen sehr tiefgründigen Ausdruck, der die Kraft der Heiligen Messe trefflich beschreibt; die Heilige Messe ist der größte geistliche Schatz, den wir hier auf Erden haben. Die Menschheit als Ganzes ist durch das Opfer des Kreuzes erlöst, aber nicht jeder ist als Einzelner gerettet. Objektiv ist jeder erlöst, aber subjektiv ist nur derjenige gerettet, der tatsächlich mit Christus im Glauben und in der übernatürlichen Liebe verbunden ist.

Die Heilige Messe ist Quelle des Heils, weil in ihr die Früchte des Kreuzesopfers „appliziert" (also auf konkrete Empfänger angewendet) werden, wie das Konzil von Trient lehrt:

Die Früchte jenes Opfers nun (nämlich des blutigen) werden überreich durch dieses unblutige Opfer empfangen: weit entfernt, dass jenem durch dieses in irgendeiner Weise Abbruch getan würde. Deshalb wird es nicht nur für die Sünden, Strafen, zur Genugtuung und für andere Nöte der lebenden Gläubigen, sondern auch für die in Christus Verstorbenen, die noch nicht vollständig gereinigt sind, nach der Überlieferung der Apostel rechtmäßig dargebracht.[246]

[246] Sessio XXII, Kap. 2 (DH 1743).

Durch die Heilige Messe nimmt die erlöste Menschheit, sprich die Kirche, am Erlösungsopfer Christi teil, wie Kardinal Journet erläutert:

> Das Opfer Christi für das Heil der Welt war nicht ein Opfer Christi im Alleingang, isoliert von den Menschen, sondern vielmehr hat es auch das Opfer der Menschen miteinbezogen. Das Opfer Christi vollzieht sich nicht ohne die Beteiligung der Menschheit: Die Menschheit ist aufgerufen, in das Opfer einzutauchen, sich erlösen zu lassen, Christus, den Erlöser, darzubringen, Ihm in Seinem Selbstopfer nachzufolgen, ja sogar sich zu bemühen, in Ihm und durch Ihn sozusagen Miterlöserin zu sein. In dem Maß, in dem dies geschieht, begründet die Menschheit in ihren einzelnen Epochen die Kirche, den Leib Christi.

Nach Journet ist die Messe

> nur dadurch ein Opfer, dass sie sich mit demselben identifiziert, was den Inhalt betrifft (nämlich Christus als Priester und Opfer), und dass sie sich dem Opfer unterordnet, was das sakramentale und unblutige Gefäß betrifft, das über die Zeit hinweg dazu dient, dieses Opfer zu vergegenwärtigen, sein Gedächtnis zu verewigen und seine heilbringende Kraft zu entfalten.[247]

Die Heilige Messe verbindet uns täglich mit dem blutigen Opfer des Kreuzes; sie ist demnach die tägliche Realpräsenz des Opfers Christi für uns. Journet gab diese Wahrheit mit den Worten wieder: „In jeder Messe kommt Christus in Herrlichkeit mit der

---

[247] Kardinal Journet, *Das Messopfer*, Kap. 2, Abs. 3, S. 37.

ganzen Kraft Seines Kreuzes zu uns und bewirkt, dass dieselbe Kraft auf uns *angewandt* wird, dass sie uns in dem Maß *gegenwärtig gemacht* wird, wie wir danach streben."[248]

Der heilige Thomas zeigt auf, dass die Kirche am Karfreitag des Leidens gedenkt, wie es in Christus ein für alle Mal in der Geschichte vollbracht wurde; die Heilige Messe aber vollzieht das Gedächtnis des Leidens insofern, als seine Früchte an jede Generation von Gläubigen von neuem ausgespendet werden, die dieselben täglich empfängt.[249] Papst Pius XII. lehrt uns in der Enzyklika *Mediator Dei:*

> Das Hochheilige Opfer des Altares ist sozusagen das überaus kostbare Werkzeug, wodurch die vom Kreuz des göttlichen Erlösers stammenden Verdienste an die Gläubigen ausgeteilt werden: „Sooft die Gedächtnisfeier dieses Opfers begangen wird, vollzieht sich das Werk unserer Erlösung."[250]

Der Wert der Messe, der nichts anderes ist als der des Kreuzes, ist an sich unendlich. Jede Messe ist jedoch nur eine begrenzte Zuwendung für diejenigen, die – in welcher Funktion auch immer – bei der Darbringung des Messopfers teilnehmen, und für die, für die es dargebracht wird. An die Lehre des heiligen Thomas anknüpfend, hat Kardinal Journet den Unterschied zwischen dem unendlichen Heilswert der Messe und ihrer endlichen Anwendung, die von der jeweiligen inneren Bereitschaft der Teilnehmenden abhängt, theologisch genau erklärt:

---

[248] Ibid., Kap. 4, Abs. 1, S. 58.

[249] Vgl. *S. th.*, III, q. 83, art. 2, ad 1.

[250] Nr. 79, hierbei wird die Sekret des 9. Sonntags nach Pfingsten aus dem traa ditionellen *Missale Romanum* zitiert.

Als Vermittlung von unten nach oben erhebt das Leiden Christi als göttliches Handeln ein Bittgebet von unendlicher Kraft gen Himmel. Als Vermittlung von oben nach unten kennzeichnet es den Augenblick, in dem Christus, Universalprinzip und in diesem Sinne Träger unendlicher Gnade, die erhabenen Reserven Seines Heiligsten Herzens über die Menschen ausgießt. Das Leiden Christi hat uns demnach vollständig von der Sünde befreit. Warum, könnte man sich fragen, ist es trotzdem notwendig, zum Glauben und zu den Sakramenten des Neuen Bundes hinzuzutreten?

Auf diese Frage antwortet der heilige Thomas, dass das Leiden Christi die Vergebung der Sünden nach Art einer universalen Ursache bewirkt; diese universale Ursache des Heils muss jedoch auf jeden einzelnen Menschen angewendet werden, um die ihm eigenen Sünden auszutilgen. Diese Anwendung geschieht auf zwei Arten, von denen die zweite die erste vervollkommnet. Zunächst durch den lebendigen Glauben, beseelt von der Liebe, nach den Worten des heiligen Paulus: „Gott [hat Jesus Christus] dargestellt als Sühne durch den Glauben in Seinem Blut“ (Röm 3,25); ferner durch die Sakramente des Neuen Bundes: „Oder wisst ihr nicht, dass wir alle, die wir auf Christus Jesus getauft sind, auf Seinen Tod getauft sind?“ (Röm 6,3)

„Das Leiden Christi war eine ausreichende und überreiche Genugtuung für die Sünden des ganzen Menschengeschlechts. […] Das Leiden Christi entfaltet seine Wirkung bei denen, denen es durch den Glauben und die Liebe und durch die Sakramente des Glaubens zuteilwird.“[251]

---

[251] Kardinal Journet, *Das Messopfer*, Kap. 6, Abs. 2, S. 117–118; zitiert wird S. *th.*, III, q. 49, art. 3, corp. und ad 1.

In jedem Heiligen Messopfer tritt die Kirche für das Heil der Menschheit, für das Heil der ganzen Welt ein. Die Theologie spricht in diesem Zusammenhang von den Früchten der Heiligen Messe. Man unterscheidet zwischen der allgemeinen Meinung bzw. Anwendung ebendieser Früchte durch die Kirche, die in jeder Messe für alle lebenden und verstorbenen Gläubigen und für das Heil der ganzen Welt betet (*allgemeine Frucht*); der Meinung des bzw. der Anwendung durch den Zelebranten, der nicht als bloßes Individuum, sondern unmittelbar als Bevollmächtigter der kirchlichen Hierarchie, dem der Vollzug der Liturgie anvertraut ist, im Rahmen etwa eines Stipendiums Gott um Seinen Segen und Seine Gnade für ein bestimmtes Anliegen bittet (*besondere Frucht*); und der persönlichen Meinung bzw. Anwendung durch den Zelebranten oder die Gläubigen als Einzelpersonen (*besondere Früchte*). Betrachten wir die Erklärung von Kardinal Journet zu den Früchten der Heiligen Messe:

> *Die Kirche selbst* schöpft in erster Linie aus dem unendlichen Schatz jeder Messe alles, was die Intensität ihrer Liebe zum Bräutigam ihr zu erschließen erlaubt, damit es auf die Welt ausgegossen werden kann. Sie sorgt dafür, dass jede Messe ausdrücklich und vor allem für die Gläubigen hier unten und im Fegefeuer sowie für das Heil der ganzen Welt zelebriert wird. Dies ist die *allgemeine Frucht* der Messe.
>
> In den Gebeten der Messe kommt die Universalität dieser miterlösenden Absicht der Kirche deutlich zum Ausdruck. Bei der Darbringung des Brotes, auf dessen Verwandlung durch die Transsubstantiation der Priester vorausblickt, betet er: „Nimm an, heiliger Vater, allmächtiger, ewiger Gott, diese makellose Opfergabe, die ich, Dein unwürdiger Diener, Dir, meinem lebendigen und wahren Gott, darbringe für meine unzähligen Sünden, Fehler und Nachlässigkeiten, für alle

Umstehenden und auch für alle lebenden und verstorbenen Christgläubigen, damit sie mir und ihnen zum Heil gereiche, zum ewigen Leben." Bei der Darbringung des Kelches weitet die Kirche ihre Absicht auf die ganze Welt aus: „Wir bringen Dir, Herr, den Kelch des Heils dar und flehen Deine Milde an, dass er zum Angesicht Deiner göttlichen Majestät für unser und der ganzen Welt Heil mit süßem Wohlgeruch emporsteige." [...]

Unabhängig von dieser allgemeinen Aufopferung der Messe für die ganze Welt, welche die Kirche in ihrem eigenen Namen als Braut Christi vollzieht, kann *der Priester selbst* – nicht als einfacher Mensch, der nur von seiner persönlichen Frömmigkeit geleitet wird, und auch nicht als unmittelbarer Diener Christi, wie im Moment der Transsubstantiation durch das Aussprechen der Konsekrationsworte, sondern *als unmittelbarer Diener der Kirche*, der von den hierarchischen Instanzen bevollmächtigt ist, die von ihnen vorgesehene Liturgie zu vollziehen – die Messe nach Gutdünken zum Wohl derer darbringen, für die er betet oder für die er ein Stipendium erhält.

Was die Kirche durch die Intensität ihrer Liebe aus den unendlichen Tiefen der Messe geschöpft hat, kann sie dem Priester, soweit er ihr Diener ist, zuteilen und ihm die Freiheit lassen, es nach seiner Meinung zur Heiligung bestimmter Personen aufzuopfern. Diese Absicht macht die sogenannte b*esondere Frucht* der Messe aus; denn sie geht in besonderer Weise in der Zuständigkeit der Kirche auf.

Man muss (mit Papst Pius VI. in seiner Verurteilung der Synode von Pistoia) unbeirrt daran festhalten, dass ein solches Opfer denjenigen, für die es dargebracht wird – so kein Hindernis ihrerseits entgegensteht –, eine besondere Zuwendung der Gnade beschert, eine endliche Zuwendung der unendlichen Kraft der Messe. Je nach der vom Priester verfolgten Absicht kann diese endliche Anwendung entweder ganz für eine Person oder aufgeteilt auf mehrere Personen erfolgen.

Schließlich stellt die *persönliche Andacht* des Priesters und der Gläubigen – ob sie nun die Messe selbst darbringen oder in irgendeiner Weise zu ihr beitragen, ob sie sich im Glauben oder durch die sakramentale Kommunion mit ihr vereinigen – die dritte Art der Teilnahme an der unendlichen Kraft der Messe dar. Die Wirkungen, die sich daraus ergeben und welche die *ganz speziellen* Früchte der Messe darstellen, finden ebenfalls entsprechend den von den Teilnehmenden gefassten Absichten Anwendung.

So wird jede Messe zunächst von der Kirche dargebracht, die entsprechend der Intensität ihrer Hingabe allgemein für die ganze Welt betet; dann vom Priester, insofern er der Diener der Kirche ist und dem die Kirche die besondere Intention überlassen hat; schließlich von den einzelnen Personen des Priesters und der Gläubigen, deren Intentionen *ganz speziell* sein werden. Dies ist jedes Mal der Fall, wenn das Blut des Kreuzes auf die Welt herabströmt.[252]

In der Bulle *Auctorem Fidei* vom 28. August 1794 hat Papst Pius VI. die 13. These der Synode von Pistoia als theologischen Irrtum verurteilt, nach welchem „außer dem besonderen Gedächtnis und Gebet die spezielle Darbringung bzw. Zuwendung des Opfers selbst, die vom Priester gemacht wird, unter Gleichsetzung der Übrigen, jenen, denen es zugewendet wird, nicht mehr nützt als allen anderen".[253] Es ist daher falsch zu sagen, dass diese

[252] Kardinal Journet, *Das Messopfer*, Kap. 6, Abs. 8, S. 127-130.

[253] DH 2630.

besondere Anwendung, die von der Kirche empfohlen oder angeordnet wurde, keine besonderen Früchte hervorbringt.

Der große geistliche Wert der häufigen Feier des Heiligen Messopfers wurde z.B. durch die außergewöhnliche Abhaltung eines Triduums bewiesen, das darin bestand, drei Tage lang ohne Unterbrechung im Heiligtum der Grotte von Lourdes die Heilige Messe zu feiern. Sie begann am Nachmittag des Donnerstags, 25. April 1935, und endete am Nachmittag des darauffolgenden Sonntags, 28. April 1935. Die folgende Beschreibung dieser Initiative im *Mitteilungsblatt der Salesianer* vom 1. April 1935 bringt auch die theologische und geistliche Begründung für die häufige Feier der Heiligen Messe zum Ausdruck:

> Am 10. Januar 1935 hat Papst Pius XI. in einem Schreiben an den Bischof von Lourdes und Tarbes, Seine Exzellenz Erzbischof Gerlier, dessen Bitte entsprochen und hat auf Anregung Seiner Eminenz des verstorbenen Kardinals Bourne, ehedem Erzbischof von Westminster, und auf Empfehlung Seiner Eminenz des Kardinals Verdier, Erzbischof von Paris, Folgendes verfügt: Das Außerordentliche Heilige Jahr zur Feier der Wiederkehr des Jahres der Erlösung der Menschheit, das von Ostern 1933 bis Ostern 1934 in Rom gefeiert wurde und dann bis zum kommenden Osterfest auf die ganze Welt ausgedehnt ist, sollte feierlich zu Füßen der Unbefleckten Jungfrau, der Miterlöserin des Menschengeschlechts, in der Grotte von Lourdes seinen Abschluss finden, um von der Allerseligsten Jungfrau das Heil für die Seelen und den Frieden in der Welt zu erflehen.
>
> Da das wirksamste Mittel, um Gnaden von Gott zu erlangen, die Feier der Heiligen Messe ist, in der sich unser Herr Jesus Christus persönlich, auf geheimnisvolle Weise, aber wahrhaftig, als Opfergabe der Sühne und der Versöh-

> nung, der Anbetung und der Danksagung dem Ewigen Vater in jenem verehrungswürdigen Opfer darbringt, hat der Papst selbst etwas vollkommen Außergewöhnliches bewilligt: dass nämlich während der Tage dieses Triduums, vom 25. bis 28. April, am Altar der Grotte ununterbrochen, Tag und Nacht, morgens, mittags und abends, die Heilige Messe zelebriert werden darf.
>
> Denn dabei soll vom Herrn auf die Fürsprache der Allerheiligsten Jungfrau Maria vor allem diese Gnade erlangt werden: dass endlich, sobald die von der Schlange gesäte Zwietracht überwunden, die Gründe für den Unfrieden glücklich beseitigt und die Ruhe überall wiederhergestellt ist, wahrer Friede in die Herzen, in die Völker und in die Nationen einziehe, jener Friede, den Christus bei Seiner Geburt inmitten der engelischen Chöre herbeigeführt hat, den Er bei seiner Auferstehung Seinen Jüngern geschenkt und den Er bei Seiner Himmelfahrt zum Vater allen als Unterpfand hinterlassen hat.[254]

Papst Pius XI. bekräftigte während des Triduums zum Abschluss des Außerordentlichen Heiligen Jahres 1929 den geistlichen Wert, welcher der ununterbrochenen Feier Heiliger Messen innewohnt, mit den Worten:

> In diesen Tagen (des Jubiläumstriduums) wird die katholische Welt vom Sonnenaufgang bis zum Sonnenuntergang mit einer Stimme und einem Herzen demütig die Hände zu Gott und seiner heiligsten Mutter erheben und um Barmherzigkeit, Frieden und Erlösung bitten. Wahrlich, es wird ein großes Schauspiel sein, das Vorzeichen einer glücklichen

[254] https://biblioteca.unisal.it/repository/Bollettino_Salesiano_1935_04_SL-18-D-1w.pdf [Link veraltet!]; aus der englischen Version.

Zukunft! Ein großartiges Schauspiel, würdig des Himmels, das uns an den Propheten Malachias erinnert, der durch göttlichen Beistand die Geheimnisse der kommenden Tage sah und Gott selbst sprechen hörte: „Denn vom Aufgang der Sonne an bis zum Niedergang ist Mein Name groß unter den Völkern und an allen Orten wird Meinem Namen geopfert und reine Opfergabe dargebracht; denn groß ist Mein Name unter den Völkern, spricht der Herr der Heerscharen" (Mal 1,11). Hoffen wir, dass die Feier der Heiligen Messen, die Tag und Nacht in der ganzen Welt stattfinden, die Flamme der Nächstenliebe emporschießen lassen wird! Die Welt, die von den Interessen an irdischen Belangen abgelenkt und von so vielen Zwistigkeiten erschüttert wird, wird sehen, wie die ganze Familie der Christen, vereint in einem Geist, einem Glauben und einem Gebet, den Sündern Vergebung, den Streitenden Frieden, den Armen Unterstützung, den Hungernden Brot und schließlich den Irrenden das Licht der Wahrheit schenkt. Wir hoffen und beten besonders, dass durch diese Feiern die Frömmigkeit der Gläubigen für das erhabene Opfer des Altars genährt und angefacht werde.[255]

Das Opfer der Heiligen Messe hat einen unendlichen Wert, weil es mit dem Opfer des Kreuzes inhaltlich identisch ist; Priester und Opferlamm im Kreuzes- und Messopfer sind dieselben, nämlich Christus. Außerdem wird Gott mit der Feier jeder Heiligen Messe der erhabenste Kult der Anbetung und Danksagung dargebracht. Es ist die Handlung, die Gott, der Allerheiligsten Dreifaltigkeit, am meisten wohlgefällt. Darüber hinaus werden durch die Feier jeder Heiligen Messe die geistlichen Früchte des

---

[255] Letter *Quod tam alacri* an Seine Exzellenz Bischof Pierre Gerlier von Tarbes und Lourdes, datiert den 10.1.1935.

Kreuzesopfers auf eine bestimmte Zeit und einen bestimmten Ort, auf bestimmte Personen und Intentionen appliziert. Die Kirche bringt diese Wahrheit in der Liturgie in der Sekret (Stillgebet vor der Präfation) des neunten Sonntags nach Pfingsten prägnant zum Ausdruck: „Sooft das Gedächtnis dieses Opfers gefeiert wird, wird das Werk unserer Erlösung vollzogen."

Unter der Führung des Heiligen Geistes hat die Kirche ihr Verständnis dieser Wahrheit in ihrer Praxis organisch vertieft, indem sie die häufige Feier der Heiligen Messe fördert und ermutigt und den Priestern die tägliche Zelebration nachdrücklich empfiehlt, wie es im Codex des Kirchenrechts festgehalten ist:

> Immer dessen eingedenk, dass sich im Geheimnis des eucharistischen Opfers das Werk der Erlösung fortwährend vollzieht, haben die Priester häufig zu zelebrieren; ja, die tägliche Zelebration wird eindringlich empfohlen, die, auch wenn eine Teilnahme von Gläubigen nicht möglich ist, eine Handlung Christi und der Kirche ist, durch deren Vollzug die Priester ihre vornehmste Aufgabe erfüllen.[256]

Der Ritus der eucharistischen Konzelebration, wie er nach dem Zweiten Vatikanischen Konzil eingeführt wurde und heute im Leben der Kirche Anwendung findet, steht zweifellos im Widerspruch zur gesamten Tradition sowohl der Ost- als auch der Westkirche. Darüber hinaus ist diese Praxis nicht im Einklang mit der Absicht und dem Verständnis, das die Mehrheit der Konzilsväter von der Konzelebration hatte. Die Vision der Konzilsväter entsprach der ständigen Praxis der Kirche, in der die Konzelebration der Eucharistie in hierarchischer Ordnung

[256] CIC (1983), can. 904.

stattfand, d.h. die Kardinäle und Bischöfe konzelebrierten mit dem Papst und die Priester mit dem Bischof. Außerdem war die ursprüngliche Form der Feier der Heiligen Messe keine sakramentale Konzelebration. Dieser Punkt wurde während des Zweiten Vatikanischen Konzils von Bischof Ramon Iglésias Navarri, Bischof von Urgell in Spanien, angeführt: „Man kann sich nicht auf das Beispiel unseres Herrn Jesus Christus berufen, denn Er hat bei der Einsetzung und Feier des Messopfers nicht konzelebriert, sondern das Sakrament allein vollzogen."[257]

Einer der dogmatisch und liturgisch fundiertesten Beiträge während der Diskussion über die Konzelebration beim Konzil stammt von Erzbischof Paul-Pierre Philippe aus dem Dominikanerorden, dem späteren Kardinal und Präfekten der Kongregation für die Ostkirchen. Es lohnt sich, ihn hier wiederzugeben:

> Ich stimme zu, dass die Möglichkeit der sakramentalen Konzelebration in der lateinischen Kirche auf die Chrisam-Messe am Gründonnerstag sowie beispielsweise auf die vom Bischof während der Diözesansynode oder anlässlich eines Pastoralbesuchs oder Exerzitien von Diözesanpriestern zelebrierte Messe ausgedehnt werden sollte, weil auf diese Weise die Einheit der Priester mit dem Bischof in dem einen Priestertum Christi zum Ausdruck gebracht wird.
>
> Dieser Grund rechtfertigt allerdings nicht die Ausdehnung der Konzelebration auf die tägliche Konventmesse der Ordensleute, wie sie von einigen Konzilsvätern gefordert worden ist. Denn die Einheit der vielen konzelebrierenden Priester ergibt sich nur aus der Einheit eines jeden Priesters mit Christus, dem Priester, dessen heilige Person er in der Messe vertritt. Denn der Priester besitzt, wie Papst Pius XII.

[257] *Concilii Vaticani II Synopsis*, S. 610.

in der Enzyklika *Mediator Dei* sagt, „durch die Priesterweihe dem Hohenpriester angeglichen, die Vollmacht, mittels der Kraft und an Stelle der Person Christi selbst zu handeln. Durch seine priesterliche Handlung leiht er auch Christus gleichsam seine Zunge und reicht Ihm seine Hand" (*AAS* 1947,518). In der Tat kommt das Handeln Christi, der sich durch die sakramentale Handlung opfert und darbringt, in der von einem Priester gefeierten Messe deutlicher zum Ausdruck als in einer konzelebrierten Messe, denn hier nehmen sowohl der Zelebrant selbst als auch die Gläubigen, die in diesem einen Priester „das Bild Christi", des Priesters, sehen, dieselbe besser wahr (vgl. *S. th.,* III, q. 83, art. 1, ad 3). Die priesterliche Spiritualität beruht vor allem auf dieser Lehre und durch sie wird die eucharistische Frömmigkeit der Priester genährt. Wenn nun aber viele Priester gewohnheitsmäßig konzelebrieren, ist zu befürchten, dass sie sich allmählich weniger als *„alter Christus"* fühlen und dass ihre eucharistische Frömmigkeit abnimmt. Ordensleute, die täglich konzelebrieren, können dieser Gefahr in besonderer Weise ausgesetzt sein.

Es wurde hier zwar erwähnt, dass die Freiheit der Einzelzelebration gewahrt werden muss, aber in Wirklichkeit wird diese Freiheit durch das Drängen der Oberen und Mitbrüder sowie durch äußere Schwierigkeiten und nicht zuletzt die Kraft der Gewohnheit beeinträchtigt. Außerdem kann eine zu häufige oder tägliche Konzelebration zu einer gewissen Geringschätzung der sogenannten „Privatmesse" führen. Denn jede Messe ist nach der Lehre des Konzils von Trient wirklich öffentlich, da sie vom öffentlich tätigen Kultdiener der Kirche für alle Gläubigen, die zum Leib Christi gehören, zelebriert wird.

Schließlich ist an die Lehre von Papst Pius XII. über die Früchte der Messe zu erinnern (vgl. *AAS* 1954,669). Dabei ist nicht nur die Frucht zu berücksichtigen, die eine fromme und brüderliche Feier hervorbringt, sondern vor allem das Wesen des Geschehens, d.h. das sakramentale Opfer Christi. Die objektive Frucht der Messe, d.h. die Frucht der Versöhnung und der Sühne für die Lebenden und die Toten, ist in der Tat die *hauptsächliche*. Da diese Frucht in einer konzelebrierten Messe im Unterschied zu vielen von vielen Priestern zelebrierten Messen nicht im selben Ausmaß gegeben ist, ist eine Verdunklung der rechten Lehre zu befürchten: Wenn sich die häufige Konzelebration durchsetzt, werden die Gläubigen nicht mehr darauf achten, dass viele Messen für die Lebenden und die Toten zelebriert werden.

Daher ist die praktische Zweckmäßigkeit weder als Grund noch als Argument für die Ausdehnung der Konzelebration zulässig; als solcher kann nur die manchmal angemessene Darstellung der Einheit des Priestertums durch die Konzelebration mit dem Bischof oder dem Ordensoberen gelten.[258]

Eine der theologisch und historisch fundiertesten Studien zur eucharistischen Konzelebration ist die von P. Joseph de Sainte-Marie OCD, *L'Eucharistie salut du monde* (gegenwärtig nicht auf Deutsch erhältlich). Zwei seiner wichtigsten Erkenntnisse betreffen die oft vernachlässigte Unterscheidung zwischen sakramentaler und liturgischer Konzelebration in der Geschichte der Liturgie und die doktrinäre Frage, wie oft das Heilige Messopfer bei der Konzelebration dargebracht wird. Die sicherste Lehre besagt, dass eine Messe, die von vielen Priestern konzelebriert wird, nicht mehr wert ist als eine Messe, die nur

[258] *Concilii Vaticani II Synopsis*, S. 1053.

von einem Priester zelebriert wird, weil der Wert der Messe allein von Christus als hauptsächlichem Opferpriester und dargebrachtem Opfer abhängt und Er immer derselbe ist. In dieser Hinsicht spielt es also keine Rolle, ob Er von vielen Priestern oder von einem einzigen repräsentiert wird. Diese Lehre geht auf den heiligen Thomas zurück und berührt auch den Aspekt der objektiven Früchte bzw. Wirkungen der Heiligen Messe: „In vielen Messen aber wird die Darbringung des Opfers vervielfältigt. Und darum vervielfältigt sich auch die Wirkung des Opfers und des Sakramentes."[259] Konzelebrieren mehrere Priester, findet doch nichtsdestotrotz nur *eine Konsekration ein und derselben Hostie* statt: „Auch wird dadurch die Konsekration über dieselbe Hostie nicht wiederholt, weil, wie Innozenz III. sagt, die Absicht aller sich auf denselben Augenblick der Konsekration richten soll."[260] Infolgedessen gehen durch die Verbreitung dieser Form der Konzelebration viele Gnaden verloren, die für die Kirche, den einzelnen Priester und in den Anliegen, in denen er die Messe feiert, hätten erlangt werden können.

Die sakramentale Konzelebration, wie sie heute praktiziert wird (das Aussprechen der Konsekrationsworte durch alle Konzelebranten), entspricht nicht der ursprünglichen Praxis der Konzelebration in der Antike, welche die Form einer sogenannten *liturgischen Konzelebration* hatte. Diese Form war streng hierarchisch: Die Priester nahmen an der Messe teil, die vom Bischof oder einem einzigen Zelebranten zelebriert wurde, ohne jedoch die Konsekrationsworte auszusprechen. Die sakramentale Konzelebration kam erst im achten Jahrhundert in Rom auf und betraf nur den Papst und einige Kardinäle. Bis heute kennen die orthodoxen Kirchen nur die liturgische Konzeleb-

[259] *S. th.*, III, q. 79, art. 7, ad 3.

[260] *S. th.*, III, q. 82, art. 2, aus Innozenz III. *De sacr. Alt. Myst.* IV zitierend.

ration. In der römischen Kirche wurde eine sakramentale Konzelebration durch die Jahrhunderte ausschließlich bei Messen zur Priester- und Bischofsweihe praktiziert. Die sakramentale Konzelebration bei der Ölweihmesse am Gründonnerstag gab es z.B. in Lyon und in mehreren anderen Diözesen Frankreichs bis ins 19. Jahrhundert. Die dabei verwendete Form der Konzelebration zeichnete sich durch eine klare Ordnung, Schönheit und theologische Symbolik aus. Die Zahl der Konzelebranten war festgelegt und beschränkte sich auf symbolische Vertreter der Priesterschaft oder privilegierte Würdenträger. In Lyon umgaben sechs Priester den Erzbischof. Andernorts waren es nur zwei Konzelebranten. Dieses Thema wird u.a. in einem Artikel des renommierten Liturgiewissenschaftlers A. Martimort ausführlicher behandelt.[261]

Die äußere Form bzw. Zeremonie der Konzelebration nach dem *usus antiquior* des Römischen Ritus bewahrt die aus der Antike überlieferte klar hierarchische Struktur. Die Stellung des Hauptzelebranten als Vertreter und Sinnbild des alleinigen Priesters Christus, der durch ebendiesen Zelebranten Sein einziges Erlösungsopfer vollzieht, wird viel deutlicher hervorgehoben. Daher stehen die Konzelebranten nicht als gleichberechtigte Gruppe neben oder um den Hauptzelebranten herum, wie es leider in der Konzelebration des *Novus Ordo* gehandhabt wird. Nach dem Ritus von Lyon stehen die Konzelebranten *ad cornua altaris*, d.h. drei an jeder Seite des Altars. Auch bei der Bischofsweihe nach dem *usus antiquior* des Römischen Ritus stehen die neugeweihten Bischöfe an der Seite des Altars und nicht direkt neben dem konsekrierenden Bischof, welcher der Hauptzelebrant ist. Bei der Priesterweihe nach dem *usus antiquior* des Römischen Ritus ist die zentrale und hierarchische Stellung des

[261] Vgl. „Le rituel de la concélébration eucharistique“, *Ephemerides Liturgicae*, 77 (1963), S. 147-168.

Bischofs als Hauptzelebranten sogar noch ausgeprägter, da die neugeweihten Presbyter hinter dem Bischof im Altarraum kniend konzelebrieren.

Pater Enrico Zoffoli hat das Problem, das durch die derzeitige Praxis der Konzelebration aufgeworfen wird, hervorragend zusammengefasst. Er liefert uns scharfsinnige Beobachtungen zu den doktrinären, pastoralen und geistlichen Nachteilen dieser modernen Zelebrationspraxis und schreibt:

> Die gewohnheitsmäßige Konzelebration der Messe begünstigt die häretische Auffassung von der Messe als Mahl und führt zur Verkennung des Opfercharakters der Messe. So weicht der Altar dem Tisch; der einzelne Opferdiener, der *in persona Christi* handelt, wird durch die vielen Tischgäste ersetzt; die maßgebliche Rolle Christi als Opfer verflüchtigt sich in der Betrachtungsweise eines „konsekrierten Brotes", das auch noch zu einem bloßen Symbol Seiner Anwesenheit unter den Teilnehmern und Seiner geistlichen Vereinigung mit allen reduziert wird.
>
> Die Konzelebration führt fatalerweise zu einer Verringerung der Zahl der einzeln zelebrierten Heiligen Messen – mit schwerwiegenden negativen Folgen. Erstens ist die Kirche seltener mit ihrem Haupt im „Opfer des Lobes, der Danksagung, der Sühne und der Wiedergutmachung" vereint, das jede Eucharistiefeier ausmacht, und vernachlässigt so die grundlegende Pflicht der Anbetung, die sie Gott durch Christus schuldet; dementsprechend erleidet sie einen Stillstand in ihrem Wachstum. Zweitens: Auch wenn die Konzelebration die Einheit des katholischen Priestertums als solches in den vielen Kultdienern offenbart (was unter bestimmten Umständen durchaus angebracht ist), so verringert doch die Tatsache des Zusammenstehens und

die Notwendigkeit der Anpassung in Gesten, Formeln, Tonfall usw. mit der Zeit die Intensität der persönlichen, einzigartigen und unersetzlichen Vereinigung des Priesters mit Gott in Christus, was seinem geistlichen Leben schadet. […]

Dagegen rechtfertigen viele die Konzelebration mit der Behauptung, dass sie die Zahl der Messen nicht verringere, die der Zahl der konzelebrierenden Priester entspräche. Das aber ist völlig falsch, denn erstens besteht jede Messe im Wesentlichen aus der Konsekration, deren Formel eine einzige und unteilbare ist, auch wenn sie von vielen vorgetragen wird. Zweitens können mehrere Instrumentalursachen das Werk der Hauptursache nicht vervielfältigen. Das heißt, dass Christus sich in jeder Messe nur einmal sakramental opfert. Das „*quotiescumque*" beim heiligen Paulus kann keine andere Bedeutung haben. […] Drittens ist es nicht die Zahl der Priester mit ihren persönlichen Intentionen, die den Opferritus wesentlich bedingt, sondern die Konsekration, die, wenn sie tatsächlich stattfindet, eine Messe ausmacht. Nun ist, wie oben erwähnt, die Konsekration mehrerer Konzelebranten eine einzige. Daher ist auch die von ihnen konzelebrierte Messe eine einzige. In Wirklichkeit kann die Messe allein durch die Tatsache, dass sie konzelebriert wird, nur eine (sakramentale) Messe sein. Wenn mehrere Priester gemeinsam zelebrieren, dann nur deshalb, weil sie eine einzige liturgische Handlung vollziehen wollen, sonst würde jeder für sich allein zelebrieren. In demselben Sinne weiß jeder, dass viele Tischgäste eine Mahlzeit nicht vervielfachen und – wiederum analog – viele Sänger einen einzigen Chor bilden usw.

Am 7. März 1965 räumte der Heilige Stuhl mit dem Dekret *Ecclesiae semper* alle Zweifel aus, indem er erklärte, dass

> bei der Konzelebration einer Messe mehrere Priester kraft desselben Priestertums und in der Person des Hohenpriesters gleichzeitig mit einem Willen und einer Stimme handeln und durch eine einzige sakramentale Handlung gleichzeitig ein einziges Opfer darbringen.[262]

Die Wahrheit, dass die Messe die Quelle der Erlösung ist, wird durch die Praxis ihrer häufigen Feier noch deutlicher zum Ausdruck gebracht, wie Pater Zoffoli bekräftigt:

> Es ist richtig, auf eine immer bewusstere, bedächtigere und tiefere Teilnahme an der Messe zu drängen. Wer könnte das je bezweifeln? Aber diese Pflicht – eine ernste Pflicht für Priester und Gläubige gleichermaßen – hat nichts mit dem unendlichen objektiven Wert jeder Messe zu tun, die an sich, da sie von Christus als Opferpriester zelebriert wird, der höchste Akt der Verehrung des mystischen Leibes und eine unerschöpfliche Quelle der Gnade für alle ist. Dafür ist es unerheblich, ob auch der Diener unwürdig ist und die Gläubigen unwissend, abgelenkt oder sogar völlig abwesend sind.[263]

Kardinal Journet hat diese wichtige theologische und pastorale Wahrheit so formuliert: „Wenn Christus in jeder Messe das Werk der Erlösung vollbringt, ist es leicht einzusehen, dass man die Messe noch häufiger zelebrieren muss."[264] Pater Zoffoli kommentiert diese Weisheit mit den treffenden Worten:

---

[262] *Questa è la Messa. Non altro!*, Segno, Udine 1994, S. 90–92. Zoffoli zitiert den Originaltext des Dekrets: In hac ratione Missam celebrandi plures sacerdotes, in virtute eiusdem sacerdotii et in persona Summi Sacerdotis, simul una voluntate et una voce agunt, atque unicum sacrificium unico actu sacramentali simul conficiunt, idemque simul participant" (AAS 57 [1965], 411).

[263] Zoffoli, *Questa è la Messa*, S. 93.

[264] Charles Journet, *Oeuvres complètes* XIV (1955–1957), Annexe I, sec. III.

Die zahlenmäßige Verringerung der Messen (man möchte die Zahl schlussendlich auf eine einzige Sonntagsmesse reduzieren) hat ihre nachvollziehbare Berechtigung nur im Kontext der protestantischen Liturgie, die aufgrund der Leugnung des Opfers, der Transsubstantiation und der Realpräsenz nur ein „Mahl" kennt, das offensichtlich unabhängig von der Ausübung eines „Weihepriestertums" von mehreren Gästen gemeinsam abgehalten wird. Daher wird – auch in einigen katholischen Kreisen – gelehrt, dass der wahre „Zelebrant" nicht der „Priester", sondern die „Gemeinschaft der Gläubigen" ist, ja vielmehr jeder einzelne Gläubige![265]

Ein großer Apostel der Volksmissionen, der deutsche Kapuzinerpater Martin von Cochem (+1712), hat uns die folgende vortreffliche Erklärung des unendlichen Wertes der Messe als Quelle der Erlösung hinterlassen, die wir hier als Mittel gegen diese modernen Irrtumer zitieren dürfen:

> Was gibt derjenige seinem Gott, welcher Ihm eine Heilige Messe aufopfert? Er gibt Ihm einen so teuren Schatz, welcher mehr wert ist als der ungeheuer große Himmel mit all seinen unendlichen Schätzen und Reichtümern.
>
> Das ist sehr viel, aber bei weitem noch nicht genug gesagt; deswegen muss ich noch viel mehr sagen. Was gibt denn also derjenige seinem Gott, welcher Ihm Christus in der Heiligen Messe aufopfert? Er gibt Ihm eine so vortreffliche Gabe, welche ebenso viel wert ist, als der allmächtige, unendliche Gott in Seiner unendlichen Majestät und Vollkommenheit wert und würdig ist. Höher kann ich nicht kommen, weil Höheres als die Gottheit nicht zu finden

[265] Zoffoli, *Questa è la Messa*, S. 95.

noch zu erdenken ist. Nun erwäge bei dir, welch einen unschätzbaren Edelstein du der Heiligsten Dreifaltigkeit aufopferst, wenn du Ihr in der Heiligen Messe die vergöttlichte Menschheit Christi aufopferst.

Denke auch, welch eine Ehre du dadurch bei Gott einlegst, wenn du Ihm ein so kostbares Kleinod anbietest. [...] Diesen kostbaren Kelch bietet ein jeder Mensch dem höchsten Gott in der Heiligen Messe dar, wenn er nach der Wandlung spricht: „Mein Gott! Ich opfere Dir Deinen lieben Sohn, welcher auf dem Altare gegenwärtig ist." Welche Ehre und welchen Dank, meinst du wohl, erntet derjenige von Gott, der Ihm ein so kostbares Geschenk verehrt, das mehr wert ist als Himmel und Erde mit all ihren Schätzen! Dabei lassen wir es aber nicht bewenden, sondern wir legen in diesen köstlichen Pokal einen Edelstein, welcher ebenso viel wert ist, wie der unendliche Gott selbst. Was ist das für ein Edelstein? Es ist die Gottheit Christi. [...] Welch eine unendliche Freude machst du dadurch dem himmlischen Vater, wenn du Ihm diese kostbare Gabe verehrst! Du bringst Ihm ja eben denselben, von welchem Er bezeugt: „Dieser ist Mein geliebter Sohn, an dem Ich Mein Wohlgefallen habe!" (Mt 3,17) – Wie reichlich wird dir diese Verehrung vergolten werden, weil Derjenige, dem du diese teure Gabe darbietest, der Freigiebigste und Dankbarste im Himmel und auf Erden ist! O wieviele Schulden wirst du damit abbezahlen, weil deine Gabe unendlich mehr wert ist, als du schuldig bist! [...]

Weil nun Christus in der Heiligen Messe unser ist, so sind auch Seine unschätzbaren Reichtümer unser. Daran können wir erkennen, wie reich wir in einer einzigen Heiligen Messe werden können[;] deswegen ist es wahr, was Sanchez sagt: „Ein Mensch kann in einer einzigen Messe, wenn er sie nur recht zu hören weiß, reicher werden als durch alle von Gott erschaffenen Dinge." Das aber solltest du besonders berücksichtigen, dass du in der Heiligen Messe Gott, dem Vater, Seinen Sohn aufopferst; denn je öfter du Ihn aufopferst, desto reicher wirst du.

Du sollst auch wohl beachten, dass du allezeit die Heilige Messe durch die Hände des Priesters aufopferst, indem du sprichst: „Herr! Ich opfere Dir Deinen lieben Sohn durch die Hände des Priesters." Denn das ist ebenso viel, als wenn du sprächest: O Herr! Ich bin nicht würdig, dass ich zu diesem heiligen Altar trete und Deinen Sohn in meine unwürdigen Hände nehme; darum trete ich im Geist hinzu, lege meine Hände unter die beiden Arme des Priesters und helfe ihm die Heilige Hostie und den Kelch erheben. Reinald schreibt von König Heinrich I. von England, dass er täglich drei Messen zu hören und auf dem Antritt des Altares zu knien pflegte. Wenn nun der Priester die Heilige Hostie und den Kelch emporhob, so legte er seine Hände unter die Arme des Priesters und hob zugleich mit ihm das hochwürdigste Sakrament zu seinem größten Herzenstroste in die Höhe. […] Weil aber dieser Brauch jetzt nicht mehr ist, so nimmt Gott mit deinem Willen vorlieb, wenn du nur sprichst: „Herr! Ich opfere Dir Deinen lieben Sohn durch die Hände des Priesters."[266]

Im Juli 2001 reiste Kardinal Ratzinger in die Benediktinerabtei Fontgombault nach Frankreich, um an einer internationalen Konferenz über die Liturgie teilzunehmen. Der damalige Präfekt der Glaubenskongregation war tief ergriffen, als er in der Abteikirche Dutzende von Mönchen sah, von denen jeder seine

[266] P. Martin von Cochem OC, *Erklärung des Heiligen Messopfers. Ein Unterrichts- und Erbauungsbuch für die Gläubigen der Kirche Gottes*, 20. u. 21. Aufl., Verlagsanstalt vorm. G. J. Manz, Regensburg 1921, S. 448-452 (25. Kapitel, §2: Vom Wert der Aufopferung der Heiligen Messe).

eigene Privatmesse feierte. Nicolas Diat beschreibt diese Episode in seinem Buch *Le grand bonheur*:

> Zum großen Bedauern der Mönche verließ der hohe Prälat Fontgombault am Dienstagmorgen gegen halb Acht. Bevor er abreiste, lud Dom Forgeot ihn ein, der Abteikirche gerade zu jener bemerkenswerten Zeit einen letzten Besuch abzustatten, da die Privatmessen gelesen wurden. Der Kardinal war ergriffen, fast entgeistert. Er betete eine ganze Weile auf den Knien, auf dem Boden, im hinteren Teil der Kirche. Beim Verlassen der Kirche, mittlerweile im Narthex der Abtei, sagte er zum Abt, der sich noch ganz genau an die Intonation der Worte erinnert, mit leiser Stimme „*Das* ist die katholische Kirche!“[267]

Das erinnert uns auch an die Worte des seligen Ivan Merz:

> Wie würdevoll und feierlich ist die Heilige Messe im Trappistenkloster! Wie langsam alles in ihr vonstatten geht, so dass man das Pochen der Ewigkeit hören kann … Warum eilen, wenn man den Lobpreis Gottes singt, zu dem man geschaffen wurde! Der Mensch ist an seinem Ziel angekommen – er muss nur noch darauf blicken.[268]

[267] *Le grand bonheur: Vie de moines*, Fayard, Paris 2020, S. 198-199.

[268] *Erwägungen*, vom Postulator für die Causa seiner Seligsprechung veröffentlicht.

11. Die Messe ist heiliger Dienst

Die Heilige Messe ist der vornehmste Ausdruck jenes heiligen Dienstes, den die Geschöpfe der göttlichen Majestät schulden. Im römischen Kanon bezeichnet die Kirche die Darbringung des eucharistischen Opfers als heiligen Dienst, *oblationem servitutis nostrae*; die Feier des eucharistischen Opfers ist ihrem Wesen nach eine Feier mit dienendem Charakter. Das Zweite Vatikanische Konzil lehrt:

> Durch den Dienst der Priester vollendet sich das geistige Opfer der Gläubigen in Einheit mit dem Opfer des einzigen Mittlers Christus, das sie mit ihren Händen im Namen der ganzen Kirche bei der Feier der Eucharistie auf unblutige und sakramentale Weise darbringen, bis der Herr Selbst kommt.[269]

Der heilige Thomas lehrt, dass die Tugend der Religion „insoweit näher an Gott herantritt als die anderen moralischen Tugenden, als ihre Akte direkt und unmittelbar auf die Ehre Gottes gerichtet sind. Daher nimmt die Religion unter allen moralischen Tugenden den ersten Rang ein".[270] Gott in der Liturgie einen heiligen Dienst zu erweisen, macht den Menschen wahrhaft groß und erhaben und beschert ihm reichen Segen für sein geistliches Leben.

Im Neuen Bund gehen die wesentlichen Elemente und Eigenschaften des Gottesdienstes direkt von Jesus Christus aus. An erster Stelle steht Sein Opfer am Kreuz, das die grundlegen-

[269] *Presbyterorum Ordinis*, Nr. 2.

[270] *S. th.*, IIa-IIae, q. 81, art. 6.

de und zentrale Handlung des Gottesdienstes bildet. Weder der Synagoge noch der Kirche hat Gott das Recht oder die Macht gegeben, neue Opfer einzuführen. In Seiner unendlichen Barmherzigkeit hat es Ihm gefallen, die Opfer vorzuschreiben, durch die Er geehrt und versöhnt werden soll. Kein Mensch, sondern nur unser göttlicher Erlöser hatte einen so heiligen Akt des Dienstes einführen können, wie wir ihn mit dem Opfer der Heiligen Messe haben.

Der erste und vollkommenste Anbeter des Vaters ist Jesus Christus, der menschgewordene Sohn Gottes. Der Hauptzweck der von Ihm vollbrachten Erlösung bestand folglich darin, dem Vater anstelle der sündigen Menschheit Ehre und Ruhm zu geben, da diese nicht imstande war, Gott eine gebührende und wohlgefällige Anbetung zu leisten. Mit anderen Worten: Die Wiederherstellung der wahren Gottesanbetung und die Sühne für die Verachtung der göttlichen Majestät, die durch zahllose Formen eines pervertierten Kults verhöhnt worden war, war das Hauptziel der Menschwerdung und des Erlösungswerks.

Indem Jesus Seine Apostel zu wahren Priestern des Neuen Bundes geweiht hat, hat Er der Kirche Sein Priestertum und damit den öffentlichen Gottesdienst des Neuen Bundes hinterlassen, dessen kultischer Höhepunkt die Darbringung des eucharistischen Opfers ist. Durch den Heiligen Geist lehrte Er außerdem Seine Apostel, dass der Gottesdienst des Neuen Bundes die Erfüllung des Alten Bundes sein sollte. Die Apostel übertrugen daher ihre Macht und ihren liturgischen Dienst in drei Stufen oder hierarchischen Weihen analog zu den drei Stufen der Amtsträger im Gottesdienst des Alten Bundes.

Der oberste Kultdiener ist Christus. In Ihm sind alle Aspekte des Gottesdienstes inbegriffen und werden auch von Ihm ausgeübt, selbst die kleinsten Funktionen. Hier gelten die Worte Christi: „Ich aber bin in eurer Mitte wie der, welcher dient“

(Lk 22,27). Christus ist der Diener. Er ist auch der „Diakon“ schlechthin. Das gilt gleichermaßen für den Bischof als den höchsten Amtsträger im liturgischen Dienst Christi. Denn das Bischofsamt umfasst alle Ämter und Funktionen des öffentlichen Gottesdienstes: das Priestertum, den Diakonat, den Subdiakonat und die Niederen Weihen, einschließlich des Dienstes der Messdiener (d.h. der „Ministranten“). Im Pontifikalamt des Alten Ritus trägt der Bischof alle Gewänder, auch die der Niederen Weihen. In Abwesenheit aller niederen Diener vollzieht der Bischof selbst die liturgischen Aufgaben des Priesters, des Diakons und aller weiteren Altardiener, d.h. der Akolythen und Ministranten. In Abwesenheit des Diakons vollzieht der Priester alle liturgischen Aufgaben des Diakons und der Niederen Weihen, d.h. der Ministranten. Ebenso können aber in Abwesenheit des Diakons der Subdiakon, die Träger der Niederen Weihen oder die Ministranten einen Teil der Aufgaben des Diakons übernehmen.

Von den ersten Jahrhunderten an war sich die Kirche bewusst, dass der Gottesdienst nach einer von Gott festgelegten Ordnung ablaufen muss nach dem Vorbild der göttlichen Ordnung im Alten Bund. Um eine Aufgabe im öffentlichen Gottesdienst zu erfüllen, war es daher notwendig, einem gewissen hierarchischen Stand anzugehören. Folglich wurde der christliche Gottesdienst, d.h. die eucharistische Liturgie, in einer hierarchisch geordneten Weise von Männern vollzogen, die offiziell zu diesem Zweck berufen worden waren. Diese Männer bildeten einen heiligen Stand, der in drei Ränge unterteilt war – Episkopat, Presbyterat und Diakonat –, der den drei Rängen der Amtsträger im Gottesdienst des Alten Bundes – Hohepriester, Priester und Leviten – entsprach. Im ersten Jahrhundert bezeichnete Papst Clemens den Dienst der alttestamentlichen Leviten mit dem Wort „*diakonía*“ (1 Clem 40,5). Hier kann man die Grundlage dieser altehrwürdigen, mindestens bis ins fünfte Jahrhundert zurückreichenden kirchlichen Tradition erkennen, den christlichen Diakon mit dem Wort „Levit" zu bezeichnen, z.B. in den *Constitutiones Apostolicae* (2, 26, 3) und in den Schriften Papst Leos des Großen.[271]

Im Ritus der Bischofsweihe bekräftigt das alte römische Pontifikale diese wesentliche Tatsache: „Deiner Herrlichkeit muss mit heiligen Rangstufen gedient werden" (*gloriae tuae sacris famulantur ordinibus*). Dabei zieht das alte Pontifikale ausdrücklich eine Parallele zwischen Aaron, dem Hohenpriester, und der bischöflichen Ordnung. Im neuen Pontifikale findet sich nurmehr ein allgemeiner Hinweis darauf. Bei der Priesterweihe allerdings verweisen beide Pontifikalia ausdrücklich auf die 70 Ältesten, die Mose in der Wüste beistanden. Was den Diakon betrifft, so stellt das alte Pontifikale ausdrücklich fest, dass Diakone den Namen und das Amt der alttestamentlichen Leviten innehaben („*quorum [levitarum] et nomen et officium tenetis*"), und führt noch deutlicher aus, dass sie „auserwählt werden für das Amt der Leviten" (*eligimini in levitico officio*). Das neue Pontifikale vergleicht den Diakonat im Weihegebet ebenfalls mit den Leviten.

Im alttestamentlichen Gottesdienst verrichteten die Leviten eine Vielzahl von untergeordneten liturgischen Diensten, um den Priestern zu helfen und sie zu unterstützen. Der im Gebet ausgedrückte Glaube und die liturgische Praxis der Kirche seit der Frühzeit lehren uns, dass die Diakone die gleiche Aufgabe hatten. Jemand, der keine feierliche Bestellung für den Gottesdienst erhalten hatte, konnte keine liturgische Funktion ausüben, auch wenn es sich nur um eine untergeordnete oder unterstützende handelte. Diese untergeordneten und unter-

---

[271] Vgl. *Ep.* 6,6; *Ep.* 14,4; *Serm.* 59,7; *Serm.* 85,2.

stützenden Aufgaben wurden von den Diakonen, den neutestamentlichen Leviten, wahrgenommen, die nicht zu den Priestern zählten. Das ist es, was die Kirche immer gebetet und geglaubt hat: Der Diakon wird „*non ad sacerdotium, sed ad ministerium*" geweiht.[272] In demselben Text heißt es auch: „Der Diakon empfängt nicht den Geist, an dem der Priester teilhat, sondern den Geist, um unter der Autorität des Bischofs zu sein."[273]

In Bezug auf die hierarchische Ordnung der Kirche hat das Konzil von Trient eine klare Unterscheidung zwischen den Priestern und den sogenannten „*ministri*" getroffen. Das Konzil bekräftigt, dass es außer dem Priestertum in der katholischen Kirche auch andere Weihen, nämlich Höhere und Niedere gibt:[274] „In der katholischen Kirche [gibt es] eine durch göttliche Anordnung eingesetzte Hierarchie, die aus Bischöfen, Priestern und Dienern besteht."[275] Das Wort „*ministri*" schließt sicherlich zunächst die Diakone ein und aus dem bereits erwähnten Kanon 2 lässt sich ableiten, dass auch die Niederen Weihen in die Hierarchie einbezogen sind, auch wenn sie nicht zum Amtspriestertum gehören. Diakone sind keine „*sacrificatores*". Sie sind keine Priester, und deshalb hat die große Tradition der Kirche die Diakone nicht als ordentliche Spender des Sakraments der Taufe und der Heiligen Kommunion betrachtet.

Die gesamte Tradition der Kirche, sowohl im Osten als auch im Westen, hat stets den Grundsatz bekräftigt: Der Diakon bereitet die liturgische Handlung des Bischofs oder des Priesters vor, assistiert dabei und unterstützt sie.[276] Bereits das Erste

---

[272] *Traditio Apostolica*, 9.

[273] *Traditio Apostolica*, 8.

[274] Vgl. Sessio XXIII, Kan. 2 (DH 1772).

[275] Ibid., Kan. 6.

[276] Vgl. z.B. *Didascalia Apostolorum*, S. 11.

Ökumenische Konzil von Nizäa hat diese Wahrheit und diese aus der Tradition übernommene Praxis unmissverständlich bestätigt:

> Der heiligen und großen Synode ist bekannt geworden, dass in manchen Bezirken und Städten die Diakone den Presbytern die Gnade der Heiligen Kommunion (*gratiam sacrae communionis*) spenden, während weder das Kirchenrecht (*regula, kanòn*) noch die Gewohnheit es zulassen, dass diejenigen, die keine Macht haben zu opfern (*potestatem offerendi*), den Leib Christi denen austeilen, die das Opfer darbringen.[277]

Der Diakon dient dem einen und unteilbaren Priestertum durch die Assistenz, die er dem Bischof und dem Priester leistet, so wie die Leviten dem Hohenpriester und den mosaischen Priestern gedient haben.

Obwohl er kein Priester ist, gehört der Diakon dennoch zum sakramentalen und hierarchischen *Ordo*. Diese Tatsache bezeugt, dass auch die untergeordneten oder niederen liturgischen Funktionen dem einzigen wahren Priester, unserem Herrn Jesus Christus, gehören, da Er Sich in der Ausübung Seines Priestertums durch das Kreuzesopfer zum Diener, zum *minister*, zum „Diakon“ gemacht hat. Tatsächlich sagte Christus während des Letzten Abendmahls zu Seinen Aposteln, den Priestern des Neuen Bundes: „Ich aber bin in eurer Mitte wie der, welcher dient (*ho diakonón*)“ (Lk 22,27), das heißt als „Diakon“.

Für die Ausübung von Hilfsdiensten während der Liturgie, d.h. von Funktionen, die keine priesterliche Amtsgewalt im eigentlichen Sinne erfordern, wurde in der Kirche durch gött-

277 Kan. 18.

liche Anordnung eine sakramentale Weihe eingeführt, nämlich der Diakonat. Die liturgischen Dienste des Diakonats, mit Ausnahme der Verkündigung des Evangeliums, sind im Laufe der Zeit auf andere Diener des Altars verteilt worden, für welche die Kirche nichtsakramentale Weihen geschaffen hat, insbesondere den Subdiakonat, den Akolythat und den Lektorat. Daher ist die Grundannahme, dass alle liturgischen Funktionen, die keine eigene priesterliche Vollmacht erfordern, von Rechts wegen und von Natur aus zum allgemeinen Priestertum der Gläubigen gehören, unzutreffend und falsch.

Außerdem widerspricht eine solche Behauptung gleich zwei von Gott aufgestellten Grundsätzen: zum einen dem des Alten Bundes, durch Mose kundgetan, wonach die niederen, nichtpriesterlichen Tätigkeiten in der Liturgie durch den Levitenstand zu verrichten sind, und zum anderen dem des Neuen Bundes, durch die Apostel manifestiert, wonach die nichtpriesterlichen Aufgaben in der Liturgie durch den Diakonenstand zu erfüllen sind. Der liturgische Dienst des Diakons enthält in sich auch die niedrigeren oder bescheideneren liturgischen Funktionen, denn sie drücken das wahre Wesen seines Auftrags und seines Namens aus: Diener, „*diákonos*". Diese niedrigeren, bescheideneren liturgischen Aufgaben können z.B. darin bestehen, Licht, Wasser und Wein zum Altar zu bringen (Subdiakon, Akolyth), die Lesungen zu lesen (Subdiakon, Lektor), Exorzismen beizuwohnen und Exorzismen zu sprechen (Exorzist) oder an den Kirchentüren Wache zu halten und die Glocken zu läuten (Ostiarier).

In der apostolischen Zeit verrichteten die Diakone alle diese niederen Dienste während des Gottesdienstes. Doch schon im zweiten Jahrhundert begann die Kirche in weiser Anordnung und unter Nutzung der ihr von Gott verliehenen Macht, den Diakonen die höchsten nichtpriesterlichen liturgischen Funktionen vorzubehalten, und öffnete sozusagen die Schatzkammer des Diakonats, dessen Reichtum aufteilend, und teilte den Diakonat auf, indem sie auf diese Weise die Niederen Weihen schuf.[278]

Lange Zeit war es daher möglich, eine kleine Anzahl von Diakonen beizubehalten, indem man die Zahl der übrigen niederen Amtsträger aufstockte. In den ersten Jahrhunderten wollte die Kirche von Rom aus Ehrfurcht vor der apostolischen Tradition die Siebenzahl der Diakone nicht überschreiten. So schrieb der heilige Papst Kornelius in Rom im dritten Jahrhundert, dass die römische Kirche sieben Diakone hatte.[279] Und im vierten Jahrhundert legte das Provinzialkonzil von Neocaesarea (zwischen 314 und 325) den gleichen Grundsatz fest (vgl. Mansi II, 544). Dom Adrien Gréa liefert eine spirituell und theologisch tiefgründige Erklärung für die organische Verbindung zwischen dem Diakonat und den ihm untergeordneten Niederen Weihen. Er schreibt: „Als der Baum der Kirche wuchs, öffnete sich dieser Hauptzweig des Diakonats, den Gesetzen göttlicher Entfaltung gehorchend, und teilte sich in mehrere Zweige: den Subdiakonat und die Niederen Weihen."[280]

Worin mag wohl der Grund für die erstaunliche Fruchtbarkeit des Diakonats liegen, aus dem die Niederen Weihen ja hervorgegangen sind? Die Antwort gibt nach Gréa die Tatsache, dass es einen wesentlichen Unterschied zwischen Priestertum und dem Amt der *ministri* gibt: Nur der Priesterstand handelt *in persona Christi capitis*, während die Diakone genau das nicht tun können.[281] Das Priestertum ist doch ein einziges und seinem Wesen

[278] Vgl. Dom Adrien Gréa, *L'Église et sa divine constitution*, Casterman, Montréal 1965, S. 326.

[279] Vgl. Eusebius von Caesarea, *Kirchengeschichte*, I, 6, 43.

[280] Gréa, *L'Église*, S. 326; übersetzt aus dem Englischen.

[281] Papst Benedikt XVI. hat diese Wahrheit in seinem Motu Proprio Apostolisches Schreiben *Omnium in Mentem* bekräftigt.

nach unteilbar.[282] Es kann darum nicht teilweise weitergegeben werden, auch wenn es in unterschiedlichem Grad in Besitz genommen werden kann, denn das Priestertum kommt dem Bischof als Haupt und dem Priester als Teilnehmer zu. Das *ministerium*, d.h. der unterstützende Dienst im Heiligtum, ist hingegen in seiner Fülle im Diakonat angelegt und kann unbegrenzt geteilt werden, da die vielfältigen Funktionen der *ministri* alle auf das eine Priestertum ausgerichtet sind, dem sie dienen müssen. Die göttliche Weisheit hat dem nicht rein priesterlichen liturgischen Dienst den Charakter der Teilbarkeit aufgeprägt und ihn im sakramentalen Diakonat begründet; der Kirche aber steht es frei, die verschiedenen Bestandteile des Diakonats, die in den Niederen Weihen zu finden sind, insbesondere die Ämter des Lektors und des Akolythen, je nach Bedarf und Umständen auf nichtsakramentale Weise zu verteilen.

Bei der dogmatischen Definition der von Gott gestifteten Struktur der Hierarchie wählte das Konzil von Trient den Begriff „*ministri*" neben den Begriffen „Bischof" und „Priester" und vermied den Begriff „Diakone". Wahrscheinlich wollte das Konzil den Diakonat, den Subdiakonat und die Niederen Weihen in den Begriff „*ministri*" einbeziehen, um zu verstehen zu geben, dass der Subdiakonat und die Niederen Weihen Teil des Diakonats sind.[283] Man kann also sagen, dass die Niederen Weihen wie der Lektor oder die Akolythen durch göttliche Einsetzung im Diakonat wurzeln, dass sie aber durch kirchliche Einsetzung in verschiedene Grade gegliedert und aufgeteilt worden sind.[284]

---

[282] Vgl. Gréa, S. 327.

[283] Wie bereits erwähnt, wird in der XXIII. Sitzung im Kanon 6 diese Formulierung verwendet: „Wer sagt, in der katholischen Kirche gebe es keine durch göttliche Anordnung eingesetzte Hierarchie, die aus Bischöfen, Priestern und Dienern besteht: Der sei mit dem Anathema belegt" (DH 1776).

[284] Ibid.

Bereits im zweiten Jahrhundert findet man das Amt des Lektors als eine feste Kategorie der liturgischen Dienste, wie es Tertullian bezeugt.[285] Noch vor Tertullian erwähnt der heilige Märtyrer Justinus diejenigen, die das Amt der Lesung der Heiligen Schrift in der eucharistischen Liturgie haben.[286] Schon im dritten Jahrhundert bestanden in der römischen Kirche alle Höheren und Niederen Weihen der späteren kirchlichen Tradition, wie ein Brief des heiligen Papstes Kornelius aus dem Jahr 251 bezeugt: „In der römischen Kirche gibt es 46 Priester, sieben Diakone, sieben Subdiakone, 42 Akolythen und 52 Exorzisten, Lektoren und Ostiarier."[287]

Dabei ist zu beachten, dass diese hierarchische Struktur mit ihren verschiedenen Graden keine Neuerung sein konnte, sondern eine bestehende Tradition widerspiegeln musste, denn nur drei Jahre später schrieb der heilige Papst Stephan I. an den heiligen Cyprian von Karthago, dass es in der römischen Kirche keine Neuerungen gebe. Er formulierte dies in dem so bekannt gewordenen Satz: „*Nihil innovetur nisi quod traditum est.*"[288] Eusebius von Caesarea beschrieb die Haltung von Papst Stephan, die sicherlich auch seine Vorgänger, die römischen Päpste, charakterisierte, mit diesen Worten: „*Stephanus nihil adversus traditionem, quae iam inde ab ultimis temporibus obtinuerat, innovandum ratus est*", d.h. Stephanus hat keinerlei Neuerung gutgeheißen, die im Widerspruch zur aus früheren Zeiten empfangenen Tradition steht.[289]

---

[285] Vgl. *Praescr.* 41.

[286] Vgl.1 *Apol.* 67,3. „Verlesen" meint hier den gesungenen Vortrag latreutischer Natur.

[287] Eusebius, *Kirchengeschichte*, VI, 43, 11.

[288] Bei Cyprian, *Ep.* 74: Nichts soll neu eingeführt werden, was nicht überliefert ist.

[289] *Kirchengeschichte*, VII, 3, 1.

In einem so wesentlichen Bereich wie der hierarchischen Struktur der Kirche konnte die Existenz von fünf Stufen von Amtsträgern unterhalb des Diakonats in der Mitte des dritten Jahrhunderts keine Neuerung im Widerspruch zur Tradition sein. Die nicht schriftlich bezeugte Existenz dieser Weihestufen unterhalb des Diakonats setzte daher eine mehr oder weniger kontinuierliche Tradition voraus und muss in der römischen Kirche mindestens bis ins zweite Jahrhundert, also in die unmittelbare nachapostolische Zeit, zurückreichen. Nach dem Zeugnis aller liturgischen Dokumente und der Kirchenväter gehörten ab dem zweiten Jahrhundert der Lektor und dann auch die anderen niederen liturgischen Dienste (Ostiarier, Exorzist, Akolyth, Subdiakon) zum Klerus. Das Amt wurde ihnen *durch die Weihe* übertragen, wenn auch ohne Handauflegung. In der Ostkirche wurden und werden zwei verschiedene Ausdrücke verwendet: Für die sakramentalen Weihen des Episkopats, des Presbyteriums und des Diakonats wird das Wort „*cheirotonia*" verwendet, während für die Weihen der Akolythen, Lektoren und Subdiakone das Wort „*cheirotesia*" verwendet wird. Um zu zeigen, dass die Funktionen der dem Diakon untergeordneten Diener im Dienst des Diakons enthalten sind und von ihm ausgehen, hat die Kirche den Niederen Weihen auch die Bezeichnung „*ordo*" zugewiesen. Dies ist derselbe Begriff, mit dem die hierarchischen Ämter mit sakramentaler Weihe bezeichnet werden.[290]

Papst Benedikt XVI. hat den folgenden Grundsatz wiederholt und ins Gedächtnis gerufen, der im Leben der Kirche seit apostolischen Zeiten Gültigkeit hat: „In der Liturgiegeschichte

[290] Man beachte, dass man traditionell das Weihesakrament als siebenstufig beschrieben hat, wobei die Weihen zum Ostiarier, Lektor, Exorzisten und Akolythen als Niedere Weihen und die Subdiakonats-, Diakonats- und Priesterweihe als Höhere Weihen bezeichnet wurden. Die Bischofsweihe hat man als eine eigene Kategorie betrachtet.

gibt es Wachstum und Fortschritt, aber keinen Bruch."[291] Die von Papst Paul VI. in *Ministeria Quaedam* (15. August 1972) geäußerte und von Papst Franziskus mit *Spiritus Domini* (10. Januar 2021) rechtlich verankerte Theorie, dass die niederen liturgischen Dienste (die keine sakramentale Weihe erfordern) eine besondere Form der Ausübung des allgemeinen Priestertums aller Gläubigen sind, ist der 2000-jährigen Tradition der Gesamtkirche in Ost und West gänzlich fremd. Dieser Gedanke stellt eine Neuerung dar, die eher mit dem Liturgieverständnis der protestantischen Gemeinschaften in Einklang zu stehen scheint. Sie kommt auch den Forderungen der feministischen Bewegung in der Kirche entgegen, da sie Frauen in den Altarraum stellt und mit klerikalen Gewändern wie der Albe kleidet, dem gemeinsamen Gewand für Kleriker verschiedener Weihestufen (Bischof, Priester, Diakon).

Wären die niederen liturgischen Funktionen eine besondere Ausübung des in der Taufe empfangenen Priestertums, hätten die Apostel und die ständige und universale Tradition der Kirche auch Frauen zu den liturgischen Diensten im Heiligtum oder am Altar zugelassen. Die Tradition, Frauen nicht zum Altar zuzulassen, reicht jedoch bis in die apostolische Zeit zurück (vgl. 1 Kor 14,34) und ist seit eh und je Teil der Tradition der Kirche, und zwar sowohl im Osten als auch im Westen.[292] Der heilige Papst Gelasius I. hat am Ende des fünften Jahrhunderts die apostolische Tradition bekräftigt, Frauen nicht zum liturgischen Dienst am Altar zuzulassen:

> Mit Unwillen haben Wir vernommen, dass die göttlichen Dinge derart missachtet worden sind, dass man Frauen zum

[291] Begleitschreiben zum Motu Proprio *Summorum Pontificum* vom 14.9.2007.

[292] Vgl. die *Synode von Laodicea* (4. Jh.), Kanon 44.

> Dienst am heiligen Altar ermutigt und alle dem Dienstamt der Männer anvertrauten Aufgaben von einem Geschlecht verrichtet werden, für das diese [Aufgaben] ungebührlich sind.[293]

In den *Capitula Martini*, einer Sammlung von Kanones östlichen und westlichen Ursprungs aus dem sechsten Jahrhundert, wird dieselbe apostolische Tradition kurz und bündig mit den Worten wiedergegeben: „Frauen dürfen den Altarraum nicht betreten."[294]

Die spezifischen Normen des *Corpus Iuris Canonici* und die des *Codex des Kanonischen Rechtes* von 1917 (can. 813) sind ein weiteres Zeugnis für die beständige und universelle, seit der apostolischen Zeit bestehende Tradition der Kirche, Frauen nicht zum liturgischen Dienst am Altar zuzulassen. Das Dekret von Papst Gregor IX. im *Corpus Juris Canonici* besagt: „Es ist sicherzustellen, dass keine Frau sich anmaßt, zum Altar hinzuzutreten, dem Priester zu ministrieren oder im Altarraum zu stehen oder zu sitzen" (c. 1, X). Papst Benedikt XIV. legt ein weiteres Zeugnis für diese ununterbrochene kirchliche Tradition ab. In seiner Enzyklika *Allatae Sunt* (26. Juli 1755) lesen wir:

> Papst Gelasius verurteilte in seinem neunten Brief (Kap. 26) an die Bischöfe von Lukanien die schändliche Praxis, dass Frauen dem Priester bei der Feier der Messe dienen. Da sich dieser Missbrauch bei den Griechen verbreitet hatte, verbot Innozenz IV. ihn in seinem Brief an den Bischof von Tusculum aufs Entschiedenste: „Frauen sollen es nicht wagen, am Altar zu dienen; ihnen soll dieser Dienst grundsätzlich ver-

---

293 Mansi VIII, 44; aus dem Englischen.

294 Kan. 42.

wehrt werden." Auch Wir haben diese Praxis mit denselben Worten in Unserer oft zitierten Konstitution *Etsi Pastoralis* in Abs. 6, Nr. 21 verboten.

In einem kürzlich veröffentlichten Manifest einer Gruppe französischer Frauen, das sich auf das Motu proprio *Spiritus Domini* bezieht, lesen wir die folgenden weisen Worte: „Wir halten fest, dass unsere spezifische Berufung kein Spiegel der Berufung des Mannes ist und dass sie keine ‚Veredelung' durch den Dienst am Altar nötig hat."[295]

Heute vertreten einige die Auffassung, dass der Wert des allgemeinen Priestertums dadurch gesteigert werden soll, dass Laien und Frauen im Altarraum und am Altar eingesetzt werden und ihnen die Aufgabe übertragen wird, niedere Dienste in der Liturgie zu verrichten, – eine Form der Klerikalisierung der Laien und insbesondere der Frauen. Im Übrigen werden die Laien dadurch nicht gefördert, sondern im Gegenteil subtil diskriminiert, indem ihnen nur kleinere Dienste im Altarraum zugewiesen werden, während die wichtigeren Dienste dem Klerus vorbehalten bleiben. Außerdem birgt die Anwendung des Begriffs „Dienstamt" auf das allgemeine Priestertum die protestantische Gefahr, das Amtspriestertum und das allgemeine Priestertum miteinander zu verwechseln.

Die Kirche hat den Ausdruck des allgemeinen Priestertums aller Gläubigen immer darin gesehen, dass sich die Laien im Kirchenschiff (nicht im Altarraum) versammeln und dort beten. Sie nehmen an der Liturgie außerhalb des Heiligtums teil (wie bereits von Papst Klemens I. im ersten Jahrhundert und später von den wichtigsten liturgischen Dokumenten der Tradition dargelegt). Dementsprechend üben die Laien ihr gemein-

---

295 *Appel à approfondir la vocation de la femme*; *https://lavocationdufeminin.fr.*

sames Priestertum liturgisch durch Antworten, Gesang, körperliche Gesten, Kniebeugen, Verneigungen und sogar durch Schweigen aus.[296] Am vollkommensten verwirklicht sich das allgemeine Priestertum schließlich im würdigen und fruchtbaren sakramentalen Empfang der Heiligen Kommunion.

Der wichtigste Ausdruck des allgemeinen Priestertums außerhalb der streng liturgischen Sphäre besteht im Dienst der Laien in der Familie, in der Hauskirche und in der häuslichen „Liturgie" im eigenen Zuhause. Allgemein gesprochen wird das allgemeine Priestertum der Laien jedoch in der Heiligung des weltlichen Umfeldes ausgeübt, wie Papst Paul VI. in seinem apostolischen Schreiben *Evangelii Nuntiandi* lehrt:

> Ihre erste und unmittelbare Aufgabe ist nicht der Aufbau und die Entwicklung der kirchlichen Gemeinschaft – hier liegt die besondere Aufgabe der Hirten –, sondern sie sollen alle christlichen, vom Evangelium her gegebenen Möglichkeiten verwirklichen, die zwar verborgen, aber dennoch in den Dingen der Welt schon vorhanden sind und sich aktiv auswirken. Das eigentliche Feld ihrer evangelisierenden Tätigkeit ist die weite und schwierige Welt der Politik, des Sozialen und der Wirtschaft, aber auch der Kultur, der Wissenschaften und Künste, des internationalen Lebens und der Massenmedien, ebenso gewisse Wirklichkeiten, die der Evangelisierung offenstehen, wie Liebe, Familie, Kinder- und Jugenderziehung, Berufsarbeit, Leiden usw. Je mehr vom Evangelium geprägte Laien da sind, die sich für diese Wirklichkeiten verantwortlich wissen und sich überzeugend in ihnen betätigen, sie mit Fachkenntnis voranbringen und sich bewusst bleiben, dass sie ihre gesamte christliche Substanz,

---

[296] Vgl. *Sacrosanctum Concilium*, Nr. 30.

> die oft verschüttet und erstickt erscheint, einsetzen müssen, umso mehr werden diese Wirklichkeiten, ohne etwas von ihrer menschlichen Tragweite zu verlieren oder zu opfern, geradezu eine oft verkannte transzendente Dimension offenbaren, in den Dienst der Erbauung des Reiches Gottes treten und damit in den Dienst des Heiles in Jesus Christus (Nr. 70).

Mit Papst Paul VI. und nun auch mit Papst Franziskus kam es jedoch zu einem drastischen Bruch mit einer fast 2000-jährigen Tradition der universalen Kirche (Ost und West) durch die Abschaffung der Niederen Weihen und die faktische Abschaffung des Subdiakonats (Papst Paul VI.) sowie einer Bedeutungsänderung in der Natur der niederen liturgischen Dienste (Papst Paul VI. und Papst Franziskus). Die eigentliche Bedeutung dieser Stände und aller niederen Dienste am Altar leitet sich – gemäß der *lex orandi* der Kirche – nicht vom allgemeinen Priestertum, sondern vom Diakonat ab. Die Niederen Weihen sind durch eine nichtsakramentale Weihe Ausdruck des demütigen Dienstes des Amtspriestertums (Bischofs- und Priesteramt) und des sakramentalen Diakonats. In einem weiteren Sinne gilt dies auch für die Ministranten, die männlich sein müssen, um die Verbindung mit dem Amtspriestertum und dem sakramentalen Diakonat auf symbolischer Ebene aufrechtzuerhalten.

Im theologischen Zeugnis des Alten und Neuen Testaments und in der ost- und westkirchlichen Tradition über 2000 Jahre hinweg war der liturgische Dienst von Frauen beim Heiligen Messopfer, sei es als Lektorinnen oder Akolythinnen, sei es als Messdienerinnen am Altar, absolut ausgeschlossen.[297] Es gab einige Ausnahmen in Frauenklöstern, in denen die Nonnen die

[297] Vgl. Aimé Georges Martimort, *Deaconesses: An Historical Study*, übers. v. K. D. Whitehead. Ignatius Press, San Francisco 1986.

Lesung halten durften. Sie taten dies jedoch nicht im Altarraum, sondern hinter dem Klausurgitter.[298]

Die Kirche hat die Verkündigung der Heiligen Schrift während der Heiligen Messe niemals Personen anvertraut, die nicht zumindest in Niederen Weihen oder im Subdiakonat standen. Das Zweite Ökumenische Konzil von Nizäa hat einen gegenteiligen Brauch mit diesen Worten verboten:

> Dass es im Bereich des Priestertums Ordnung (*taxis*) geben muss, ist allen klar, und es ist Gott wohlgefällig, das Vorgehen bei der Bestellung der Priester genau zu beachten. Nun sehen wir: Manche empfangen ohne Handauflegung schon als Kinder die Klerustonsur. Ohne die Handauflegung durch den Bischof empfangen zu haben (*me cheirotesian labòntas*), lesen sie im Gottesdienst vom Ambo aus (*super ambonem irregulariter in collecta legentes*; *en te synaxei*) vor und tun es gegen die kanonische Vorschrift (*a-kanonìstos*). Deshalb ordnen wir an: Dies darf von jetzt an nicht mehr geschehen.[299]

Das theologische Argument, der Dienst des Lektors und des Akolythen gehöre zum allgemeinen Priestertum der Laien, widerspricht dem bereits im Alten Testament geltenden göttlichen Grundsatz, wonach die Diener, um irgendeine Aufgabe im öffentlichen Gottesdienst zu verrichten (und sei sie auch noch so bescheiden), eine feste und sakrale Befähigung erhalten mussten. Die Apostel bewahrten diesen Grundsatz, indem sie durch göttliche Offenbarung den Diakonenstand einführten, der den alttestamentlichen Leviten entsprach. Dies geht auch aus Anspielungen von Papst Klemens I. hervor, der ein Schüler der

---

[298] So z.B. in einigen Kartäuserklöstern; vgl. Martimort, *Deaconesses*, S. 235ff.

[299] Kan. 14 (zitiert nach: Wohlmuth, *Dekrete der Ökumenischen Konzilien*, Band 1, S. 149).

Apostel war. Die Kirche der ersten Jahrhunderte und dann die gesamte Tradition bewahrte ununterbrochen diesen theologischen Grundsatz des Gottesdienstes, dass man zur Verrichtung irgendeines Dienstes am Altar oder im öffentlichen Gottesdienst einem Stand von Kultdienern angehören muss, die durch einen besonderen Ritus, der „Weihe“ genannt wird, für diese Aufgaben geeignet gemacht worden sind.

Bereits im zweiten Jahrhundert begann die Kirche, die verschiedenen liturgischen Aufgaben des Diakons oder neutestamentlichen Leviten auf Diener oder Inhaber der Niederen Weihen zu verteilen. Eine Zulassung zum liturgischen Dienst, ohne vorher eine Niedere Weihe erhalten zu haben, wurde immer als Ausnahme betrachtet. Erwachsene Männer oder Knaben konnten als Ersatz für die Niedere Weihe am Altar dienen. In diesen Fällen ersetzte die Zugehörigkeit zum männlichen Geschlecht in gewissem Maß die nichtsakramentale Niedere Weihe, da der diakonale Dienst und alle anderen niederen Dienste, die zum Diakonat gehören, keine priesterlichen Dienste sind. Das männliche Geschlecht war jedoch notwendig, weil die letzte Verbindung zwischen den niederen Amtsträgern und dem Diakonat in Ermangelung der Niederen Weihen auf der Ebene des liturgischen Symbols sein würde. Mit anderen Worten, die niederen Amtsträger waren mit dem Grundsatz des levitischen liturgischen Dienstes verbunden, der wiederum streng dem Priestertum untergeordnet und durch göttliche Anordnung im Alten Bund dem männlichen Geschlecht vorbehalten war.

Diese Norm wurde von der Weltkirche und insbesondere von der römischen Kirche stets beibehalten – bis nach der Liturgiereform infolge des II. Vaticanums den Laien, d.h. den Christgläubigen ohne Höhere und Niedere Weihen, gestattet wurde, die Lesung öffentlich, sogar bei feierlichen Messen, zu verkündigen. Nach und nach wurde dies auch Frauen gestattet. Das Konzil von Trient war seinerzeit noch bestrebt, den Grundsatz der erhabenen Tradition zu bewahren, wonach der liturgische Dienst von ordnungsgemäß geweihten Dienern ausgeübt werden muss. Deswegen empfahl das Konzil den Bischöfen nachdrücklich, dafür Sorge zu tragen, „dass die Funktionen der heiligen Weihen vom Diakon bis zum Türhüter (Ostiarier), die in der Kirche seit den Zeiten der Apostel lobenswerterweise angenommen wurden, (...) nur von denen ausgeübt werden dürfen, die in diesen Weihen eingesetzt wurden".[300] Das Konzil hat sogar den Empfang der Niederen Weihen durch verheiratete Männer erlaubt: „Sollten für die Ausübung der Funktionen der vier Niederen Weihen keine unverheirateten Kleriker zur Verfügung stehen, so können deren Stelle auch Verheiratete guten Lebenswandels einnehmen." Nach dem überlieferten Römischen Ritus kann die Verkündigung der Lesung in der eucharistischen Liturgie nur von denjenigen vorgenommen werden, die entweder Niedere oder Höhere Weihen haben. Tatsächlich werden die Niederen Weihen und der Subdiakonat bis heute in den Gemeinschaften, die am Alten Ritus festhalten, durch den Bischof gespendet. Diese Form der römischen Liturgie bewahrt bis heute einen Grundsatz, der aus apostolischer Zeit überliefert und vom Zweiten Konzil von Nizäa im achten sowie vom Konzil von Trient im 16. Jahrhundert ausdrücklich bestätigt worden ist.

Jesus Christus, der einzige wahre Hohepriester Gottes, ist zugleich der oberste Diakon. In gewisser Weise könnte man auch sagen, dass Christus der oberste Subdiakon, der oberste Akolyth und Exorzist, der oberste Lektor und Ostiarier, ja sogar der oberste Ministrant und Messdiener ist, denn die ganze Existenz und das Heilswerk Christi war ein sehr bescheidener

[300] Sessio XXIII, Reformdekret, Kap. 17.

Dienst. Sein Priestertum, das durch das Amtspriestertum der Kirche vollzogen wird, muss daher auch die niederen liturgischen Funktionen umfassen, d.h. die bescheidensten liturgischen Dienste, wie den des Lektors oder des Akolythen.

Deshalb ist der Diakonat mit seinen Funktionen Teil des Weihesakraments und die niederen liturgischen Ämter mit ihren Funktionen sind es implizit auch. Letztere werden seit jeher zu Recht „*ordines*" genannt, obwohl sie formell gesehen nicht sakramental sind. Dies ist nur ein weiterer theologischer Grund, warum die Weltkirche Frauen niemals zum öffentlichen liturgischen Dienst zugelassen hat, nicht einmal in den niederen Stufen der Lektoren oder Akolythen. Im Leben Christi sehen wir, dass Er die Funktion des Lektors ausübte, als Er die Heilige Schrift im Synagogengottesdienst las (vgl. Lk 4,16). Christus übte sodann die Funktion eines Ostiariers aus, als Er die Händler aus dem Tempel vertrieb (vgl. Johannes 2,15). Gar oft übte Er oft die Funktion eines Exorzisten aus, indem Er die unreinen Geister austrieb. Und schließlich verrichtete Christus beim Letzten Abendmahl die Funktion eines Subdiakons bzw. Diakons, indem Er Sich die Schürze eines Dieners umband und den Aposteln die Füße wusch (vgl. Joh 13,4), die Er während desselben Abendmahls zu wahren Priestern des Neuen Bundes machte.[301]

Zur Größe und zum Wesen des Amtspriestertums und des Weihesakramentes gehören auch die bescheidenen und niederen liturgischen Dienste. Es wäre ein Irrtum und ein allzu menschliches und weltliches Denken, nur die höheren liturgischen Funktionen (Verkündigung des Evangeliums, Aussprechen der Konsekrationsworte) dem Amtspriestertum zuzuschreiben, während die niederen und bescheideneren liturgischen Funktionen

[301] Vgl. das Konzil von Trient, Sess. XXII, Kap. 1.

(Vortragen der Lesung und Dienst am Altar) dem allgemeinen Priestertum der Laien zukommen. Im Reich Christi Selbst gibt es keine Diskriminierung; es gibt keinen Wettstreit darum, wer mehr Macht beim Vollzug des Gottesdienstes ausüben kann. Im Gegenteil, alles konzentriert sich auf Wirklichkeit und Erfordernis der Demut und des Dienens nach dem Vorbild Christi, des Ewigen Hohenpriesters.

Gréa hat uns die folgenden ausgezeichneten Reflexionen hinterlassen:

> Wenn ein Bischof oder Priester irgendeine geringere Aufgabe der Diener *(ministri)* erfüllt, übt er sie mit all der Erhabenheit aus, die sein Priestertum seinem Handeln verleiht. Das göttliche Haupt der Bischöfe, Jesus Christus Selbst, verschmähte es nicht, die Handlungen der niederen Amtsträger zu vollziehen, und erhöhte sie alle durch die Herrlichkeit Seines Hohepriestertums. […] Als Priester in der Fülle des Priestertums, das Er von Seinem Vater empfangen hat (Ps 109,4; Hebr 5,1–10), wollte Er in Seiner Person die Funktionen der [niederen] Amtsträger heiligen. Indem Er sie ausüb te, erhöhte Er sie durch die Würde Seines Hohepriestertums und stieg zu ihnen herab, ohne diese Würde zu schmälern oder zu verletzen.[302]

Alle liturgischen Dienste im Heiligtum repräsentieren Christus, den obersten „Diakon“, und daher werden sowohl die höheren als auch die niederen liturgischen Dienste – gemäß dem *perennis sensus* der Kirche und ihrer ununterbrochenen Tradition – von Personen männlichen Geschlechts vollzogen, die sich in der sakramentalen Weihe des Episkopats, des Presbyterats und

[302] Gréa, *L'Église*, S. 109; aus dem Englischen.

des Diakonats bzw. im Subdiakonat und den Niederen Weihen befinden oder in ihren symbolisch entsprechenden Vertretern.

Das allgemeine Priestertum hingegen wird von jenen Gläubigen ausgeübt, die während der Liturgie im Kirchenschiff stehen und somit die „Magd des Herrn", Maria, repräsentieren, die das Wort empfängt und es in der Welt fruchtbar werden lässt. Die Allerseligste Jungfrau Maria hätte unter keinen wie auch immer gearteten Umständen die Funktion eines Lektors oder Akolythen in der Liturgie der Urkirche ausüben wollen und hat dies auch niemals getan. Dabei wäre sie für einen solchen Dienst von allen am würdigsten gewesen, da sie allheilig und unbefleckt ist! Eine Teilnahme am liturgischen Leben nach dem Vorbild Mariens ist die aktivste und fruchtbarste liturgische Teilnahme, die in der Teilhabe am allgemeinen Priestertum aller Gläubigen möglich ist. Das gilt besonders für Frauen, denn „die Kirche sieht in Maria den höchsten Ausdruck des ‚weiblichen Genius'".[303]

Es ist notwendig, den Laien und vor allem den Frauen die wahre Natur ihrer Würde und ihr wahres Vorbild für die Liturgie zu zeigen: die heroische Erfüllung des gemeinsamen Priestertums durch die Allerseligste Jungfrau Maria, die weder eine „Diakonin" noch eine „Liturgin am Altar" war, sondern einfach die Magd des Herrn, die mit gutem und vollkommenem Herzen auf das Wort Gottes hörte, es bewahrte und es in der Welt Frucht bringen ließ (vgl. Lk 2,51;8,15).

Jesus Christus ist nicht gekommen, um das Gesetz aufzuheben, sondern um es zur Erfüllung zu bringen (vgl. Mt 5,17). Er sagte: „Bis Himmel und Erde vergehen, wird nicht ein Strichlein oder ein Punkt vom Gesetz vergehen, bis alles geschieht!" (Mt 5,18) Dies gilt insbesondere für den Kult Gottes, denn die An-

---

[303] Brief Papst Johannes Pauls II. an die Frauen vom 29.6.1995, Nr. 10.

betung Gottes ist das erste Gebot des Dekalogs (vgl. Ex 20,3–5). Das ist der Zweck der gesamten Schöpfung: Engel und Menschen und selbst die unvernünftigen Geschöpfe müssen durch ihre bloße Existenz die göttliche Majestät loben und anbeten, wie es im geoffenbarten Gebet des Sanctus in der Heiligen Messe heißt: „Himmel und Erde sind erfüllt von Deiner Herrlichkeit" (Jes 6,3). Diese Wahrheit findet ihre erhabenste Verwirklichung in der Feier der Heiligen Messe als heiligem Dienst.

12. Die Messe ist das Hochzeitsmahl des Lammes

Die Heilige Messe als „Hochzeitsmahl des Lammes“ (Offb 19,9) zeigt sich vor allem und am eindrücklichsten in unserer Teilhabe am geopferten Leib und Blut Christi, des Lammes Gottes. Nach dem heiligen Cyrill von Jerusalem wollte Christus durch das Sakrament der Eucharistie „den Kindern des Brautgemachs die Frucht Seines Leibes und Blutes zuteilwerden lassen“[304], gewissermaßen ein Vorgriff auf die endgültige und vollkommene Vereinigung von Gott und Mensch im Himmel.

Die Wirkung des Geheimnisses der Eucharistie besteht in der innigsten Vereinigung mit Christus und mit den Gliedern Seines mystischen Leibes. Das Vierte Laterankonzil lehrt:

> Es gibt aber eine allgemeine Kirche der Gläubigen, außerhalb derer überhaupt keiner gerettet wird, in der der Priester Selbst zugleich das Opfer ist, Jesus Christus, dessen Leib und Blut im Sakrament des Altares unter den Gestalten von Brot und Wein wahrhaft enthalten sind, wenn durch göttliche Macht das Brot in den Leib und der Wein in das Blut wesenhaft verwandelt sind: damit wir selbst zur Vollendung des Geheimnisses der Einheit von dem Seinigen empfangen, was Er Selbst von dem Unsrigen empfangen hat.[305]

Der heilige Thomas erklärt die Wirkung des Allerheiligsten Altarsakraments in folgender Weise:

---

[304] *Mystagogische Katechesen,* IV, 2.

[305] I. Konstitution, *professio fidei.*

> In diesem Sakrament, wie auch in den anderen, ist das, was „Sakrament" ist, Zeichen dessen, was die Wirklichkeit des Sakramentes ist. Die Wirklichkeit dieses Sakramentes ist aber eine doppelte: die eine, die bezeichnet und enthalten ist, nämlich Christus Selbst; die andere aber ist bezeichnet und nicht enthalten, nämlich der mystische Leib Christi, welcher die Gemeinschaft der Heiligen ist. Wer immer also dieses Sakrament empfängt, zeigt eben dadurch an, dass er mit Christus geeint und Seinen Gliedern einverleibt ist.[306]

Das Zeichen, das Christus für die Heilige Kommunion mit Seinem eucharistischen Leib und Blut gewählt hat, ist das Essen von Brot und das Trinken von Wein. Das sakramentale Zeichen der Heiligen Kommunion bedeutet jedoch nicht nur Vereinigung, sondern auch Verwandlung. Doch wird nicht Christus in den Gläubigen, der Ihn empfängt, verwandelt, sondern der Gläubige in Christus. Wie der heilige Augustinus es formulierte: „Ich bin die Nahrung der Starken: Wachse und du wirst Mich essen. Und du sollst Mich nicht als leibliche Speise in dich verwandeln, sondern in Mich sollst du verwandelt werden."[307]

Kardinal Francisco Mendoza (+1565) hat uns eine tiefgründige Betrachtung der verwandelnden und vereinigenden Kraft der Heiligen Eucharistie hinterlassen:

> Da Christus wirklich und wesentlich im Sakrament der Eucharistie gegenwärtig ist und durch dieses Sakrament im Menschen Wohnung nimmt, durchdringt eine bestimmte Kraft, die von der Wesenheit Christi Selbst ausgeht, den ganzen Menschen und seine einzelnen Bestandteile – daher

[306] *S. th.*, III, q. 80, art. 4.

[307] *Bekenntnisse*, Buch VII, X, Nr. 16.

sagt man, der ganze Mensch sei wesentlich mit dem ganzen Christus vereint. Dies rührt aber nicht daher, dass die ganze Wesenheit Christi im ganzen Menschen und in jedem seiner Bestandteile gegenwärtig ist; vielmehr verbleibt die *Kraft* Seiner Wesenheit – die vom Innewohnen Christi durch die heiligen Gestalten ausströmt – wahrhaft im Menschen und erschafft und erneuert so seine ganze Wesenheit und jeden Teil seines Seins.[308]

Die Kirchenväter haben uns diese Lehre von der innigen Vereinigung mit Christus durch die eucharistische Kommunion überliefert, wie wir in den folgenden Worten des heiligen Cyrillus von Jerusalem sehen:

> Aus voller Glaubensüberzeugung wollen wir also am Leib und Blut Christi teilnehmen! In der Gestalt des Brotes wird dir nämlich der Leib gegeben und in der Gestalt des Weines wird dir das Blut gereicht, damit du durch den Empfang des Leibes und Blutes Christi ein Leib [*con-corporaei*] und ein Blut [*con-sanguinei*] mit Ihm werdest. Durch diesen Empfang werden wir Christusträger; denn Sein Fleisch und Sein Blut kommt in unsere Glieder. Durch diesen Empfang *werden wir*, wie der heilige Petrus sagt, *der göttlichen Natur teilhaftig* (2 Petr 1,4).[309]

Wie sehr bewegen uns diese Worte des doctor eucharisticus, des heiligen Johannes Chrysostomus:

---

[308] Piolanti, *Il Mistero Eucaristico*, S. 490; zitiert wird Mendozas *De naturali cum Christo unitate, quam per dignam Eucharistiae sumptionem fideles consequuntur*. Aus der englischen Version übertragen.

[309] *Mystagogische Katechesen,* IV, 3.

> Mit Dem, was die Engel beim Anblick zittern lässt, wozu sie ob des von Ihm ausgehenden Glanzes nicht einmal aufzublicken wagen, werden wir gespeist, mit Dem werden wir verschmolzen; wir werden zu einem Leib und einem Fleisch mit Christus.[310]

Pater Nathanael Thanner ORC fasst dieses Geheimnis der eucharistischen Kommunion trefflichst zusammen:

> Aus diesem Grund gibt es so viele Bilder und Vergleiche, um diese Einheit auszudrücken, wie z.B. das gegenseitige Innewohnen, der Weinstock und die Reben, das Haupt und die Glieder, das Eisen bzw. die Kohle im Feuer und sogar die eheliche Vereinigung. Aber keines dieser Bilder ist in der Lage, die Vollkommenheit der eucharistischen Vereinigung wirklich adäquat auszudrücken, und keines erreicht je ganz die tiefe Wirklichkeit der Vereinigung im eucharistischen Geheimnis. Es ist klar, dass die eucharistische Vereinigung keine „substanzielle" Vereinigung in dem Sinne ist, dass eine einzige Substanz gebildet wird; sie ist keine Vereinigung von „Materie" und „Form" (wie die Vereinigung von Leib und Seele). Sie ist auch keineswegs eine hypostatische Vereinigung (Vereinigung von zwei Substanzen in einer Person). Es handelt sich wirklich um eine einzigartige Vereinigung, die vollkommenste Vereinigung nach der göttlichen Einheit in der Dreifaltigkeit und der hypostatischen Union. Es ist eine Vereinigung, die der dreifaltigen Einheit nachgebildet ist und nur durch die hypostatische Union möglich wurde, d.h. durch die Menschwerdung des Sohnes, der so zum „Bräutigam" wurde, um sein Hoch-

[310] *Predigt über das Matthäusevangelium,* 82,5.

zeitsmahl durch das eucharistische Gastmahl im Voraus zu vollziehen.[311]

Thanner zitiert diese Worte eines Kartäusers:

> Die Ehe war also kein kühnes Sinnbild [für den Bund und die Vereinigung zwischen Gott und dem Volk Israel]. Sie war als Bild einfach zu unscheinbar, zu arm, zu gering für die unglaubliche Wirklichkeit [der eucharistischen Vereinigung mit Christus]. […] Jedes Bild der menschlichen Liebe ist verschwunden und in den Hintergrund getreten. Nur eine Form der Intimität, nur eine Vereinigung, eine Einheit übertrifft sie noch: „Wie Du, Vater!, in Mir und ich in Dir [bin]."[312]

Die wirkliche Grundlage der Einheit mit Christus, sowohl jener der Gläubigen als auch der Gesamtkirche durch die eucharistische Kommunion ist somit die Menschwerdung des Gottessohnes. Um es mit den Worten Thanners zu sagen:

> Der Leib und das Blut Christi, die uns im eucharistischen Mahl zu essen und zu trinken gegeben werden, sind wahrhaftig der Leib und das Blut der göttlichen Person des Sohnes. Das ist die beispiellose Neuheit der Menschwerdung: Der unendliche Abstand zwischen der göttlichen und der menschlichen Natur wird durch die hypostatische Union überwunden, d.h. durch die ontologische Vereinigung der

[311] „*Le ‚Nozze dell'agnello' e il mistero dell'unione eucaristica*" [Die ‚Hochzeit des Lammes' und das Geheimnis der Vereinigung in der hl. Eucharistie], *Sapientia Crucis* 12 (2011), S. 106; zu finden im italienischen Original unter https://institutumsapientiae.files.wordpress.com/2011/07/sc-2011-03-nathanael.pdf. Hier und weiterhin aus der englischen Fassung übersetzt.

[312] Ibid., S. 106, Nr. 104; das Werk des Kartäusermönchs trägt den Titel *La Messa Mistero Nuziale* (Gribaudi, Mailand 2005), S. 64 u. 60.

göttlichen und der menschlichen Natur in der einen Person Gottes, des Sohnes. So kann der menschgewordene Gott mit den Menschen eins werden, die dadurch „ein Leib, ein Blut" und „ein Geist" mit Ihm werden können. Dies geschieht durch eine Verwandlung des Menschen in Ihn, indem er Ihm gleichgestaltet wird. Diese Umwandlung ist eine „Teilhabe" (communio bzw. *koinonía*) sowohl an Seiner menschlichen als auch an Seiner göttlichen Natur. Dies ist die Besonderheit und Einzigartigkeit der Vereinigung mit Christus durch das Sakrament der Eucharistie, die durch das spezifische sakramentale Zeichen zum Ausdruck kommt: Speise und Trank, d.h. Brot essen und Wein trinken.[313]

Die äußere Form des Kommunionempfangs ergibt sich notwendigerweise aus der Wahrheit, dass die Gabe des Leibes und Blutes Christi die heiligste von allen ist. Eine der tiefsten und schmerzlichsten geistlichen Wunden im Leben der Kirche unserer Tage ist darum die moderne Praxis der Handkommunion.[314]

Das Wissen um die Größe des eucharistischen Geheimnisses zeigt sich insbesondere in der Art und Weise, wie der Leib des Herrn ausgeteilt und empfangen wird. Sehr deutlich wird es im Ritus der Priesterkommunion, da sie die Vollendung des eucharistischen Opfers darstellt. Für die Gläubigen ist ihr Empfang des Herrn der Höhepunkt der Begegnung und der persönlichen Vereinigung mit Christus, der unter dem bescheidenen Schleier der eucharistischen Gestalten wirklich und wesenhaft gegenwärtig ist. Ein liturgischer Moment von derartiger Wichtigkeit bringt besondere seelsorgliche Anforderungen mit sich, auch in Bezug auf die rituellen Gesten.

---

[313] Thanner, „*Die 'Hochzeit des Lammes'*", S. 109.

[314] Die nachfolgenden Seiten nehmen Bezug auf mein Werk *Dominus Est: Gedanken eines Bischofs aus Zentralasien über die Heilige Kommunion* (SJM 2008).

Im Bewusstsein der Größe und Bedeutung, die der Augenblick der Heiligen Kommunion in sich schließt, hat sich die Kirche in ihrer 2000-jährigen Tradition um eine Form des rituellen Vollzugs bemüht, die ihren Glauben, ihre Liebe und ihre Ehrfurcht vor ihrem Herrn so vollkommen wie möglich zum Ausdruck bringen sollte. Dies geschah, als die Kirche nach einer Zeit der organischen Entwicklung begann (und zwar spätestens seit dem sechsten Jahrhundert), die Praxis der direkten Austeilung der heiligen eucharistischen Gestalten in den Mund überall zu übernehmen. Beweise hierfür finden wir u.a. in der Biografie des heiligen Gregors des Großen,[315] einem Vermerk desselben über die Kommunionausteilung in den Mund durch den heiligen Papst Agapitus (535–536)[316] sowie bei einer Synode in Rouen im Jahr 650, die diese Form der Kommunionspendung vorgeschrieben hat. Letztere Kirchenversammlung bedrohte die Altardiener sogar mit der Suspension (Amtsenthebung) für den Fall, dass sie Laien die Handkommunion austeilen würden.[317] Die Synode von Cordoba hat die Sekte der sogenannten Migetisten oder Cassianer im Jahr 839 wegen ihrer Weigerung, die Mundkommunion zu empfangen, als Häretiker verdammt.[318]

Am Ende der Väterzeit wurde die Mundkommunion zu einer weitverbreiteten und fast universellen Praxis. Diese organische Entwicklung kann als eine Frucht der Spiritualität und der eucharistischen Verehrung betrachtet werden, die aus ebendieser Zeit der Kirchenväter stammen. In der Tat gibt es mehrere Ermahnungen der Kirchenväter, den eucharistischen Leib des Herrn, insbesondere die Bruchstücke des konsekrierten Brotes, mit größter Verehrung, Zartheit und Sorgfalt zu behandeln. Als

[315] Vgl. *Vita S. Gregorii*, PL 75,103.

[316] *Dial.* 3.

[317] Vgl. Mansi X, S. 1199-1200.

[318] Vgl. Josef A. Jungmann, *Missarum Sollemnia*, Band 2, S. 381; Nr. 52.

klar wurde, dass die Bedingungen nicht mehr gegeben waren, unter denen ein Höchstmaß an Achtung und Ehrfurcht vor dem eucharistischen Brot gewährleistet werden konnte, begriff die Kirche in Ost und West mit erstaunlicher Einmütigkeit fast instinktiv die Dringlichkeit, die Heilige Kommunion an die Laien nur in den Mund zu spenden. Der bekannte Liturgiewissenschaftler J. A. Jungmann erklärt, dass mit der direkten Spendung der Kommunion in den Mund mehrere Bedenken beseitigt wurden: die Notwendigkeit, dass die Gläubigen vollkommen saubere Hände haben, die noch größere Sorge, dass keine Bruchstücke des konsekrierten Brotes verloren gehen, und die Notwendigkeit, die Finger und Handflächen nach dem Empfang des Sakraments zu reinigen. Das Kommuniontuch und später die Kommunionpatene wurden so zum Ausdruck einer höheren Sorgfalt im Umgang mit dem Sakrament der Eucharistie.[319]

Das Wort Christi, das uns einlädt, das Reich Gottes wie ein Kind zu empfangen (vgl. Lk 18,17), wird im knienden Empfang des eucharistischen Brotes auf die Zunge wunderschön veranschaulicht. Dieser Ritus bringt die innere Haltung eines Kindes, das sich nähren lässt, in angemessener und froher Weise zum Ausdruck; es erinnert uns zudem an den römischen Hauptmann und seinen Akt der Demut und des anbetenden Staunens. Papst Johannes Paul II. betonte die Notwendigkeit, die Achtung vor dem eucharistischen Brot auch äußerlich zum Ausdruck zu bringen, indem er schrieb:

> Wenn auch der Kontext des „Gastmahls" eine familiäre Atmosphäre nahelegt, so ist die Kirche doch nie der Versuchung erlegen, diese „Vertrautheit" mit ihrem Bräutigam zu banalisieren; niemals hat sie vergessen, dass Er auch ihr Herr

[319] Vgl. ibid., Band 2, S. 382.

ist. […] *Das eucharistische Mahl ist wirklich ein „heiliges“ Mahl*, in dem in schlichten Zeichen der Abgrund der Heiligkeit Gottes verborgen liegt. […] Das Brot, das auf unseren Altären gebrochen […] wird, ist *panis angelorum*, Brot der Engel, dem wir uns nur mit der Demut des Hauptmanns im Evangelium nähern können.[320]

Der Bericht über die Berufung des Propheten Ezechiel stellt uns eine weiterreichende Betrachtung in der Heiligen Schrift vor Augen. Ezechiel nämlich empfing symbolisch das Wort Gottes unmittelbar in seinen Mund:

> „Tue auf deinen Mund und iss, was Ich immer dir darreiche!“ Da schaute ich und siehe, eine Hand war gegen mich ausgestreckt, in der eine Buchrolle lag. […] Da öffnete ich meinen Mund und Er gab mir jene Rolle zu essen […] und ich aß und sie war in meinem Mund so süß wie Honig (Ez 2,8–9;3,2–3).

In der Heiligen Kommunion empfangen wir das fleischgewordene Wort, das für uns Kleine, für uns Kinder, zur Nahrung geworden ist. Wenn wir uns dem Herrn in der Heiligen Kommunion nähern, können wir uns an die Geste des Propheten Ezechiel erinnern oder auch an die Worte aus Psalm 80,11 (Vulgata), die im Stundengebet zum Hochfest des Heiligen Leibes Christi zu finden sind: „Tu deinen Mund auf und Ich will ihn füllen“ (*dilata os tuum, et implebo illud*). Christus nährt uns in der Heiligen Kommunion wirklich mit Seinem Leib und Blut. In der Väterzeit wurde dies mit einer Mutter verglichen, die ihren Säugling stillt, wie diese anschaulichen Worte des heiligen Johannes Chrysostomus zeigen:

---

[320] *Ecclesia de Eucharistia*, Nr. 48.

> Mit jedem der Gläubigen vermischt Er Sich in den Mysterien, und wen Er gezeugt hat, den ernährt Er durch Sich Selbst und überlässt ihn nicht einem anderen […] Siehst du nicht die Säuglinge, mit wieviel Eifer sie die Mutterbrust ergreifen? Mit welchem ernsthaften Verlangen fixieren sie ihre Lippen auf die Mamille? Mit dergleichen wollen wir uns auch diesem Tisch und der Mamille des geistigen Kelchs nähern. Oder vielmehr, mit viel mehr Eifer lasst uns als Säuglinge an der Brust die Gnade des Geistes heraussaugen.[321]

Ein erwachsener Gläubiger, der sich hinkniet und den Mund öffnet, um sich wie ein Kind speisen zu lassen, entspricht auf eine glückliche und eindrucksvolle Weise den Ermahnungen der Kirchenväter über die Haltung, mit der wir uns der Heiligen Kommunion nähern sollen, nämlich *cum amore ac timore*: mit Liebe und Ehrfurcht.[322]

In einem antiken *Ordo communionis* (Ritus der Heiligen Kommunion) aus der liturgischen Tradition der Koptischen Kirche heißt es: „Ein jeder, groß wie klein, möge sich auf den Boden niederwerfen; so beginnt die Austeilung der Heiligen Kommunion."[323] Der heilige Johannes Chrysostomus ermahnt diejenigen, die sich dem eucharistischen Leib des Herrn nähern, die Weisen aus dem Morgenland in ihrer Gesinnung und in ihrem Akt der Anbetung nachzuahmen:

> Nähern wir uns Ihm also mit Inbrunst und mit entflammter Liebe, damit wir keine Strafe erleiden müssen. […] Diesen

---

321 *Predigt über das Matthäusevangelium,* 82,5.

322 Vgl. Hl. Cyprian, *Ad Quirinum*, III, 94; Hl. Basilius, *Regulae brevius tract.*, 172; Hl. Johannes Chrysostomus, *Hom. Nativ.*, 7.

323 *Collectiones Canonum Copticae*: H. Denzinger, *Ritus Orientalium* (Würzburg, 1863), 1,405.

> Leib, der sogar in einer Krippe lag, beteten die Magier an. Ja, profane und barbarische Männer, die ihr Land und ihre Heimat verließen, machten sich auf eine lange Reise, und als sie ankamen, beteten sie Ihn mit Furcht und großem Zittern an. Machen wir es also wenigstens diesen Barbaren nach, wir Himmelsbürger … Ihr seht nicht nur diesen Leib Selbst wie sie, sondern wisst auch Seine Macht und Seine ganze Gnade. […] Lasst uns deshalb uns wachrütteln und mit Scheu erfüllt sein und eine Ehrfurcht zeigen, die weit über die jener Barbaren hinausgeht.[324]

Der Moment, in dem man den eucharistischen Leib des Herrn empfängt, ist für die Gläubigen in diesem irdischen Leben sicherlich die beste Gelegenheit, ihrer inneren Haltung den gebührlichen Ausdruck zu verleihen, indem sie „sich in Anbetung und grenzenloser Liebe tief verneigen".[325]

Die Art und Weise der Kommunionausteilung, die vielleicht zunächst wie eine unbedeutende Geste erscheinen mag, ist in Wirklichkeit von höchster Bedeutung und hat entscheidende Auswirkungen auf den Glauben und die Frömmigkeit der Gläubigen, denn sie spiegelt sichtbar den Glauben, die Liebe und die Ehrerbietung wider, mit der die Kirche in einer jeweiligen geschichtlichen Epoche mit ihrem göttlichen Bräutigam und Herrn unter den einfachen Gestalten von Brot und Wein umgeht. Das Bewusstsein, dass in den bescheidenen eucharistischen Gestalten die ganze Majestät Christi, des Königs der Himmel, vor Dem sich alle Engel in Anbetung niederwerfen, wirklich gegenwärtig ist, war zur Zeit der Kirchenväter sehr lebendig. Man könnte einen wahren Chor von solchen Stimmen erklingen lassen, um

[324] *Homilie 24 über den Ersten Korintherbrief*, Nr. 8.

[325] Papst Johannes Paul II., Enzyklika *Ecclesia de Eucharistia*, Nr. 62.

dieser Tatsache Ausdruck zu verleihen, aber die folgende bewegende Ermahnung des heiligen Johannes Chrysostomus soll für uns genügen:

> Hier macht dieses Mysterium die Erde für dich zum Himmel. Öffne nur einmal die Tore des Himmels und schau hinein; nein, eher nicht des Himmels, sondern des Himmels der Himmel; und dann wirst du sehen, wovon ich gesprochen habe. [...] Denn wie in königlichen Palästen nicht Mauern oder goldene Dächer das Herrlichste von allem sind, sondern die Person des Königs, die auf dem Thron sitzt; so ist es ebenso im Himmel der Leib des Königs. Aber das darfst du jetzt auf Erden sehen. Denn weder Engel noch Erzengel noch den Himmel der Himmel zeige ich euch, sondern ihren Herrn.[326]

In den letzten Jahrzehnten hat sich in vielen Ortskirchen des Lateinischen Ritus, ausgehend von Nord- und Westeuropa, die Praxis der Handkommunion durchgesetzt. Jeder ruhige und unvoreingenommene Beobachter, der diese Praxis in verschiedenen Regionen analysiert, wird zu dem Schluss kommen, dass einer der wichtigsten, heiligsten und feierlichsten Momente der eucharistischen Liturgie, nämlich die Heilige Kommunion, immer mehr an Sakralität verloren hat und weiter verliert. In der Tat wird sie immer mehr zu einem Anlass ungewollter und bisweilen sogar gewollter Profanierung. Der Schatten, der auf die Eucharistiefeier geworfen wurde, und der veränderte Sinn für das Heilige werden heute gerade bei der Kommunionspendung am deutlichsten sichtbar. Die Handkommunion wird von der Zeit her gesehen unter sehr ungünstigen Bedingungen prakti-

[326] *Homilie über den Ersten Korintherbrief*, Nr. 8.

ziert. Der Glaube an die Realpräsenz hat deutlich abgenommen und die Wertschätzung und Sensibilität für das Heilige ist merklich geschrumpft. Eine konsumistische Mentalität hat zu einem unterschiedslosen, unvorsichtigen Umgang mit der Heiligen Kommunion geführt, bei dem jeder, der bei der Messe anwesend ist, nach vorne geht, um die Kommunion zu empfangen, selbst diejenigen, die nicht richtig disponiert, nicht katholisch oder sogar ungetauft sind (dieses Phänomen tritt häufiger bei großen Gottesdiensten auf). Die Entweihung der konsekrierten Hostien durch esoterische und satanistische Gruppen ist ebenfalls ein immer häufigeres Phänomen. Im heutigen historischen Kontext trägt der Ritus der Handkommunion zu einer fortschreitenden und weitverbreiteten Geringschätzung der Partikel bei. Außerdem führt die Nichtbenutzung der Kommunionpatene dazu, dass die Partikel auf den Boden fallen, wo sie leicht verlorengehen. So kommt es häufig vor, dass die Partikel der Heiligen Hostie, die kostbarsten Perlen der Welt, in nicht wenigen katholischen Kirchen immer häufiger mit den Füßen getreten werden, oft ohne dass die Gläubigen es merken. In manchen östlichen Liturgien trägt das gewandelte Brot die Bezeichnung „Perle" (*margarita*). In den *Collectiones Canonum Copticae* heißt es: „Gott möge es verhüten, dass irgendein Teil der konsekrierten Perlen oder Partikel an den Fingern kleben bleiben oder auf den Boden fallen!"[327]

Wie sehr steht dieses Phänomen, das heute von vielen Seelsorgern in der Kirche ignoriert oder heruntergespielt wird, im Gegensatz zur Sorge der Kirchenväter, dass nicht einmal das kleinste Stückchen des eucharistischen Brotes verlorengehe! Wie der heilige Cyrill von Jerusalem so wortgewaltig mahnte:

[327] *Deus prohibeat, ne quid ex margaritis seu ex particulis consecratis adhaereat, aut in terram decidat* (Denzinger, *Ritus Orientalium*, 1,95).

> Achte darauf, dass du keinen Teil [des Heiligen Leibes des Herrn] verlierst; denn was immer du verlierst, ist offensichtlich ein Verlust für dich, sozusagen von einem deiner eigenen Glieder. Denn sag mir, wenn dir jemand Goldkörner geben würde, würdest du sie nicht mit aller Sorgfalt behandeln und dich davor hüten, eines von ihnen zu verlieren und somit Verlust zu erleiden? Willst du denn nicht viel sorgfältiger darauf achten, dass nicht ein einziger Krümel von dem fällt, was kostbarer ist als Gold und Edelsteine?[328]

Für die christlichen Gemeinschaften, die Origenes im dritten Jahrhundert erlebte, war äußerste Sorgfalt und Hochachtung vor den Partikeln des eucharistischen Brotes kennzeichnend. Er sagte zu ihnen:

> Die ihr gewohnt seid, an den göttlichen Geheimnissen teilzunehmen, wisst, dass ihr, wenn ihr den Leib des Herrn empfangt, ihn mit aller Vorsicht und Verehrung bewahrt, damit auch nicht ein kleiner Teil von Ihm abfällt, damit nichts von der konsekrierten Gabe verloren gehe.[329]

In der liturgischen Tradition der koptischen Kirche findet sich diese Mahnung: „Es gibt keinen Unterschied zwischen den großen und den kleinen Bruchstücken des Allerheiligsten Altarsakraments, auch nicht zwischen diesen und den kleinsten Bruchstücken, die mit dem Auge nicht wahrgenommen werden können; sie verdienen dieselbe Verehrung und haben dieselbe Würde wie der ganze Leib."[330] In der Tradition der syrischen Kirche wurde

---

[328] *Mystagogische Katechesen,* V, 21.

[329] Origenes, *Predigt XIII über das Buch Exodus.*

[330] Denzinger, *Ritus Orientalium,* 1,96; mit Anmerkungen von Ferge Allah Elchmini im Jahr 1239.

das eucharistische Brot mit dem Feuer des Heiligen Geistes verglichen. Es herrschte ein lebendiges Bewusstsein im Glauben an die Gegenwart Christi selbst in den kleinsten Bruchstücken des eucharistischen Brotes, wie der heilige Ephräm bezeugt:

> Jesus hat das Brot mit Sich Selbst und dem Geist erfüllt und es Seinen lebendigen Leib genannt. Das, was Ich euch jetzt gegeben habe, sagt unser Herr Jesus, betrachtet nicht als Brot, zertretet nicht einmal die Bruchstücke mit Füßen! Das kleinste Stückchen dieses Brotes kann Millionen von Menschen heiligen und reicht aus, um allen, die Es essen, das Leben zu schenken.[331]

Die extreme Wachsamkeit, mit der die Kirche in den ersten Jahrhunderten darauf achtete, dass kein Partikel des eucharistischen Brotes verloren ging, war ein universelles Phänomen, wie in Rom Hippolytus (*Traditio apostolica*, 32), in Nordafrika Tertullian (*De Corona* 3,4), in Gallien Caesareus von Arles (*Sermo* 78,2), in Ägypten und Palästina Hieronymus (*In Psalmos* 147,14), in Antiochien und Konstantinopel Johannes Chrysostomus (*Ecloga quod non indigne accedendum sit ad divina mysteria*) und in Syrien der heilige Ephräm bezeugt (*Sermones in Hebdomadam Sanctam* 4,4).

Zu Zeiten, als die Kommunion nur auf die Zunge gespendet und die Kommunionpatene verwendet wurde, ordnete Papst Pius XI. die Veröffentlichung der folgenden eindringlichen Ermahnung an:

> Bei der Spendung des Allerheiligsten Altarsakraments muss mit besonderem Eifer darauf geachtet werden, dass die Par-

[331] *Sermones in Hebdomadam Sanctam* 4,4; aus dem Englischen.

tikel der konsekrierten Hostien nicht verloren gehen, denn in jedem von Ihnen ist der ganze Leib Christi enthalten. Es ist daher mit größter Sorgfalt darauf zu achten, dass Sich die Partikel nicht leicht von der Hostie lösen und auf den Boden fallen, wo Sie Sich – *horribile dictu!* – mit dem Dreck mengen und am Ende gar noch mit den Füßen zertreten werden.[332]

Es ist genau dieser Aspekt der Einheit zwischen unserer inneren Gesinnung und ihrer äußeren Manifestation, den der selige Columba Marmion in diesem inbrünstigen, an Jesus im Allerheiligsten Sakrament gerichteten Gebet so eindrucksvoll erläutert:

> Herr Jesus, aus Liebe zu uns, um uns zu Dir zu ziehen, um unsere Nahrung zu werden, verbirgst Du Deine Majestät. Aber Du wirst dadurch nichts von unserer Huldigung verlieren. Je mehr Du Deine Göttlichkeit verbirgst, desto mehr möchten wir Dich anbeten, desto mehr möchten wir uns mit tiefer Ehrfurcht und glühender Liebe zu Deinen Füßen werfen.[333]

Der heutige Ritus der Handkommunion weist aus historischer, geistlicher und symbolischer Sicht erhebliche Ungereimtheiten auf. Der aktuelle Ritus hat zum einen schlichtweg keinen historischen Vorläufer, zum anderen enthält er auch Widersprüche auf der symbolischen Ebene, die nicht der Praxis der ersten Jahrhunderte entsprechen. Z.B. wird das eucharistische Brot heute mit der linken Hand empfangen und nicht mit der rechten, wie es in der Antike üblich war.[334] Wer an der Heiligen Kommunion

---

[332] Instruktion der Heiligen Kongregation für die Sakramentenordnung vom 26.3.1929, *AAS* 21 (1929), S. 635; übertragen aus dem Englischen.

[333] *Christ in His Mysteries*, trans. by Mother M. St. Thomas, Christian Classics, Westminster, MD, 193, ch. 18, „In Mei Memoriam", 356–357.

[334] Vgl. hierzu Cyrill von Jerusalem, *Cat. Myst.* 5,21; Johannes Chrysostomus,

teilnehmen wollte, musste sich vorher die Handfläche waschen.[335] Außerdem verneigte sich der Gläubige in der Antike tief, um den Leib des Herrn direkt aus der Handfläche zu verzehren, die sozusagen als Patene oder Korporale diente, insbesondere für Frauen. So lesen wir in einer Predigt des heiligen Caesarius von Arles (470-542): „Alle Männer, die zur Kommunion gehen wollen, müssen sich die Hände waschen. Und alle Frauen müssen ein Leinentuch tragen, auf das sie den Leib Christi empfangen."[336] Die Handflächen wurden anschließend gereinigt, wie es auch heute noch bei der Kommunion des Klerus im Byzantinischen Ritus üblich ist.

In den alten Kanones der chaldäischen Kirche war es sogar dem Priester verboten, das eucharistische Brot mit den Fingern in den Mund zu führen. Stattdessen musste er den Leib des Herrn aus der Handfläche aufnehmen, indem er dieselbe direkt zum Mund führte. Als Begründung wurde angeführt, dass es sich nicht um eine gewöhnliche, sondern um eine himmlische Speise handle:

> Der Priester hat das Stück [*particella*] des gewandelten Brotes direkt aus der Handfläche aufzunehmen. Er darf es nicht mit der Hand in den Mund legen, sondern muss es direkt mit dem Mund aufnehmen, da es eine himmlische Speise ist.[337]

Im Chaldäischen und Syro-Malabarischen Ritus gibt es ein Detail, das tiefe Ehrfurcht und Feingefühl im Umgang mit dem konsekrierten Brot ausdrückt: Bevor der Priester in der eucharistischen Liturgie den Leib des Herrn mit den Fingern berührt, werden seine Hände inzensiert.

In I Cor. Hom. 25,5 sowie Theodor von Mopsuestia, *Catech. hom.* 16,27.

335 Jungmann, *Missarum Sollemnia*, 2,380, Nr. 43.

336 *Sermo* 227,5.

337 Denzinger, *Ritus Orientalium*, 1,81.

Ganz im Gegensatz zu all diesen antiken Formen nehmen die Gläubigen im heutigen Ritus den Leib des Herrn selbst in die Hand und stecken Ihn dann mit den Fingern in den Mund. Diese Geste, die der 2000-jährigen Tradition der Kirche völlig fremd ist, erzeugt stattdessen den Eindruck des „Selbernehmens“, des „Ergreifens“ und des „Anpackens einer Sache“, kurz: der Selbstkommunion. Wie Kardinal Ratzinger feststellte, unterscheidet die Tatsache, dass der Priester den Leib des Herrn selbst kommuniziert, ihn nicht nur von den Laien, sondern muss ihn zu dem Bewusstsein anspornen, dass er vor einem *mysterium tremendum* (furchterregenden Geheimnis) steht und somit in der Person Christi handelt.[338]

In der alten syrischen Kirche wurde der Ritus der Kommunionspendung mit der Läuterung des Propheten Jesaja durch einen der Seraphim verglichen (vgl. 6,6). In einer seiner Predigten lässt der heilige Ephräm Christus diese Worte sprechen:

> Die brennende Kohle heiligte die Lippen Jesajas. Ich bin es, der euch, jetzt durch das Brot zu euch gebracht, geheiligt hat. Die Zange, die der Prophet sah und mit der die Kohle vom Altar genommen wurde, war das Sinnbild von Mir im großen Sakrament. Jesaja hat Mich gesehen, genauso wie ihr Mich jetzt seht, wie Ich Meine rechte Hand ausstrecke und das lebendige Brot zu eurem Mund bringe. Die Zange ist Meine rechte Hand. Ich bin der Seraph. Die brennende Kohle ist Mein Leib. Ihr alle seid Jesaja.[339]

---

[338] Vgl. *Die Ekklesiologie des Zweiten Vatikanischen Konzils*, in: Kirche, Ökumene und Politik, Einsiedeln 1987, S. 13-27; zuvor in: OR (D) Nr. 46 vom 15.11.1986, S. 4-6; IKaZ 15 (1986), S. 41-52; Pastoralblatt für die Diözesen Aachen, Berlin, Essen, Hildesheim, Köln, Osnabrück 38 (1986), S. 130-139.

[339] *Sermones in Hebdomadam Sanctam*, 4,5.

Daraus ist zu schließen, dass in der syrischen Kirche zur Zeit des heiligen Ephräm (+373) die Heilige Kommunion direkt in den Mund gespendet wurde. Dies zeigt sich auch in der Jakobusliturgie, die sogar noch älter ist als die Chrysostomusliturgie. In der Jakobusliturgie spricht der Priester vor der Austeilung der Heiligen Kommunion an die Gläubigen dieses Gebet: „Möge der Herr uns (Priester) segnen und würdig machen, mit den reinen Zangen unserer Finger die feurige Kohle zu nehmen und auf die Zunge der Gläubigen zu legen."[340]

Aufgrund der negativen Erfahrungen in den ersten Jahrhunderten, des organischen Wachstums im theologischen Verständnis des eucharistischen Geheimnisses und der daraus resultierenden Entwicklung der Riten wurde die Handkommunion auf eine spezielle geeignete Gruppe, nämlich den Klerus, beschränkt, wie es in den östlichen Riten noch immer der Fall ist. Den Laien wurde das eucharistische Brot (in konsekrierten Wein getaucht, was man als Intinktion bezeichnet) direkt in den Mund gereicht. In den östlichen Riten wird nur das nichtkonsekrierte Brot, das sogenannte Antidoron, in die Hand gereicht.[341] Der Unterschied zwischen dem eucharistischen Brot und einfachem gesegnetem Brot ist somit klar ersichtlich.

Unzählige Beispiele aus den Ortskirchen, in denen die Handkommunion seit einiger Zeit praktiziert wird, beweisen unbestreitbar, dass diese Art der Austeilung des Leibes des Herrn dem geistlichen Leben der Kirche großen Schaden zugefügt hat. Der heutige Ritus entspricht in seinen äußeren Formen nicht der Praxis der Väterzeit, sondern erinnert an die konsumisti-

340 Bibliothek der Kirchenväter, 1. Reihe, Band V: *Griechische Liturgien*, übers. von Remigius Storf, München 1912.

341 Karl Christian Felmy, „*Customs and Practices Surrounding Holy Communion in the Eastern Orthodox Churches*", in: Charles Caspers, ed., *Bread of Heaven: Customs and Practices Surrounding Holy Communion* (Kok Pharos, Kampen 1995), S. 41-59.

sche und gegen die Sakralität gerichtete Mentalität des Jahres 1968, als diese Methode in mehreren nord- und westeuropäischen Ländern unter Missachtung der kirchlichen Normen eingeführt wurde, obwohl sie später nach massivem Druck auf Papst Paul VI. legitimiert wurde. Derselbe Papst Paul VI. und die Mehrheit des katholischen Episkopats (von denen die meisten am Zweiten Vatikanischen Konzil teilgenommen hatten) sahen den geistlichen Schaden voraus, den eine weitverbreitete Einführung dieser neuen Praxis unweigerlich verursachen würde, wie es der Heilige Stuhl 1969 in der Instruktion *Memoriale Domini* zusammenfasste:

- große Gefahr der Schändung und des Sakrilegs,
- die Nichtbeachtung der Partikel des gewandelten Brotes,
- die Tatsache, dass jeder den Leib des Herrn mit seinen eigenen Händen und Fingern nimmt, wird dazu beitragen, das eucharistische Brot mit gewöhnlichem Brot gleichzusetzen,
- Verlust des heiligen Charakters der Handlung,
- Mangel an Respekt,
- falsche Auffassungen über das Sakrament der Eucharistie,
- Schädigung des Glaubens von Kindern und einfacheren Menschen.

Im Jahr 1968 urteilten Papst Paul VI. und die Mehrheit der Bischöfe, dass die Mundkommunion die Ehrfurcht, den heiligen Charakter, die Achtung, den Glauben an die Realpräsenz und die Frömmigkeit der Gläubigen besser gewährleistet und garantiert. Das Dokument *Memoriale Domini*, das die Überlegungen des Papstes zu diesem Thema zum Ausdruck bringt, enthält diese treffende Feststellung:

> Eine Änderung nämlich in einer Sache von solcher Tragweite, die sich außerdem auf sehr alte, ehrwürdige Überlieferung stützt, berührt nicht nur die Disziplin, sondern bringt auch die Gefahr mit sich, dass aus der neuen Weise der Austeilung der Heiligen Kommunion die Ehrfurcht dem erhabenen Sakrament des Altares gegenüber verringert werden könnte oder dass zu befürchten wäre, dass Sakrilegien geschehen, oder aber, dass die rechte Lehre verfälscht wird.[342]

Die Befürchtungen Papst Pauls VI. und des größten Teils des Episkopats im Jahr 1968 waren mehr als begründet und haben sich in der heutigen Praxis der Handkommunion voll bestätigt. Dieser Ritus hat der Kirche im großen Stil erheblichen geistlichen Schaden zugefügt und tut dies leider auch weiterhin. Im eucharistischen Leben vieler Ortskirchen ist dadurch eine widersprüchliche und geistlich schmerzliche Situation entstanden. Zur Zeit der Heiligen Kommunion, die ihrem Wesen nach Ehrfurcht, Achtung, Heiligkeit, Feingefühl und höchste Wachsamkeit verlangt, erleben wir stattdessen eine verstörende Banalisierung des Allerheiligsten. Und es besteht eindeutig ein Widerspruch mit der Wachsamkeit der Kirche in Bezug auf die eucharistischen Partikel, wenn vorgeschrieben wird, dass der Bischof nach der Austeilung der Kommunion seine Hände waschen soll,[343] aber die Reinigung der Handflächen und Finger der Gläubigen, die den Herrn in der Hand empfangen haben, weder vorgeschrieben noch vorgesehen ist. Der Versuch, den Ernst der Lage herunterzuspielen, wäre unverantwortlich und käme dem Verschließen der Augen vor der Realität gleich. Schon vor mehr als 20 Jahren machte Joseph Ratzinger die fol-

---

342 *Enchiridion Vaticanum* III, Nr. 1286.

343 *Caeremoniale Episcoporum*, Nr. 166.

gende besorgniserregende Beobachtung über den Moment der Kommunion an vielen Orten: „In dem unterschiedslosen Kommunizieren steigen wir nicht mehr bis zur Größe des Kommuniongeschehens hinauf, sondern ziehen die Gabe des Herrn ins Gewöhnliche des Selbstverfügbaren, des Alltäglichen hinab."[344]

Daher besteht eine echte pastorale Dringlichkeit, die derzeitige Situation in Bezug auf die Kommunionspendung zu ändern. Angesichts der menschlichen Neigung, das Neue und Bequeme zu suchen oder dem Druck nachzugeben, sich den jeweiligen Moden anzupassen, drängt die weitverbreitete Praxis der Handkommunion die Mundkommunion zunehmend an den Rand. Für einen Gläubigen, der unter solchen Umständen weiterhin die Kommunion kniend und auf die Zunge empfängt, sind große geistliche Reife und ungewöhnlicher Mut erforderlich. Oft wird die Entscheidungsfreiheit drastisch eingeschränkt, wie die vielen Zeugnisse einzelner Gläubiger zeigen.

Angesichts der langen Tradition der Mundkommunion (die gewinnbringende Frucht einer organischen Entwicklung des Glaubens und der eucharistischen Frömmigkeit in den ersten Jahrhunderten) war die Neuerung, die Kommunion in die Hand zu reichen, für die Kirche nicht wirklich von Nutzen. Hier wurden ganz gewiss die Normen des Zweiten Vatikanischen Konzils nicht beachtet, die besagen: „[Es] sollen keine Neuerungen eingeführt werden, es sei denn, ein wirklicher und sicher zu erhoffender Nutzen der Kirche verlange es."[345] Das echte und enge Band, das die antike (patristische) Zeit mit der heutigen Kirche in dieser Frage verbindet, ist die ehrfürchtige Sorge um den Leib des Herrn, selbst in Seinen kleinsten Partikeln.[346] Die heutige

---

[344] *Das Fest des Glaubens: Versuche zur Theologie des Gottesdienstes*, Johannes-Verlag, Einsiedeln 1981, S. 131.

[345] *Sacrosanctum Concilium*, Nr. 23.

[346] Vgl. Most Rev. Juan Rodolfo Laise, *Holy Communion: Communion in the*

Praxis der Handkommunion, die fast als eine Art Zwangserpressung infolge des Missbrauchs legitimiert wurde,[347] steht in krassem Gegensatz zu der organischen Entwicklung, die gegen Ende der Väterzeit zur Praxis der Mundkommunion und später des Kommunionempfangs im Knien geführt hat.

Die Wiederbelebung der Praxis, den Leib des Herrn kniend und auf die Zunge zu empfangen, wäre ein sichtbares und eindrucksvolles Zeugnis für den Glauben der Kirche heute. Sie könnte auch dazu beitragen, die moderne Kultur zu heilen und zu erziehen, für die das Knien und die geistliche Kindheit völlig fremde Konzepte sind. Für eine Kultur, die sich vom Glauben entfernt hat und den Einen, vor dem sie knien muss, nicht mehr kennt, ist die liturgische Geste des Kniens „die richtige, ja die an sich notwendige Geste", wie Kardinal Ratzinger bemerkte.[348] Papst Johannes Paul II. unterstrich, dass die Kirche heute angesichts der sakralitätsfeindlichen Kultur der modernen Zeit eine besondere Verpflichtung hinsichtlich der Heiligkeit der Eucharistie hat.

> Daran muss immer wieder erinnert werden, vielleicht gerade in unserer Zeit, in der wir die Tendenz sehen, die Unterscheidung zwischen „heilig" und „profan" aufzuheben, ihrerseits ein Ausfluss der weitverbreiteten Tendenz – zumindest mancherorts –, alles zu entsakralisieren. Angesichts dieser Tatsache hat die Kirche eine besondere Pflicht, die Heiligkeit der Eucharistie zu bewahren und zu bekräftigen. In unserer

---

Hand; Spiritual Communion and the State of Grace, 5. Aufl., Preserving Christian Publications, Boonville, NY 2020, S. 48–50.

347 Erpressung deswegen, weil die Handkommunion zuerst missbräuchlich eingeführt wurde, als sie gänzlich verboten war, und dann Bischöfe, die den Missbrauch geduldet oder gebilligt hatten, Druck auf Papst Paul VI. zur Legitimierung der Handkommunion ausübten.

348 *Der Geist der Liturgie*, 4. Teil, Kap. 2, S. 166, wie oben.

> pluralistischen und oft bewusst verweltlichten Gesellschaft sorgt der lebendige Glaube der christlichen Gemeinschaft – ein Glaube, der sich seiner Rechte gegenüber denjenigen, die diesen Glauben nicht teilen, stets bewusst ist – für die Achtung dieser Heiligkeit.[349]

Die Art und Weise, wie das eucharistische Brot gehandhabt wird, ist von großer pädagogischer Bedeutung. Der Ritus muss ein treues Zeugnis für den Glauben der Kirche sein; ja, der Ritus muss der Pädagoge im Dienst des Glaubens (d.h. des Dogmas) sein. Der heilige John Henry Newman lehrte in dieser Hinsicht:

> Zu glauben und nicht zu verehren, vertraut und ungezwungen anzubeten, ist eine Anomalie und etwas Wunderliches, das sogar falschen Religionen unbekannt ist, ganz zu schweigen von wahren Religionen. [...] Anbetung, Formen der Anbetung – wie das Knie beugen, Schuhe ausziehen, Schweigen, eine vorgeschriebene Kleidung und dergleichen – gelten als notwendig, um sich Gott in gebührender Weise zu nähern.[350]

Der heilige Johannes Chrysostomus tadelte Priester und Diakone, welche die Heilige Kommunion nur gemäß dem menschlichen Ehrgefühl und ohne die dem Herrenleib eigene, nötige Sorgfalt austeilten, mit diesen Worten:

> Wenn jemand aus Unwissenheit kommt, um zu kommunizieren, verbiete es ihm, fürchte dich nicht. Fürchte Gott, nicht den Menschen. Wenn du die Menschen fürchtest, wirst du

---

[349] Apostolisches Schreiben *Dominicae Cenae*, Nr. 8; aus dem Englischen.

[350] *Parochial and Plain Sermons*, VIII, Sermon 1: „Reverence in Worship", S. 1559; übersetzt aus dem Englischen.

> sogar von ihnen verhöhnt werden, aber wenn du Gott fürchtest, wirst du für die Menschen ein Gegenstand der Achtung sein. Wenn du es jedoch selbst nicht wagst, den Unwürdigen von der Kommunion zurückzuweisen, so bring ihn zu mir; ich werde nicht zulassen, dass irgendjemand es wagt, solche Dinge zu tun. Ich würde lieber mein Leben hingeben, als das Blut des Herrn Unwürdigen zu spenden; und ich würde eher mein eigenes Blut vergießen, als das Blut des Herrn Unwürdigen zu spenden, entgegen dem, was gerecht ist.[351]

Der heilige Franziskus von Assisi ermahnte die Kleriker und forderte sie auf, bei der Austeilung der Heiligen Kommunion besonders wachsam und ehrfürchtig zu sein. Er sagte ihnen:

> [Es gibt viele], welche die [Eucharistie] auf unkluge Weise verteilen […] Bewegen uns nicht alle diese Entweihungen zum Mitleid, wenn wir denken, dass der Herr Selbst, der so gut ist, Sich unseren Händen ausliefert und wir Ihn täglich halten und mit unserem Mund empfangen? Haben wir vielleicht vergessen, dass wir eines Tages in Seine Hände fallen werden?[352]

Wir sollten auch nicht die stets aktuelle Warnung des Römischen Katechismus vergessen, der die Lehre des Apostels Paulus in 1 Kor 11,27–30 unterstreicht:

> Ebenso wie es unter allen heiligen Geheimnissen, die uns unser Herr und Erlöser als die sichersten Werkzeuge der göttlichen Gnade übergeben hat, keines gibt, das mit dem Allerheiligsten Sakrament des Altares verglichen werden

[351] *Predigt 82 über das Matthäusevangelium* (hier über Mt 26,35).

[352] *Franziskus-Quellen*, S. 122 („Der Brief an die Kleriker“).

> könnte, ist auch von Gott keine schwerere Bestrafung irgendeines Verbrechens zu befürchten als für jenes, dass von den Gläubigen eine mit aller Heiligkeit erfüllte Sache, oder vielmehr eine Sache, welche den Urheber und die Quelle der Heiligkeit selbst enthält, in unheiliger oder ehrfurchtsloser Weise behandelt werden würde.[353]

Die Ostkirchen haben auch in der Neuzeit und bis in unsere Zeit eine innere und äußere Haltung der größtmöglichen Ehrfurcht bewahrt. In seinen Betrachtungen über die Göttliche Liturgie beschreibt Nikolai Gogol den Moment des Empfangs der Heiligen Kommunion in dieser Weise:

> Brennend vor Sehnsucht nach Gott, brennend vom Feuer heiliger Liebe zu Ihm, mit in Kreuzesform über die Brust gelegten Händen, nähern sich die Kommunikanten einer nach dem anderen und wiederholen mit gesenktem Haupt dieses Glaubensbekenntnis zum Gekreuzigten [...] Nach diesem Bekenntnis geht ein jeder nicht zum Priester, sondern zu den feurigen Seraphim und bereitet sich mit offenem Mund darauf vor, vom heiligen Löffel die feurige Kohle des Leibes und Blutes des Herrn zu empfangen.

Ein Heiliger der russisch-orthodoxen Kirche aus der Zeit der Moderne, der Priester Johannes von Kronstadt (+1908), beschrieb den Moment der Heiligen Kommunion in seiner geistlichen und äußerlichen Dimension wie folgt:

[353] *Römischer Katechismus nach den Beschlüssen des Konzils von* Trient, hrsg. von Carl Pleuger 1853. Teil II, Abs. 4, I: Warum die Geheimnisse des Altarsakraments mit größter Ehrfurcht behandelt und empfangen werden müssen (hier S. 224).

> Was würde geschehen, wenn Du, mein Herr und Gott Jesus Christus, das Licht Deiner Göttlichkeit aus Deinem Allerheiligsten Sakrament erstrahlen ließest, in dem Augenblick wenn der Priester es in seinen Händen zu einem Kranken trägt? Vor diesem Licht würden sich alle, die ihm begegneten oder es sehen, spontan auf den Boden werfen, da die Engel vor diesem Sakrament ihr Gesicht verhüllen. Aber wie viele behandeln dieses himmlische Sakrament gleichgültig![354]

Die heutige Praxis der Kommunionspendung in die Hand unterscheidet sich wesentlich von der Praxis der ersten Jahrhunderte; sie ist unnatürlich, hat sich nicht organisch entwickelt und wurde ursprünglich ohne die Erlaubnis der zuständigen Autorität der Kirche eingeführt. Vor dem Hintergrund der Zeugnisse der Alten Kirche und aller heutigen Ostkirchen, in denen die Kommunion von erhabenen Zeremonien und Zeichen unserer Anbetung umgeben ist, erscheint die heutige Praxis der Kommunion im Stehen und in die Hand banal und gewöhnlich. Sie ähnelt viel eher der Verteilung von Keksen an Menschen, die Schlange stehen, und erzeugt so eine Atmosphäre profaner Geselligkeit.

Diese neuartige Praxis steht in krassem Gegensatz zu dem Geist und der liturgischen Ordnung, die sich über zwei Jahrtausende des Christentums erstrecken. Die Hostie mit den Fingern aus der Handfläche zu nehmen und sich selbst in den Mund zu führen, unterscheidet sich kaum von gewöhnlichem Essen. Wie die moderne westliche Kultur zeigt, wird dem gewöhnlichen Essen nicht viel Beachtung geschenkt. Die Menschen essen mit den Fingern ohne besondere Sorgfalt, z.B. wenn sie belegte Brötchen, Kekse oder Chips essen, während sie sich mit einer anderen Person unterhalten oder fernsehen. Welch ein Man-

[354] *Swjatoj prawednyi Ioann Kronshtadskij, Moya zisnj wo Christje,* Moskau 2006, S. 248 (Nr. 444).

gel an Klugheit und Weisheit, ganz zu schweigen von religiöser Ehrerbietung, wenn Kinder dazu erzogen werden, das Allerheiligste direkt in die Hand zu nehmen und das konsekrierte Brot obendrein noch selbst in den Mund zu führen! Die erste und nachhaltige Wirkung eines heiligen und liturgischen Ritus, so Romano Guardini, ist folgende: „Die erste, immer wieder zu erfahrende Wirkung des Liturgischen ist: Es löst vom Täglichen ab und befreit."[355]

In der katholischen Kirche wurde die Handkommunion in einigen Gemeinden der Niederlande illegalerweise eingeführt, die hier eine protestantische Praxis nachahmten. Diese basierte ihrerseits auf einem falschen Antiquarismus, der eine angebliche Praxis der frühen Kirche idealisierte. Dies bedeutete, die Wahrheit über die Entwicklung der eucharistischen Lehre und Praxis in immer eindeutigere und klarere Formen zu vergessen oder gar zu leugnen. So entspricht das Abendmahl im Stehen und in der Hand als solches nicht dem Geist und der Praxis der Alten Kirche, sondern dem Geist und der Praxis der protestantischen reformatorischen Gemeinden, insbesondere im calvinistischen Milieu, wie die einschlägigen historischen Dokumente zeigen. In den lutherischen Gemeinden wurde die Heilige Kommunion noch in den Mund und auf den Knien empfangen, da Luther die Realpräsenz nicht leugnete. Im Gegensatz dazu führten Zwingli, Calvin und ihre Nachfolger, welche die Realpräsenz leugneten, das Abendmahl im Stehen und mit der Hand ein. Im 16. Jahrhundert war „das Stehen und Hintreten zum Abendmahl" gang und gäbe.[356] Eine ähnliche Praxis war in den calvinistischen Gemeinden in Genf zu beobachten: „Es war üblich, sich beim Empfang des Abendmahls

---

[355] *Vorschule des Betens*, Benziger, Einsiedeln 1943, S. 260.

[356] Vgl. J. R. Luth, „Communion in the Churches of the Dutch Reformation to the Present Day," in: Caspers, *Bread of Heaven*, S. 101.

zu bewegen und zu stehen. Die Leute standen vor dem Tisch und empfingen die Gestalten mit ihren eigenen Händen." Auf mehreren Synoden der calvinistischen Bewegung im Holland des 16. und 17. Jahrhunderts wurde der Empfang des Abendmahls auf den Knien offiziell verboten: „In den ersten Zeiten knieten die Menschen während des Gebets und empfingen die Kommunion auch kniend, aber mehrere Synoden haben das verboten, um jeden Anschein zu vermeiden, dass das Brot angebetet werden könnte."[357]

Würde es nicht mehr der Wahrheit der göttlichen Wirklichkeit des geweihten Brotes entsprechen, wenn die Gläubigen heute bei Seinem Empfang auf die Knie zu Boden fielen und den Mund öffneten wie der Prophet, der das Wort Gottes empfing (vgl. Ezechiel 2), und sich nähren ließen wie ein Kind? Diese Haltung haben Generationen von Katholiken in allen Teilkirchen während des zweiten Jahrtausends an den Tag gelegt. Eine solche Geste wäre auch ein eindrucksvolles und zeichenhaftes Bekenntnis zum Glauben an die Realpräsenz Gottes in der Mitte der Gläubigen. Wenn ein Ungläubiger Zeuge eines solchen Aktes der Anbetung und geistlichen Kindschaft wäre, würde vielleicht auch er „niederfallend auf sein Angesicht Gott anbeten und verkündigen, dass Gott wahrhaft unter uns ist" (1 Kor 14,24-25). So sollten unsere Begegnungen mit dem eucharistischen Christus im erhabenen und heiligen Augenblick der Kommunion aussehen!

Die wahre Erneuerung der Kirche muss mit dem Wesentlichen beginnen und nicht mit sekundären Gegebenheiten. Die wahre Reform muss daher im Herzen der Kirche beginnen. *Was ist denn das Herz der Kirche, wenn nicht der eucharistische Herr in der Heiligen Kommunion?* Die Art und Weise, wie wir

[357] Ibid., S. 108.

die Heilige Hostie behandeln, in der die göttliche Majestät des Herrn verborgen ist, kann ganz gewiss nicht als ein zweitrangiger Aspekt im Leben der Kirche betrachtet werden.

Der heilige Peter Julian Eymard hat uns die folgenden hervorragenden Überlegungen über die geistliche Bedeutung der Heiligen Kommunion hinterlassen:

> Das Allerheiligste Altarsakrament ist nach dem Konzil von Trient ein göttliches Gegengift, das uns von gewöhnlichen Fehlern befreit und uns vor der Todsünde bewahrt. Sie ist ein Feuer, das in einem Augenblick die Spreu unserer geistlichen Unvollkommenheiten verzehrt. [...] Die Heilige Beichte reinigt uns von der Sünde, doch auch wenn wir gereinigt sind, bleiben die Spuren unserer Fesseln und unsere Neigung, wieder zu fallen. Der Feind ist zwar vertrieben, aber er hat immer noch seine Handlanger innerhalb der Mauern. Jesus kommt also zu uns, um die Spuren unserer Sünden zu vernichten, um unseren bösen Neigungen entgegenzuwirken und um zu verhindern, dass der Teufel seine Macht über uns wiederherstellen kann.
>
> Die Heilige Kommunion ist mehr als ein Heilmittel; sie ist eine Kraft, die uns mächtig darin beisteht, das Gute, die Tugend und die Heiligkeit zu erlangen. Es ist gewiss nicht leicht, eine christliche Tugend zu erwerben; bedeutet dies doch, sich eine Eigenschaft Jesu anzueignen. Die Kommunion ist also eine göttliche Unterweisung, eine Angleichung unserer Wege an die Wege Jesu. Jetzt, in der Heiligen Kommunion, formt Jesus Selbst Sein Abbild in uns. Er wird unser eigener Lehrer. Durch die Eingebungen Seiner Liebe erweckt Er die Dankbarkeit, die wir Ihm als unserem Wohltäter schulden, erweckt Er den Wunsch, Ihm ähnlich zu werden, d.h. einen Vorgeschmack auf jene Seligkeit, die

darin liegt, Ihn nachzuahmen und unser Leben aus Seinem zu schöpfen.

Wie verlockend wird die Tugendübung durch die Kommunion! Wie leicht fällt uns die Demut, wenn wir gesehen haben, wie der Gott der Herrlichkeit Sich derart erniedrigt hat, um zu einem so armen Herzen, einem so unwissenden Verstand und einem so elenden Leib zu kommen! Wie leicht fällt uns die Liebenswürdigkeit, wenn wir von der liebenden Güte Jesu bewegt werden, der Sich uns in der Güte Seines Herzens hingibt! Wie schön ist unser lieber Nächster in unseren Augen, wenn wir ihn an demselben göttlichen Festmahl sitzen sehen, gespeist mit demselben Brot des Lebens, so freigiebig geliebt von Jesus Christus! Wie süß werden Buße, Selbstkasteiung und Opfer, wenn wir den gekreuzigten Jesus empfangen haben! Und mit welcher Dringlichkeit empfinden wir das Bedürfnis, das Leben Dessen zu umfangen, der uns gerettet hat, Dessen, der uns die Heilige Eucharistie geschenkt hat!

Der Christ wird im Abendmahlssaal viel schneller geformt als in jeder anderen Schule. Denn in der Kommunion wirken alle Gnaden auf einmal; unter dem mächtigen Einfluss dieser göttlichen Sonne, die in uns ist und uns mit ihrem Licht und ihrem Feuer durchdringt, spiegeln sich alle Tugenden des Erlösers in unserem Wesen. Die Kommunion ist in der Tat der göttliche Stempel, den Jesus in unserer Seele und in unserem Körper hinterlässt. Hört die Worte Jesu: „Wer Mein Fleisch isst und Mein Blut trinkt, bleibt in Mir und Ich in ihm“ (Joh 6,57). So lebt Jesus im Kommunikanten und der Kommunikant in Jesus. Es ist eine Verbindung zweier Leben, eine unaussprechliche Vereinigung der Liebe, ein und dasselbe Leben in zwei Personen.

Außerdem ist die Heilige Kommunion die Glückseligkeit

selbst. Was ist Glückseligkeit, wenn nicht der Besitz eines unendlichen Gutes, der wirkliche und dauerhafte Besitz Gottes? Nun, das ist die göttliche Frucht der Kommunion.

Die Heilige Kommunion bedeutet auch Frieden. Jesus ist der Gott des Friedens. [...] Mit einem Wort besänftigt Jesus den Sturm; mit einem Blick zerstreut Er unsere Feinde und bringt sie zu Fall.

Die Heilige Kommunion wiederum ist Süßigkeit. Sie ist das wahre Manna, das all unsere Sehnsüchte stillt, weil sie alle Süßigkeit in Sich birgt. [...] Die demütige und besonnene Seele spürt in ihrer Tiefe ein gewisses freudiges Beben, das durch die Gegenwart Jesu Christi hervorgerufen wird; sie fühlt, wie sie sich unter der Wärme dieser Sonne der Liebe entfaltet; sie erfährt Wohlbefinden, Wachheit, Süßigkeit, eine Kraft der Vereinigung, der Gebundenheit an Gott, die nicht von ihr selbst kommt. Sie ist sich Jesu in ihrem ganzen Sein bewusst und betrachtet sich als ein von Gott bewohntes Paradies, in dem sie wie in einem zweiten himmlischen Hof alle Lobgesänge, Danksagungen und Lobpreisungen wiederholen kann, welche die Engel und Heiligen Gott in Herrlichkeit singen.

O glücklicher Augenblick der Kommunion, der uns unser Exil und dessen Elend vergessen lässt! O süße Ruhe der Seele am Herzen Jesu Selbst! Dieser gute Meister weiß sehr gut, dass wir ab und zu die Süße der Liebe kosten müssen! Man kann nicht immer auf dem Kalvarienberg des Leidens verweilen noch mitten im Kampf. Das Kind braucht den Schoß der Mutter, der Christ das Herz Jesu. [...] Denn die Glückseligkeit bringt die Liebe hervor; wir lieben nur das, was uns diese Glückseligkeit schenkt.

Suche also nicht weiter! Der Erlöser hat dieses göttliche Glück weder in die verschiedenen Tugenden noch in Seine anderen Geheimnisse gelegt, sondern allein in Sich Selbst. Um Seine Freude in vollen Zügen zu genießen, müssen wir Ihn als unsere Nahrung annehmen. „Kostet und seht, wie gut der Herr ist!" (Ps 33,9), sagte der Prophet. Und unser Herr Selbst hat verkündet: „Wer Mein Fleisch isst und Mein Blut trinkt, der hat das ewige Leben" (Joh 6,55). [...] So sind die Tugenden des Erlösers, die verschiedenen Geheimnisse Seines Lebens und sogar Sein Leiden nur eine Vielzahl von Wegen, deren Ziel allesamt der eucharistische Speisetisch ist. Nur dort hat Jesus Sich eine bleibende Wohnung auf Erden geschaffen. Dort müssen wir verweilen, dort leben und dort sterben.[358]

Auch in unserer Zeit hat uns der Herr viele Beispiele kleiner eucharistischer Heiliger geschenkt. Zu ihnen gehört Manuel Foderà, ein sizilianisches Kind aus Calatafimi (2001-2010), das im Ruf der Heiligkeit gestorben ist und über dessen Leben auf vielen Seiten des Internets berichtet wird.[359]

Es war der Tag seiner Erstkommunion. Manuel war erst sechs Jahre alt, aber aufgrund seines besorgniserregenden Gesundheitszustandes und seines unbändigen Wunsches, den Leib Christi zu empfangen, hatte der kleine Junge vom Bischof die Erlaubnis erhalten, das Sakrament der Eucharistie frühzeitig zu empfangen; der Kaplan, Pater Mario, würde es ihm in der kleinen Krankenhauskapelle spenden.

Der langersehnte Tag stand jedoch unter keinem guten Stern. Als er aufwachte, wurde das Kind von derart starken Schmerzen im Bein heimgesucht, dass es nicht aus dem

358 *How to Get More Out of Holy Communion*, S. 11-14.

359 Die nachfolgenden Texte stammen von www.soncinoparrocchie.it/uncategorized/manuel-il-bambino-che-parlava-con-gesu-eucarestia/ und wurden aus der englischen Übersetzung ins Deutsche weiterübertragen.

Bett aufstehen konnte und befürchten musste, nicht in die Kapelle gehen zu können. Gegen Mittag verschwanden die Schmerzen jedoch wider Erwarten. Manuel erklärte: „Die Muttergottes hat gesagt: ‚Manuel kann Jesus nicht hinkend empfangen.' Und so hat sie mich wunderbar gesund gemacht. Danke, Mutter und Herrin meines Herzens!"

Als er zum ersten Mal die Eucharistie empfing, begannen seine regelmäßigen Gespräche mit Jesus: Jedesmal, wenn das Kind den Leib Christi empfing, verfiel es in tiefe Kontemplation. Wenn Manuel in der Kirche war, legte er sich auf den Teppich am Fuß des Altars. Wenn er wegen seiner Behandlung oder seiner Schmerzen bettlägerig war, bedeckte er sich bis zum Gesicht mit dem Laken. Wenn es wieder hervorkam, berichtete das Kind seiner Mutter oder seinen beiden geistlichen Begleitern, Hw. Ignazio Vazzana und dem Bruder Joseph vom Karmel, mit äußerster Zurückhaltung von seinen Gesprächen mit Jesus, die später immer häufiger wurden und ein beeindruckendes Ausmaß erreichten. Es ist schwer zu begreifen oder gar zu glauben, dass dies bei einem so kleinen Kind möglich ist. Und doch hat es stattgefunden.

An einem Morgen im August, gleich nach der Kommunion, hatte Manuel gerade die Heilige Hostie empfangen. […] Nach seiner Danksagung sagte er zu seiner Mutter: „Bei der Kommunion hat Jesus mir einen schönen Satz gesagt: ‚Dein Herz gehört nicht dir, sondern Mir, und Ich lebe in dir.'" Dann fügte er hinzu: „Ich habe das nicht richtig verstanden, kannst du es mir vielleicht erklären?" Seine Mutter wusste nicht, was sie antworten sollte; in ihrem Kopf schwirrten 1000 Fragen herum. Was war mit ihrem Sohn geschehen? In diesem Moment konnte sie nur den erhellenden Ausspruch des heiligen Paulus wiederholen: „Nicht mehr ich lebe, sondern Christus lebt in mir" (Gal 2,20).

Das Bedürfnis, mit Jesus zusammenzusein, wurde so übermächtig, dass Manuel den Bischof von Trapani anflehte: „Herr Bischof, ich möchte Jesus unbedingt in meinem Haus haben! Auf diese Weise kann ich Ihn anbeten, wann immer ich will! Keine Sorge, wir haben Platz für den Tabernakel!" Trotz seines Drängens konnte seinem Wunsch nicht entsprochen werden, aber Manuel fand Trost in der großen Freude, in der Kapelle der Diözesankurie in seiner Erstkommunionkutte in der Heiligen Messe dienen zu können. Einige Zeit später äußerte er eine leidenschaftliche Bitte: „Herr Bischof, können Sie bitte Ihren Priestern etwas sagen? Sie müssen sich alle an fünf Minuten Stille [nach der Kommunion] gewöhnen, damit sie im Herzen mit Jesus sprechen und ihm zuhören können! Denken Sie an die letzte Person, welche die Kommunion empfängt – sie hat nicht einmal Zeit, Jesus Hallo zu sagen!"

In einem Brief (der kleine Junge hatte das Bedürfnis, einem jedem zu schreiben, sei er ein Freund oder auch nicht – das tat er mit der Weisheit eines Theologen und der Autorität eines Dieners Gottes) erklärte er: „Jesus ist in der Eucharistie gegenwärtig. Er lässt sich in der Heiligen Kommunion sehen und spüren. Glaubt ihr das nicht? Versucht, euch zu konzentrieren, ohne euch ablenken zu lassen. Schließt die Augen, betet und sprecht, denn Jesus wird euch zuhören und zu eurem Herzen sprechen. Öffnet eure Augen nicht sofort, denn dann wird diese Kommunikation unterbrochen und kehrt nicht wieder zurück. Lernt zu schweigen und etwas Wunderbares wird geschehen, eine regelrechte Explosion der Gnade!"

Ignazio Vazzana, Manuels geistlicher Vater, berichtete: „Nach der Kommunion brach er in Tränen aus und vertraute seiner Mutter und dann mir an, was Jesus ihm gesagt hatte.

Wir fragten ihn, was ihm fehle, da er weinte, und er erzählte uns, dass Jesus ihm ein besonderes Geschenk gemacht habe und er vor Freude weine. Jesus hatte ihm zwei Dornen aus seiner Krone gegeben, die er nun auf seinem Kopf hatte. Ich war schockiert, als ich das hörte, denn diese Korrelation ist menschlich unerklärlich. Zwei Vorgänge fielen zeitlich zusammen: Die beiden Geschwulste auf seinem Kopf und die beiden Dornen aus der Krone Jesu, die ihm auf den Kopf gegeben worden waren."

Doch trotz der großen Schmerzen und Leiden hörten seine Freunde ihn kaum klagen. Er wiederholte allen gegenüber, dass es ihm gut ging, und selbst in den schlimmsten Situationen fand er immer einen Grund, sich zu bedanken. Das Kind strahlte Freude, Hoffnung, Lob und Liebe zum Leben aus, er kämpfte mit einem Lächeln. Doch er war am Kreuz. Die letzten Tage kamen, man kann sagen seine Agonie. Sein Hämoglobinwert sank auf einen neuen Tiefstand. Die Ärzte stoppten sogar die Transfusionen: Das war das Zeichen totaler Kapitulation. Dennoch schlug das Herz des Kriegers zum Verblüffen der Ärzte vier Tage lang weiter. Seine Mutter verstand sofort: „Manuel, du hast wieder einen Pakt mit Jesus geschlossen, nicht wahr?" Der kleine Junge nickte Ja. Offensichtlich opferte er das letzte bisschen Leben, das ihm geschenkt war, für jemanden, dessen Namen niemand jemals erfahren wird. Er regelte alle Einzelheiten mit seiner Mutter. An jenem Tag [seines Todes] würde er seine Erstkommunionkutte tragen und anstelle eines Kissens sollte sein Kopf auf der Bibel ruhen, in der die Stelle aus Jeremia aufgeschlagen ist, wo es heißt: „Heile mich, Herr!, so werde ich geheilt werden; hilf mir, so wird mir geholfen sein; denn Du bist mein Lobpreis" (Jer 17,14). Er sagte seiner Mama auch, sie solle nicht weinen, oder besser gesagt, niemand solle sich in Weinen und Schreien verlieren, sondern alle sollten sich im Gebet versammeln, damit seine Beerdigung das große Fest widerspiegele, das er im Himmel feiern würde – jenem Himmel, der uns auf Erden offener ist, als wir es uns vorstellen können. Am 20. Juli 2010 feierte Manuel das erste Mal seinen himmlischen Geburtstag.

Zusammenfassung: Die Zentralität Gottes

Wenn es irgendetwas auf der Welt gibt, das von seinem Wesen her Theozentrik, d.h. die Zentralität Gottes, zum Ausdruck bringen muss, dann ist es die Heilige Messe. Kardinal Ratzinger erinnerte an diese Tatsache mit den folgenden Worten:

> Wenn die Liturgie in erster Linie als Spielkiste für unser Herumhantieren erscheint, dann gerät das Wesentliche völlig in Vergessenheit: Gott. Denn in der Liturgie geht es nicht um uns, sondern um Gott. Gott zu vergessen, ist die größte Gefahr unserer Zeit. Dagegen sollte die Liturgie ein Zeichen der Gegenwart Gottes setzen. Doch was geschieht, wenn die Gewohnheit, Gott zu vergessen, in der Liturgie selbst Einzug hält und wir in der Liturgie nur an uns denken? Bei jeder liturgischen Reform und bei jeder liturgischen Feier muss zuallererst der Primat Gottes berücksichtigt werden.[360]

In einem Vorwort aus dem Jahr 2015 für die russische Ausgabe seines Buches *Der Geist der Liturgie* betonte der emeritierte Papst Benedikt XVI. noch eindringlicher die Notwendigkeit, nicht nur den Gottesdienst an die erste Stelle zu setzen, sondern Gott Selbst den zentralen Platz in der Liturgie einzuräumen, da die echte Erneuerung der Kirche davon abhänge. Er schrieb:

> Im Bewusstsein der Menschen von heute erscheinen die Belange Gottes und damit die Liturgie überhaupt nicht dringend. Es gibt eine Dringlichkeit für alles Erdenkliche

---

[360] Vorwort zu Alcuin Reid, *The Organic Development of the Liturgy*, 2. Aufl., Ignatius Press, San Francisco 2005, S. 13; aus dem Englischen übersetzt.

– aber die Belange Gottes scheinen nie dringend zu sein. Nun könnte man sagen, das klösterliche Leben sei jedenfalls etwas anderes als das Leben der Menschen in der Welt, und das ist sicherlich richtig. Und doch gilt der Primat Gottes, den wir vergessen haben, für alle. Wenn Gott nicht mehr wichtig ist, wechseln wir die Kriterien zur Unterscheidung von Wichtigem und Unwichtigem aus. Indem er Gott beiseite lässt, unterwirft sich der Mensch Zwängen, die ihn zum Sklaven materieller Kräfte machen und damit seiner Würde entgegenstehen. In den Jahren nach dem Zweiten Vatikanischen Konzil ist mir der Primat Gottes und der heiligen Liturgie erneut bewusst geworden. Das in der katholischen Kirche weit verbreitete Missverständnis der Liturgiereform führte dazu, dass der Aspekt der Belehrung und des eigenen Handelns und Schaffens immer mehr in den Vordergrund rückte. Das Handeln der Menschen führte dazu, dass die Gegenwart Gottes fast vergessen wurde. In einer solchen Situation wurde immer deutlicher, dass die Existenz der Kirche von der eigentlichen Feier der Liturgie lebt und dass die Kirche in Gefahr ist, wenn der Primat Gottes nicht mehr in der Liturgie und damit im Leben erscheint. Die tiefste Ursache der Krise, die die Kirche erschüttert hat, liegt in der Verschleierung des Primats Gottes in der Liturgie. All dies veranlasste mich, mich intensiver als bisher der Liturgie zu widmen, weil ich wusste, dass die wahre Erneuerung der Liturgie eine Grundvoraussetzung für die Erneuerung der Kirche ist.[361]

[361] Abgefasst am 21.3.2015, dem Fest des heiligen Benedikt, in der Vatikann stadt. Das gesamte Vorwort ist in italienischer Sprache am 3.10.2017 in der Zeitung *La Stampa* erschienen, und wurde hier aus einer englischen Fassung übertragen.

Die traditionelle Liturgie, d.h. der *usus antiquior* des Römischen Ritus, verkündet selbst in ihren kleinsten Details auffallend die Tatsache, dass Gott im Zentrum steht, besser: dass Er das Zentrum ist. Im *Novus Ordo* ist die Zentralität Gottes nicht so deutlich sichtbar und wird durch verschiedene vage und anthropozentrische Elemente im Ritus verdunkelt. Würden die Kirchenväter eine Zeitreise ins Hier und Heute unternehmen, würden sie sich zweifellos in der überlieferten Liturgie wohler fühlen. Denn sie waren auf unvergleichliche Weise von einem Sinn für das Mysterium, die Stille und die Ehrfurcht durchdrungen. Was der heilige John Henry Newman über die anglikanische Liturgie seiner Zeit schrieb, ließe sich auch auf die Situation des liturgischen Lebens in den meisten katholischen Kirchen anwenden, in denen heute der *Novus Ordo* gefeiert wird:

> Erwachte der heilige Athanasius oder der heilige Ambrosius plötzlich zum Leben, so kann nicht bezweifelt werden, welche Gemeinde er für seine eigene halten würde. Alle werden sicherlich zustimmen, dass sich diese Väter, mit welchen eigenen Meinungen auch immer, mit welchen Protesten, wenn wir so wollen, bei Männern wie dem heiligen Bernhard oder dem heiligen Ignatius Loyola oder bei dem einsamen Priester in seiner Wohnung, oder bei den Barmherzigen Schwestern oder bei der ungebildeten Menge vor dem Altar mehr zuhause fühlen würden, als mit den Lehrern oder mit den Mitgliedern irgendeines anderen Glaubens. Und dürfen wir nicht hinzufügen, dass dies dieselben Heiligen waren, die einst, einer im Exil, einer in der Mission in Trier weilten, um noch weiter nördlich [nach England] zu kommen und zu reisen, bis sie eine andere schöne Stadt erreichten, die zwischen Hainen, grünen Wiesen und ruhigen Bächen lag. Diese heiligen Brüder würden sich von vielen hohen Gängen

und feierlichen Kreuzgängen [einer anglikanischen Kirche] abwenden, die sie dort vorfänden, und würden nach dem Weg zu einer kleinen Kapelle fragen, wo in einer bevölkerten Gasse oder in einem verlassenen Vorort die Messe gelesen würde.[362]

In seinem Buch *Mitre and Crook* lässt Hw. Bryan Houghton den Protagonisten des Romans, den fiktiven Bischof Edmund Forester, bestürzt über das nach dem II. Vaticanum entstandene Chaos, folgende treffende Feststellung aussprechen:

> Von der Anbetung Gottes ist keine Rede mehr. Im besten Fall beten wir die Menschlichkeit an, im schlimmsten Fall uns selbst. Man sieht es an unseren Gebäuden. Es gibt Kirchen, die für das *Kyrie* gebaut wurden, wie die strengen Zisterzienserklöster. Es gibt solche, die für das *Gloria* gebaut wurden, wie die großen Kathedralen und die Gotteshäuser des Hochbarock. Manche sind für beides gebaut, wie die Kirchen der Spätromanik und der frühen Renaissance. Heute sind sie weder für das eine noch für das andere gebaut: Sie sind zu „Häusern der Begegnung" und „des Dialogs" geworden, in denen das heilige Mikrofon die einzige Zierde ist. […]
>
> Vielleicht würde ich eine neue Form der Heiligen Messe in Erwägung ziehen, wenn sie Gott noch mehr verherrlichen und noch höher erheben würde; wenn sie den Menschen in der Hochschätzung seines eigenen Herzens noch weiter zurückstufen würde; wenn die Geheimnisse wundersamer und die Lehren noch strahlender erscheinen würden; wenn die Sprache edler und die Bilder großartiger wären. Aber seht,

[362] *An Essay on the Development of Christian Doctrine* (James Toovey, London 1846), Kap. III, Abs. 1, S. 138; eigene Übertragung.

was uns gegeben wurde: die Erhöhung des Menschen und die Erniedrigung Gottes; die Beseitigung des Geheimnisses und die Zweideutigkeit der Lehre; die plattesten Bilder in Form eines Kauderwelsch! […]

Wie dem auch sei, es ist jedenfalls wunderbar, dass du die Messe wiederentdeckt hast. Ich bin sicher, dass genau darin die Erklärung liegt, warum die Göttliche Vorsehung Ihr In-den-Hintergrund-Treten zugelassen hat. Wir hielten von allen Dingen, die man sich nur vorstellen kann, das Gewaltigste für selbstverständlich: die Messe, in der die Ewigkeit die Zeit berührt, das Unendliche umgrenzt wird, der Allmächtige machtlos ist. Ja, wir haben es gewagt, sie für selbstverständlich zu halten. Also hat Er sie durch die Autorität Seines Stellvertreters [des Papstes], Seiner Bischöfe und Seiner Priester versteckt – damit wir sie aufs Neue finden können. Das ist es, was du [sein Mitbruder im Bischofsamt] und ich getan haben. Und wir werden nicht einfach zulassen, dass sie wieder verborgen wird.[363]

Eine kompromisslose und uneingeschränkte Wiederherstellung der zentralen Stellung Gottes in jedem Detail der Messliturgie würde der gesamten Kirche erneut die Erkenntnis schenken, dass Gott höchst anbetungswürdig und absolut liebenswert ist und vor allen anderen Dingen Vorrang genießt. Wenn wir Gott, den menschgewordenen Gott, wirklich ernst nähmen, würden wir die wahre Quelle der Heiligkeit, die wahre Quelle jenes Friedens finden, welche die Welt nicht geben kann. Der eigentliche Sinn der Heiligen Messe besteht darin, die Theozentrik sichtbar zu machen. Mögen die folgenden leuchtenden Worte von Nikolaus Gihr uns ermutigen, die

363 *Mitre and* Crook, Angelico Press, Brooklyn, NY 2019, S. 117-118; eigene Übertragung.

Zentralität Gottes in der Liturgie wiederzuentdecken und sie wiederherzustellen.

> Das Messopfer ist und bleibt Mittelpunkt der christlichen Religion, die Sonne der geistlichen Übungen, das Herz der Andacht und die Seele der Frömmigkeit. Daher die ewig frische, nie alternde Macht, mit welcher das Selbe alle katholischen Herzen anzieht, die katholischen Völker um seine Altäre sammelt. Schon vor Tagesanbruch geht in unseren Kirchen die Morgenröte auf. Es rufen die Glocken zum Opfer. Und bald erscheint hier und dort ein Licht am Fenster. Über den knisternden Schnee gehen eilig die Schritte nach dem Gotteshaus hin, noch scheint der Mond hoch vom Himmel herab. [...] Überall bewahrt das Heilige Opfer die anziehende Kraft, ob es nun in den Marmorhallen von St. Peter zu Rom gefeiert werde, in strahlenden Gewändern, unter 1000 Fackeln, von Meisterwerken christlicher Kunst umgeben, von Blumen und Blüten wie von einem Feierkleid umwoben, oder ob es schmucklos und ärmlich vollbracht werde in einem Bretterverschlag oder unter Baumstöcken, welche die Hand der Neubekehrten um den opfernden Missionar aufgerichtet, – ein sprechendes Zeugnis, dass die Katholiken nicht an den Äußerlichkeiten, sondern an der Sache halten. Und wer hätte nicht aus seinen Kindertagen die süßesten Erinnerungen an die Feier der Messe, wenn er sie auch damals nur in einer ärmlichen Dorfkirche sah! Und diese anziehende Kraft ist nicht von heute und gestern her und morgen vielleicht erstorben. Es ist nicht die Scheinkraft des Neuen. Schon vor mehr als 1500 Jahren zog das eucharistische Opfer unsere Väter zu sich heran mit einer Macht, die größer war, als alle Schrecknisse der Verfolgungen, die öfters in die friedliche Feier der Messe einbrachen. So erzählt Dionysius

von Alexandrien, der im dritten Jahrhundert lebte: „Da wir von allen gehetzt, von allen unterdrückt wurden, auch damals unterließen wir nicht die heilige Feier. Jeder Ort, wo wir, voneinandergerissen, unsere Kümmernisse ertrugen – das Feld, die Einöde, das Schiff –, dienten uns als Tempel, das Opfer zu feiern." Damals, als der Sturm der Verfolgung über die ganze Erde tobte, zog der Strom der Gnade und des Segens im Opfer in die unterirdischen Gänge hinein, wo dieses Opfer viel später, verfolgt vom Protestantismus, in England auf die Dachstübchen hinaufflüchtete. Aber auch in dieser äußersten Not war seine Kraft nicht gebrochen. Die Katholiken zogen hinab in die Höhlen, in die Katakomben, und kletterten hinauf unter die Balken des Daches, für diejenigen zu beten, deren Grimm ihr Heiligstes in die elendesten Winkel hinweggescheucht und die sich breitmachten in den Kirchengebäuden, welche katholische Frömmigkeit erbaut hatte.[364] […]

Aber inmitten dieser Wüste [der gottlosen Welt] steht die Kirche gleich einer blühenden, fruchtreichen Oase, gleich einem paradiesischen Gottesgarten, worin „Freude und Wonne, Danksagung und helles Loblied wohnen" (Jes 52,3). Gott und den Engeln zur Freude prangt der von Gott gepflanzte Garten der Kirche im schönsten, duftigsten Blumenflor, im Reichtum überirdischer Blüten und Früchte. Wunderschön ist dieser Garten, in dem „die Veilchen der Demut blühen, die Lilien der Reinheit glänzen, die Rosen des Martyriums glühen". Woher ziehen aber diese edlen Himmelspflanzen ihre Lebenskraft, ihr Gedeihen, ihren Wohlgeruch, ihren Farbenglanz? Vornehmlich aus dem eucharistischen Gnadenborn. Die Quellen des Heilandes, welche auf Tausen-

[364] Gihr, *Das Heilige Messopfer*, Dogm.-asz. Teil, Abs. 3, Art. 3, §23, Nr. 3, S. 172-173, zitiert wird Eberhard in *Kanzelvorträge* I 317.

den von Altären unversieglich sprudeln, bewässern und befruchten den Boden, erfrischen und stärken die zarten Keime, bringen die Jugendsaat zur Blüte und Reife. Wenn der Gerechte wie die Palme blüht und dem Baume gleicht, der gepflanzt ist an Wasserbächen und Früchte bringt zu seiner Zeit, so verdankt er dies zumeist dem Gnadenstrom des Opfers. Wo hingegen die eucharistische Opfer- und Gnadenquelle unter Trümmern gegraben und verschüttet ist, da welkt, verdorrt, erstirbt alles Wachstum höherer Tugend und heroischer Vollkommenheit.[365]

Im eucharistischen Opfer besitzt die Kirche die Sonne ihres Gottesdienstes sowie das Herz ihres Gnaden- und Tugendlebens, ihr höchstes Gut, ihren größten Reichtum und ihren kostbarsten Schatz; darum hat sie von jeher alle Mühe und Sorgfalt angewendet, dieses hehrste und tiefste Geheimnis des Glaubens möglichst würdig zu feiern. Christus Selber hat nur die wesentliche Opferhandlung eingesetzt und angeordnet; die liturgische Entfaltung, Darstellung und Einkleidung der ebenso einfachen als wirksamen Opferhandlung hat Er Seiner vom Heiligen Geist erleuchteten Kirche überlassen. Der erhabene und erhebende Opferritus, den die Kirche geschaffen, ist nicht ein rein menschliches Produkt, sondern ein mit göttlicher Hilfe zustandegekommenes Kunst- und Meisterwerk – ein heiliger Bau, so schön, so harmonisch, so wunderbar, so vollendet im Ganzen wie im Einzelnen, dass die unsichtbare Hand der himmlischen Weisheit, welche bei dessen Aufführung und Ausführung leitend eingegriffen hat, nicht verkannt werden kann, aber auch nicht außer Acht gelassen werden darf.[366]

---

365 Ibid., § 24, Nr. 1, S. 173-174.

366 *Das Heilige Messopfer*, Lit.-asz. Teil, Abs. 1, §25, Nr. 1, S. 194.

Titelbild: Der St. Paulus Dom in Münster, Deutschland

Das Bild stammt von 1946 und zeigt den Hochaltar der Kirche, der durch das Bombardement der Alliierten zerstört wurde. Bewegend schildert Martin Mosebach die Szene: „Eine Fotografie von einer Messfeier, die für mich von größter Bedeutung geworden ist. An meinem Schreibtisch habe ich sie stets vor Augen. Ein Schwarzweiß-Bild: Der Kirchenraum ist von Bomben schwer getroffen; dicke Pfeiler tragen noch ein Gewölbe, aber die Hinterwand der Kirche ist vollständig eingestürzt und gibt den Blick frei auf ein ausgebranntes, in Ruinen liegendes Stadtviertel. Die Steinhaufen dringen beinahe bis ins Innere der Kirche vor. Aber der Schachbrett-Boden um den Altar ist freigeräumt. Drei Geistliche stehen am Altar, in einer Reihe hintereinander auf den verschiedenen Altarstufen, sie tragen die weiten Messgewänder und Dalmatiken im Neubeuroner Stil. Das aufgeschlagene Messbuch steht auf der rechten Seite des Altars; an der Stellung der Zelebranten ist abzulesen, dass man sich beim „Kyrie" am Anfang der Messe befindet. An der Seite vor dem von Bombensplittern beschädigten Pfeiler steht die Credenz, rechts und links flankiert von zwei erwachsenen Ministranten in Talar und Rochett. Gemeinde ist nicht zu sehen, sie muss sich in beträchtlichem Abstand zum Altar befunden haben. Ein großes Fest wird hier gefeiert, das zeigt das levitierte Hochamt. Die Welt ist im buchstäblichen Sinn eingestürzt, aber der Kalender des Kirchenjahres gebietet dieses Fest. Es wird in völliger Unabhängigkeit von den Umständen der Zeit gefeiert – diese Umstände, so katastrophal sie sind, haben für die Dauer des liturgischen Festes zurückzutreten. Auf einzigartige Weise ist auf meiner Fotografie das Zusammenfallen zweier Zeitdimensionen eingefangen: das Grauen des Krieges – wer weiß, in welcher Form auch die fünf Männer dieses Dokumentes davon betroffen wurden, wer von ihnen Verwandte und Haus verloren hat? – und zugleich ein Heraustreten aus dieser Zeit, ein Heraustreten aus der gnadenlosen Gewalt ihres Leides, eine Abkehr von der Hoffnungslosigkeit der Zeitgenossenschaft, aber nicht im Zeichen der Verblendung, sondern in dem Bewusstsein, dass die durch die Liturgie eröffnete Wirklichkeit immer anwesend ist, dass sie gleichsam nur wie von einem Eihäutchen von der Gegenwart geschieden durch alle Epochen der Weltgeschichte in einem ewigen Jetzt verharrt. Und dieses Jetzt wird von den Teilnehmern der Messe betreten durch das Tor des 42. Psalms, der die discernatio zwischen dem Beter und der „gens non sancta" zum Gegenstand hat – durch diese Scheidung werden die Menschen, die allesamt der gens non sancta angehören, für die Zeit der Liturgie ein heiliges Volk; die konkreten Umstände ihres Daseins, ob es der Schrecken der Zerstörung oder die selbstgenügsame Sattheit des Friedens seien, zerfallen an dieser Grenze, die in der Liturgie überschritten wird. Die Ausrichtung der Zelebranten auf Kreuz und Altar spricht von einer gleichzeitigen Abkehr. Ihr Hintereinanderstehen gleicht einer zum Stehen gekommenen Prozession – zum Stehen gekommen, weil sie ihr auf Erden mögliches Ziel erreicht hat" (*Una Voce-Korrespondenz* 43/2013, 3. Heft, S. 202).